增值税中对不动产的处理方法：全球比较分析

（美）罗伯特·F. 范布莱德罗德　编

国家税务总局税收科学研究所　译

中国财政经济出版社

图书在版编目（CIP）数据

增值税中对不动产的处理方法：全球比较分析/（美）范布莱德罗德编；国家税务总局税收科学研究所译．—北京：中国财政经济出版社，2015.8
ISBN 978-7-5095-6263-5

Ⅰ.①增… Ⅱ.①范…②国… Ⅲ.①不动产-增值税-对比研究-世界
Ⅳ.①D912.204

中国版本图书馆CIP数据核字（2015）第140583号
著作权合同登记号：图字01-2015-4480号

责任编辑：林治滨　刘五书　　责任校对：胡永立
封面设计：郁　佳　　版式设计：董生平

ISBN 978-90-411-3126-3

中国财政经济出版社 出版
URL：http：//www.cfeph.cn
E-mail：cfeph@cfeph.cn

社址：北京市海淀区阜成路甲28号　邮政编码：100142
营销中心电话：88190406　北京财经书店电话：64033436　84041336
北京富生印刷厂印刷　各地新华书店经销
787×960毫米　16开　26印张　228 000字
2015年7月第1版　2015年7月北京第1次印刷
定价：52.00元
ISBN 978-7-5095-6263-5/F·5044
（图书出现印装问题，本社负责调换）
本社质量投诉电话：010-88190744
打击盗版举报热线：010-88190492，QQ：634579818

原 作 者

本杰明·阿拉瑞尔（Benjamin Alarie）

本杰明·阿拉瑞尔是劳里埃大学文学学士、多伦多大学文学硕士、多伦多大学的法学博士和耶鲁大学法律硕士，现为多伦多大学法学院副教授。他主要研究税法并从事税法的教学工作，他的研究兴趣是合同法和司法决策。在加入多伦多大学以前，阿拉瑞尔教授是加拿大最高法院的露易丝·阿波尔法官女士的法律助手。阿拉瑞尔教授是安大略律师协会成员。阿拉瑞尔教授的研究成果出现在《美国商法杂志》、《英国税务评论》、《加拿大商法杂志》、《加拿大税务杂志》、《奥斯古鲁普哈尔法学杂志》和《多伦多法学杂志》等。他是《加拿大所得税法》（律商2006年和2009年）第二版和第三版的副主编。

罗伯特·F. 范布莱德罗德（Robert F. Van Brederode）

罗伯特·F. 范布莱德罗德博士是一位增值税和其他间接税领域的税务律师。他在此领域有25年的从业经验，在大西洋两岸都执业从事律师工作，目前是在位于亚特兰大的瑞安律师事务所，是负责国际增值税的主管。此外，他还在纽约大学法学院的研究生法律项目担任兼职教授讲授课程。以前，范布莱德罗德博士是普华永道的合伙人，领导荷兰的增值税和关税从业活动，并担任伊拉莫斯大学经济学院的税法教授。他是《一般销售课税制度：理论、政策和实践》（国际税收系列丛书第33号）一书的作者。读者可以通过 robvanderbrederode@ aol. com 与他联系。

约拿奇姆·英格丽斯基（Joachim Englisch）

约拿奇姆·英格丽斯基博士就股息征税问题获得博士学位。他主要研究欧盟间接税法律和增值税协调，出版和发表了许多这一领域的图书和文章的作者，另外，他还是几本税法杂志的编辑咨询委员会的成员。

皮埃尔－帕斯卡尔·根德隆（Pierre-Pascal Genderon）

皮埃尔－帕斯卡尔·根德隆博士是加拿大多伦多的技术和先进学习大学胡博学院的经济学教授。他拥有多伦多大学的经济学博士学位，专长是公共经济学，尤其擅长的是增值税和其他的间接税种。他曾经供职于加拿大联邦财政部，并在加拿大和荷兰的几家专业事务所担任从事税务专执业的顾问，曾经供职于世界银行、国际货币基金组织、美国国际开发署和联邦国家论坛。他在比勒陀利亚大学的非洲税收学院讲授增值税课程。从 2007 年起，作为国际货币基金组织的高级专家组的成员，他参加了非洲和中东地区的四次有关税收政策技术援助使团。他近期有关增值税的出版物是出现在《税法评论》上，皮埃尔－帕斯卡尔·根德隆博士也是《发展中国家和转型国家增值税》一书的合作者（另一名是著名经济学家理查德德·伯德）。

卡洛斯·马丁尼斯（Carlos Martinez）

卡洛斯·奥瑞尔·马丁尼斯是在普华永道会计师事务所的税务和法律部门从业超过 15 年的合伙人，在税务咨询服务领域有着丰富的经验。他与普华永道的成员事务所开发了许多课题，主要涉及了国际重组过程。他还擅长国内和国际工业和消费产品行业的税务问题。他的知识和应对能力使他通过有效的税收筹划而在企业重组、战略联盟和企业合并过程取得了相当好的业绩。此外，他还在担任教授讲授课程。读者可以通过 carlo. orel-martinez @ mx-pwc. com 联系他。

马丁·思佳木迈尔（Martin Scammell）

马丁·思佳木迈尔从事增值税对房地产的税务处理业务超过了 25 年，在税务当局是一个成功的政策制定者，也是安永的合伙人，以及 Eversheds 律师事务所的间接税的负责人。

他现在是自我就业的税务作者和顾问。他的客户包括了大跨国公司和房地产开发商、伦敦的几家律师事务所和英国顶尖的大学。作为英国房地产联合会的代表，他一直密切参与了税收政策的制定，负责了许多立法的变动。他的出版物中有英国增值税和房地产方面的杰作。他是剑桥大学的研究生。

贝特娜·斯柏克（Bettina Spilker）

贝特娜·斯柏克博士在瑞士洛桑和德国里根斯堡的科隆大学研究法律。她就增值税的反向征收问题研究获得博士学位。她在2007年加入了律师协会并从2007年起在一家慕尼黑的Pollath + Partner律师事务所担任律师工作。她的专长是国内和国际税法，重点是跨境增值税、税务重组、税收筹划和私募基金。她是这些税务问题的许多文章的作者。从2010年后，她在德国明斯特大学税法研究所（法学院）担任助理教授。

渡边智之（Satoshi Watanabe）

渡边智之博士是一名税收领域的经济学家。他1980年毕业于东京大学，1985年从美国普林斯顿大学获得博士学位。他在日本财政部有20多年的工作经验，主要从事税收政策和国际金融领域。他还在1999年到2001年期间担任经济合作与发展组织财政事务委员会的第9工作小组的副主席，从2005年后，渡边智之是日本一桥大学国际与公共政策大学院和经济系的教授。

安东尼·范德韦斯特苏森（Antony Van Der Westhusen）

安东尼·范德韦斯特苏森先生是从业超过30年的税务律师。他的绝大部分的职业生涯是作为“四大”国际会计师事务所的税务合伙人，同时他在税收的所有方面都进行过从业活动，尤其感兴趣的是消费税、增值税和其他间接税种。目前，他在澳大利亚墨尔本的莫纳什大学担任税法讲师。他为本科生和研究生讲授税收方面的课程。读者可以通过 tony. w@ buseco. monash. edu. au 和他联系。

前言与致谢

理想的增值税是包括所有商品和服务供货在内的宽税基的、单一税率的，且没有例外或免税的。从经济效率看，这样一个理想的增值税将获得100%的覆盖率。减税或者零税率会导致覆盖率低于100%；税款的叠加或进项税抵免制度没有完全发挥作用就会导致一个大于100%的覆盖率。现在几乎所有国家的增值税制度都远离这一基准值，这是一点也不让人惊奇的。经济合作与发展组织（OECD）国家的非加权平均值只有大约53%（见OECD，《消费税趋势》2006年）。税基越宽，产生的收入越多。因为免税企业或活动的增值额一直保持不征税的状态，所以免税项目会减少征收到的税款额。但是，如果不能扣除进项税款被向前转嫁，就会产生税款的累积，从而增加收入。应该避免免税项目和税率的差异似乎是一个简单的结论，但现实生活却告诉我们了一个不同的故事。

大多数经济学家都认可，一个宽税基的像增值税这样的消费税应该包括不动产在内的所有经济交易。但是，一般来说，房地产部门要享受特殊待遇。大多数国家对特定的房地产交易征税，而出于政治和（或）现实的原因对其他交易免税。尽管在立法的方式上有某些共同之处，但各国和地区之间对房地产交易的增值税处理方法差别很大。不动产是按照较长的生命周期定义的，这就意味着它的使用或“消费”要发生多年并且有可能有多个使用者。我们将按交易类型进行讨论，而且我们在这里区分出售、（长期或短期）租赁、将房地产划分为商用的或居住的、新建的或已有的以及涉及了作为应该缴纳增值税或不应该缴纳增值税的当事方的地位。在多种决定因素的情况下，税收政策要一致、公正和公平待遇必然相当复杂。除此之外，现实可行性和尽可能地降低税务管理机构和纳税人的成本会影响增值税法设计。

本书为读者们提供六个国家：澳大利亚、加拿大、德国、日本、墨西哥和英国的不动产交易的增值税处理方法的章节。这提供了一个完美的地理分布：欧洲两个代表、美洲两个和来自亚太地区的两个国家。一个导论性的章节概括介绍了房地产交易的经济理论和主要增值税处理方法，我们以此作为在房地产部门设计增值税政策遇到的问题领域综述。这一章也比较了本书中这六个国家对一些问题解决方式的差异。

尽管我们的初步想法是要为每一章设计一个共同的架构来简化这六个国家的不动产交易的增值税处理方法的比较，但是法律体系、方法、范围、定义的差异和实际的复杂性使其变得不可能了。事实上，我们允许每一个作者最大的自由度设计他或她的章节来确保其论文的完整性并符合技术规范。在这六个国家中，不动产增值税处理方法在日本和墨西哥相对直截了当，在英国是相当复杂的并受到大量的诉讼的限制。如果美丽就是简约的话，增值税在任何选美比赛中都不会胜出的，特别是在对不动产交易征收增值税方面尤其如此。但是，假如我们允许将才智能力放在天平的一边，读者就能够得出这样一个结论：这只丑小鸭已经变成了一只优雅的天鹅了。

我们相信这本书将会成为涉及将增值税适用于房地产交易的学者和从业人员的有益的参考书。在增值税对房地产处理方法的方面有许多书籍，但它们一般只是局限于一个国家的法律论文。我们希望并期待读者找到带有对经济理论完整综述的多辖区比较方法的这本书的价值。这种方法不仅对经济理论和法律实践进行了有用的比较，而且还对最佳做法进行了评估。

我们非常感谢里克·克莱沃（Rick Krever）通过介绍几位作者和其大度的鼓励对本项目的支持。这本书包括的是截止到 2010 年 12 月 1 日的文献和案例法。

目　录

第 1 章 房地产增值税税务处理的理论与实践

罗伯特·F. 范布莱德罗德

1.1 导　言

从经济目的看，增值税是对私人消费课税的税种。增值税对消费本身不征税，而是对购买消费的开支征税，或者对该产品的公允市场价值征税。按照增值税发票抵扣法，这是通过将税款搭在销售上实现的。但是日本根据总额计算增值税税额，是一种直接减除法的增值税，每笔交易之间是无关的。一个税种的经济目的和选择实现这些目的的法律形式之间是有区别的，认识到这一点非常重要。从经济目的视角来看，如果我们把支出作为引起征税的原因，对非耐用商品而言是正确的。因为非耐用品生命周期比较短，会立即或在很短时间内被消费掉。但是，对能够使用多年的房地产等耐用品和资本货物就不一样了。从经济的视角来看，不管是可移动的还是不可移动的，耐用品的消费是在一个给定时间段内产生的服务流。从理论上讲，由于耐用资产的消费或使用是在其生命周期内逐渐发生的，税收也应该随着时间逐渐征收。但是，在多数情况下，可以通过在该资产购买时提前征收税款获得相同的结果，这是因为这笔初始的税款代表着随着时间的变动征收的税款的净现值。无论如何，假如在资产的整个生命周期内，是同一个人使用该资产，征税是正确的，也不会发生扭曲。

问题出现在中间销售上。因为增值税抵扣制会消除实际税收负担，对于两个全额纳税的纳税人之间的销售，增值税是没有问题的。当个人在初次购买耐用消费品时征收增值税，一般来说，该个人将此商品出售给其他个人时，并不会要求任何调整。最初缴纳的这笔增值税额会被并入资产未来的销售价格中，因而接下来的购买者将分别承担他在使用这一资产时的增值税额，如表1-1所示。

表1-1　消费者对消费者（C2C）转售二手货（美元）

销　售	C1（消费者1）		C2（消费者2）		收入
	出	入	出	入	出
对于C1	1000				
税款	100			100	
C1-C2		750	750		
总计	1100-/-	750*	750	100	

注：*是其中350美元是C1付出的成本。

假设 C1 以 1000 美元加上 10% 的税款（也就是 100 美元的税款）购买了一台相机。他的总成本是 1100 美元。他在 4 年后以 750 美元的价格将该照相机转卖给了他的邻居 C2。C1 的成本是 350 美元，包括了对他在这四年“消费”征收的增值税 32 美元，而 C2 在该相机剩余的生命周期内要就他的“消费”缴纳 68 美元的税款①。国家在首次出售时收取了在该产品的整个生命周期内（即该产品的“消费”）应该缴纳的税款。从规范角度和经济学的角度看，对个人之间（C2C）的销售免税是正确的。

但是，不动产的中间销售不一样。不动产的独特之处②是它会随着时间流逝而升值，而大多数别的资本资产会贬值。假如只在首次购买时征税，也意味着会对下一个购买者的资产增加值不征税。例如，假设一个消费者（C1）以 250000 美元加上 10% 的税款（即 25000 美元的增值税款）从建筑商那里购买了一套新房，那么这套房子总的购买价格是 275000 美元。在 15 年后，他把这套房以 400000 美元的含税价转卖给了 C2。假设一套房子的生命周期是 50 年，他的售价就包括了这套房的生命周期余下的年份的增值税 17500 美元（35 ÷ 50 乘以 25000 等于 17500）。对于 132500 美元的净增值额不征收增值税。我们会在 1. 5. 2 节中转到这一问题。

消费者或其他不纳税的实体和应纳税的部门之间，发生动产和不动产中间销售会产生另一个问题，在大多数情况下，这可能是二手货的出售或者有折价旧物的出

---

① 由于这些是含税的销售价格，可以按照 10% 的税率计算税款额如下：10 ÷ 110 乘以 350 等于 32；10 ÷ 110 乘以 750 等于 68。

② 性质大概与艺术品、古董和某些其他收藏品一样。

售。如果没有特殊规则，则会出现我们要在第二部分解释的税款累积问题。

法学家们有时候会认为，在中间销售的情况下出现的税款的累积是因为增值税是交易税的后果。假如随着时间的推移，同一商品发生多重交易，就会发生多重征税，但那就是增值税本身的特点。这种观点的支持者相当墨守法律条文，并基本上是按照法律规定的条件和情况来执行，而没有考虑其经济关联。从这个视角看，法学家可能认为增值税的征收范围是：

（a）交易；

（b）消费开支而不是消费活动本身；

（C）注册实体进行所有商品和服务的当期消费，而不考虑其是否被马上消费掉还是在该资产的生命周期中被逐步消费掉的服务。

尽管本人也是法学家，但我并不支持这种完全看重法律形式但忽视经济实质的方法。理论上，目的和法律形式是税收的两个相互作用的方面，后者是用于实现前者的。因此，目的应该是设计法律工具的指南。

在这方面，我同意欧洲法院（European Court of Justice）的观点。欧洲法院一直坚持认为，增值税指令的规定仅仅是用于已实现的特定经济结果。无论如何，增值税的经济原则应该永远优先于法律规定。如果由于法律规定制定得不完美，不能达到增值税的经济要求，成员国及其司法机构就需要确保通过不断改进不完善的机制，以达到经济上的要求①。

---

① 对于欧洲法院案例所确立的经济原则优先于法律形式的经济学分析，见罗伯特·F. 范布莱德罗德："欧洲税法的司法合作和法律解释"，《福克纳税法评论》2009 年，第 53—88 页。

与我们将在第 1.8 部分中的进一步研究一样，从理论角度看，欧盟有关房地产增值税税务处理的规则离完美还有很大的距离。欧洲法院所制定的经济目标优于法律形式的原则还不适用，尤其是在一定程度上，立法还偏离经济原理。

税法包含了如何运用税法的显性的或隐性的规范性规则。有一般的道德上的税收规则，诸如公平，以及更加明确的且与税种的类型相关的规则。这些明确的规则定义了一种税的属性或者法律特征。我认为，直接规范的结果源于税种的法律特征[①]。在税种设计中，为了实现道德正义的标准，税收必须要符合其内在于其法律特征的原则。因此，一个税种的属性或法律特征，在指导政府立法部门设计和确定某个特定税种的特性方面发挥着重要作用。作为对私人消费征收的一般间接税，增值税应该有宽广的税基，理想的情况应该是包括所有类型的私人消费，而且应该是公平且没有任何例外地适用于所有消费者。因为目的就是对私人消费征税，商业（经营性）支出应该不属于增值税的征税范围。作为一种间接税，增值税应该被设计成为一种能够使税收负担有效并完全转嫁给最终消费者的税种。诸如增值税和零售销售税这样的消费税一般受制于经济中性原则，经济中性包括两个要素：消费中性和生产中性。

如果一种税不会引起消费者改变他们的购买习惯，也就是说购买更多的某些商品和更少的其他商品[②]，那

① 见罗伯特·F. 范布莱德罗德：《周转税的道德问题》，（德温特，1996 年）；罗伯特·F. 范布莱德罗德："消费税设计的规范评价：欧盟的增值税和美国的销售税对出售商品的税务处理方法"，《税务律师》第 62 卷 2009 年第 4 期，第 1055—1085 页。

② 一般对像烟草和酒精饮料这样的劣质品除外，对这类商品的消费一般通过征税（消费税）提高其价格来抑制。

么这种税就被认定为对消费是中性的。为了实现消费中性，对每一个货币单位（美元）的开支征收的税收负担应该是相同的。理想的情况是，这一目标可以通过对所有消费开支项目开征一种单一税率的税种来实现。

如果一种税不会导致企业改变其生产和分配方法，这种税对生产就是中性的。一种产品的总税款应该是完全相同的，与其制造和分配链条的长度无关。换句话说，纵向一体化或横向一体化应该不影响一种产品在零售环节承担的税款总额。

但是，决定在多大程度上和如何遵守这些规则，以及如何减损经济原则来实现其他的政策目标，这些一直是立法机构的特权。

增值税免税意味着销售免税货物和服务不缴纳税款。但是，对采购缴纳的税款（进项税）只有在当且仅当与应纳税销项相关时才可以抵扣。因此，按照这种方法，对免税销售相关的采购征收的进项增值税是不能扣除的。不能扣除的增值税成为免税企业成本基数的一部分，而且免税企业是否能够将该税负向前转嫁进入其销售价格也是不确定的。在这种意义上，增值税是一个悖论，被征税的企业事实上因为进项税抵扣制度而被消除了税收，而免税企业因为抵扣制度不能适用而被征税。推敲增值税免税和一般经济意义的免税这个词语的不同含义，我们可以得到如下关于增值税的悖论（自相矛盾之处）：那些被征税的实际上是免税的，而那些免税的实际上是被征税的。

这样的免税不是对税收的全额免除。事实上，只有免税企业的增值额部分被免除了税收，但包括资本商品在内的全部购进是被征税的。对于在供应链中间环节的免税对价格的经济影响，我们可以通过对比承担增值税标准税率的所有销售的分配链（表 1－2）和在中间环节有免税额的分配链（表 1－3）揭示出来。

表 1－2　　有增值税标准税率的分配链

增值税税率 10%	销售额（美元）	税款（美元）	上缴国库的税额（美元）
生产商 1	1000	100	100
生产商 2	2000	200	200 － 100 = 100
生产商 3	3000	300	300 － 200 = 100
批发商	4000	400	400 － 300 = 100
零售商	5000	500	500 － 400 = 100
总额			500

在该分配链条的每一个阶段，增值税都是按照单一税率征收的。卖家有义务从其客户那里征收这笔税款（销项）并将这笔税款上缴给政府。但是，他获得了对其采购（进项）缴纳的税款的抵扣。因此，一个企业将仅上缴其销项税额与其可抵扣的进项税额之间的差额给国库。在这种意义上，增值税就仅仅是对每一个阶段的增值额征收的。因为抵扣制度的结果而没有发生税款的累积，而且应该归属于国库的总税额（应缴的增值税和增值税抵扣额之间的差额）等于适用于最终消费价格的法定税率（计算出来的税额）。

表 1－3　　在中间环节免税的分配链

增值税税率 10%/免税	销售额（美元）	税款（美元）	上缴国库的税额（美元）
生产商 1	1000	100	100
生产商 2	2000	200	200 － 100 = 100
生产商 3	3200	免税	0
批发商	4200	420	420 － 0 = 420

续表

增值税税率 10%/免税	销售额（美元）	税款（美元）	上缴国库的税额（美元）
零售商	5200	520	520 - 420 = 100
总额			720

生产商 3 向批发商的销售是豁免增值税的。由生产商 3 缴纳的这笔税款是不能扣除的，因为它与应纳税的销项无关，因此，成了卖给该批发商的销售价格的一部分。因为在前面一个阶段的不能扣除的增值税额，该批发价格要高于表 1 - 2 中相应的价格。生产商 3 的成本价格因不能扣除的进项增值税而增加了。按照税收负担向前转嫁的假设，在该分配链条的下一个阶段中，不能扣除的增值税组成了税基的一部分。最终阶段的总的税收负担不是 500 + 200（原来不能扣除的增值税），而是 500 + 200 + 20；这 20 就是对不能扣除的增值税征收的累积的税款额。换句话说，该免税企业进项将并入其价格，并成为在该分配链条中的下一个交易商的成本或进项的一部分。这一嵌入式的增值税不能由接下来的买家申请作为一种进项抵扣。因此，部分增值额会被多次征税，形成了这种在设计增值税时要防止的对税征税的效应或税款叠加效应①。

当免税适用于零售环节时，情况就变得不同了（表 1 - 4）。

表 1 - 4　　在零售环节免税的分配链

增值税税率 10%	销售额（美元）	税款（美元）	上缴国库的税额（美元）
生产商 1	1000	100	100

① 阿兰·泰特：《增值税的国际实践与问题》，华盛顿特区：国际货币基金组织，1988 年，第 30 页。

续表

增值税税率 10%	销售额（美元）	税款（美元）	上缴国库的税额（美元）
生产商 2	2000	200	200 - 100 = 100
生产商 3	3000	300	300 - 200 = 100
批发商	4000	400	400 - 300 = 100
零售商	5400	免税	0
总额			400

因为该零售商是免税的，他不需要对向最终消费者征收增值税，但他也不能扣除向批发商支付的增值税。这笔不能回收的税款成本为其成本价格的一部分，并被转嫁给了该消费者。该消费者支付 5400 美元，这比表 1 - 2 相应的分配链低 100 美元，而且国库收到了比较少的税款。在该消费环节的实际税率是 8% 而不是 10% 的标准税率。

我们得出的结论是，在中间环节的免税导致了较高税款的缴纳或过量征收以及比较高的消费价格。不是按照标准税率下的 5500 美元，该消费者要支付 5720 美元。但是，如果免税适用于零售阶段，税款征收不足，国库在 5000 美元的零售价格上获得的是 400 美元而不是 500 美元。因为在零售阶段免税，最终消费实际上是承担了低税率。

上述免税鼓励免税企业为了降低其进项增值税成本，自己生产货物和服务而不是从专业化的企业采购这些进项，最终导致经济效率的丧失。我们将在 1.8 节中更加详细地讨论与自产或自建相关的问题。

在混合使用的情况下，也就是说，当一笔不动产既用于私人又用于经营目的，或者既用于应税经营又用于免税经营时，需要制定一种对进项增值税进行划拨的方式来确保应税经营使用购进，实际上是不征税的，而私人和免税使用购进是征税的。用途的改变，例如从应税到免税，反之亦然，需要一个随着时间调整进项税抵扣是否符合条件的机制。我们将在 1.6 节中更加详细地讨论混合用途和用途的变动。

业主对私人住所的自我使用相当于住宅地产的出租，就像我们要在 1.4.5 节要讨论的，出于中性和公平的理由应该要一视同仁。

在 1.7 节，我们讨论了小交易商的免税，因为它可能会妨碍对不动产的理论上正确的增值税处理方法。

我们可以将与不动产（房地产）相关的主要增值税问题总结如下：

——法律定义（见 1.3 节）。

——商业地产的出售（见 1.4.2 节）。

——住宅地产的出售（见 1.4.3 节）。

——商业出租（见 1.4.4）。

——业主地产和出租地产的处理方法（见 1.4.5）。

——消费者或免税部门和应纳税人之间的中间交易（见 1.5 节）。

——房地产的混合用途和用途变动（见 1.6 节）。

——房地产交易消费和投资的二元特征（见 1.5.2）。

——对小交易商的处理方法（见 1.7 节）。

——自建（见 1.8 节）。

下面我们将从理论的视角以及从本书中的六个国家的现实实践的视角更加详尽地研究这些问题。从财政收入的角度看，房地产部门对政府也是重要的，这将在 1.9 节中给予揭示。我们的结论是在最后一节 1.10 中给出的。

但是，作为一个一般基准，我们首先在 1.2 节给出一个按照欧盟法律对房地产交易增值税处理方法的综述。

1.2 欧洲联盟现行处理方法

在决定如何对房地产的出售、转售或出租征税时，欧盟有大量的选择，但主要还是在征税、免税或零税率制度之间的选择。这种选择不但受到收入要求的驱动，而且还受到了中性和公平因素、可操作性和社会政策的影响。在本节中，我们将重点分析欧盟对不动产的增值税处理方法，但并不表明我们认为欧盟的方法是最优和最佳的，而是将其作为揭示这些问题复杂性的一个例子[①]。

欧盟有关不动产增值税处理方法的规则是复杂的，因为它们要求对特定的供货（供应）征税，但包括对征税规则的例外以及允许每一个成员国可以按照自己的意愿选择（在某些做法上背离欧盟的规定）实施的删减。主要规则是供应建筑物或其构件，包括附着建筑物的土地，应该是免除增值税的[②]，除非该供应发生在首次居住前。换句话说，现有建筑物的出售是免税的，对

① 为了比较研究，见申克和奥德曼的《增值税》第 408—432 页。

② 见欧盟委员会 2006 年第 112 号指令第 135（1）（j）条。

建筑用地是征税的①。除此之外，不动产的租赁或出租也是免税的②，除了那些旅馆或具有类似功能的部门、节假日宿营地和宿营地③提供的住宿，停车场④、永久性安装的设备或机器⑤和保险箱⑥。但是，欧盟允许成员国（扩大不能免税的范围）适用对这种免税的进一步排除项目⑦。欧盟成员国可以按照自己的意图允许纳税人，在出售免税土地或建筑或租赁免税不动产时选择征税⑧。这就是允许成员国阻止不可扣除的进项增值税（且因此出现税收金字塔现象）出现在生产和分配的链条中。成员国也有权限制这种选择权的范围并决定其实施的细则⑨。增值税指令没有对首次居住、建筑物土地或永久性安装进行定义。很显然，这需要参照成员国的法律来定义旅馆和类似的住宿设施。由于欧盟有这样的规定，毫不奇怪，对不动产的税务处理方法在各成员国之间存在着巨大的差异。由于涉及房地产交易的税收管辖权是归属于该房产所在国，且跨境交易不可能，因

① 见欧盟委员会2006年第112号指令第135（1）（k）条。只有马耳他对新建筑物的供货和建筑土地免税，而希腊对新建筑物作为业主的主要住所的实行免税待遇。

② 见欧盟委员会2006年第112号指令第135（1）（1）条。

③ 见欧盟委员会2006年第112号指令第135（2）（a）条。

④ 见欧盟委员会2006年第112号指令第135（2）（b）条。虽然是强制性的，但意大利和立陶宛没有将停车场排除在免税项目之外。

⑤ 见欧盟委员会2006年第112号指令第135（2）（c）条。尽管是强制性的，但没有在立陶宛实施。

⑥ 见欧盟委员会2006年第112号指令第135（2）（d）条。尽管是强制的，但德国、意大利和立陶宛没有将其从免税项目排除掉。

⑦ 见欧盟委员会2006年第112号指令第135（2）条的最后一段话。

⑧ 见欧盟委员会2006年第112号指令第135（1）（b）（c）（d）条。欧盟二十一个成员国规定纳税人在不动产租赁方面可以选择纳税；十三个国家允许将现有的建筑物出售，十一个国家规定可以选择未改良的土地的出售。许多国家将财产的选择权的行使进行限制，防止买家或承租人将其专门或几乎专门用于生产应纳税的销售。一般来说，为了确保对居民房产的免税和防止免税实体在商业房产方面的避税方案，许多成员国都引入了这些条件。

⑨ 见欧盟委员会2006年第112号指令第137（2）条。

此，从公平待遇或外部中性的视角看，不同规则和解释不是关注点，但从法律确定性的视角看他们是非常重要的。

尽管成员国之间的制度差异是增值税指令制定的、对房地产的欧盟规则的设计的后果，但术语和定义在本质上是欧洲的。随着欧洲委员会的全面启动，欧洲委员会创立了一个优先于国内法律并适用于自己的概念和动议的独立的法律体制。像所有权转让、租赁或出租、首次居住、新建筑物等等术语既不是按照国内法律定义的，也不是普通法或民法的概念，这些词语都是欧洲法律的概念。因此，欧洲法院在澄清这些术语方面有着独特的作用。但是，该指令允许成员国有广泛的自由度，允许成员国制定在建筑物买卖中的首次居住的概念适用的细则，实质上将判定“建筑附着的土地”① 和“建筑用地”② 的含义的权利下放给各个成员国。

尽管从原则上讲，直到第一次居住之前建筑物都被认为是“新”的，但是，欧盟增值税指令允许各成员国按照完工时间和首次居住时间之间、或者是首次居住和以后供应日期之间③的时间段采用不同的标准。与一幢建筑物是否被认定为是“新的”相关的确定性因为有重大的财务后果所以是非常重要的。该建筑物的状况决定了是否要对该出售额征收增值税，且卖方是否能够享受建筑或购买成本的增值税抵扣。如果没有这方面的确定性，就很难判定一个建筑工程在财务上是否是可

① 见 2006 年第 112 号指令第 12（2）条的第二段。
② 见 2006 年第 112 号指令第 12（3）条。
③ 见 2006 年第 112 号指令第 12（2）条的第三段。

行的。

尽管欧盟已经授权成员国在这方面制定自己的标准，但欧洲法院在可移动的有形资产方面提供了某些指引。这里出现的问题是：一本古董书的修复和重新装订是否构成了一件“新的”物品。欧洲法院裁定，当承包商工作的结果是一个功能与其提供的材料功能不同的物品的时候，这个物品才是新东西①。适用于不动产时，例如对一个办公室楼进行全面装修，如果在完工后依然还是办公楼的话，就可能不会构成一幢“新的”大楼，将工厂变成公寓楼就可能构成新建筑物了。

当一个新建成的建筑物一直未出售或未租赁时，就出现了其他的问题。在某些国家，这样的房产一直是新的，因为首次居住的事件还没有发生。在另一些国家，当一幢建筑物从施工开始算起的特定年份后，这个建筑物就不再是“新的”了。即使在建造期内，一个建筑物变成“老的”，这也是可能的，因此，接下来的销售就会是免税的，且建设者将不能扣除任何进项增值税，除非法律允许该建筑者选择纳税②。

当不动产既被用作居住目的也被用作商业目的时，就出现了如何划分边界的困难，因为居住地产和商业地产适用不同的增值税处理方法，或者当免税的居住租赁与自己提供的诸如清洁或盥洗服务等应税服务混合在一起时，也会出现界线不清的问题。在诸如此类的问题

① 1985年5月14日的欧洲法院，案件编号：139/84：Van Dijk's Boekhuis BV v. Staatssecretaris van Financien 1985，ECR 1405。

② 这种情况发生在捷克，一栋建筑物在开始建设后三年改变建筑用途且可以不选择征税时。

中，是否收取的价款应该划分为用于支付免税租赁的部分和用于支付应税服务的部分？如果是这样的话，对这笔进项税如何进行精确的划分？

更为添乱的是，欧盟允许成员国将有形财产的特定利益当作不动产对待，如给持有者提供了不动产使用权的权益以及股票或等同于股票的收益等事后或事实上的对不动产的所有权或拥有权①。有些国家是这样，有些国家是那样。总之，如果不说是杂乱无序的话，我们可以说欧盟各个成员国之间的规则是多元化的②。

在许多情况下，房地产的用途是随着时间的变化而变动的。与增值税相关的，使用或者是应税使用或者是免税使用。在混合用途情况下，或改变用途，或者是用途比率发生变化，必须制定相关规则，并按照规则确定符合条件的、可以抵扣的进项增值税，否则就会发生超额征税或不足征税的情况，而且会出现避税的可能性。欧盟制定了一个针对资本货物的调整期，在该调整期内，如果与购买年份的用途相比，资本货物的用途在接下来的年份发生了变化，将对进项增值税进行重新分类。对于不动产资本货物，成员国可以制定 5 年到 20 年的调整期限③，大多数成员国都采取了 10 年的期限④。不动产的调整时期如表 1－5 所示。

---

① 见 2006 年第 112 号指令第 15（2）（A）（B）（C）条的第二段。

② 对选定的成员国的房地产的处理进行更加详尽研究的综述，见克里斯蒂安·阿曼德、哥特弗莱德·斯基尔曼以及罗波·魏木伦：“房地产与增值税：源于过去经验的教训”，《国际增值税监督》2005 年第 5 期，第 325—334 页。

③ 见 2006/2012 增值税指令第三段的第 187（1）条第三段。

④ 捷克、芬兰和希腊适用 5 年期；比利时适用 15 年期；保加利亚、法国、芬兰、爱尔兰、马耳他、葡萄牙、罗马尼亚和斯洛文尼亚适用 20 年的最高期限。

表 1-5　　不动产的进项增值税调整

（Y 为年度，K 为 1000 美元）

	Y1	Y2	Y3	Y4	Y5	Y6	Y7	Y8	Y9	Y10
应税/免税用途的比率	70%	60%	80%	65%	85%	90%	100%	—	—	—
初次税收抵扣占年度份额	140k	140k	140k	140k	140k	140k	140k	140k	140k	140k
年度可以获得抵扣额	140k	120k	160K	130K	170K	180k	—	—	—	—
应缴纳调整后的税款	0	20K	—	10K	—	—	—	—	—	—
调正后的抵扣	0	—	20K	—	30K	40K	—	—	—	—

假设：

——投资额：10000000；

——税率：20%；

——总的税款：2000000；

——年度税款部分：200000。

一家企业以 1000 万美元加上 200 万美元的增值税购买了一幢新的办公楼。在购买时，假设这家企业按照 70/30 的比率将此办公大楼用于应纳税和免税的销项。出于这样的理由，该企业得到了总的进项税 70% 的退税，即 140 万美元的退税。在该年末，就要判定该办公楼在多大程度上被分别用于了应税和免税供应的生产。在我们的例子中，这栋大楼的 70% 的确是用于了与应税供应相关的活动，且不需要做任何调整。在第二年末，通过判定，这栋大楼只有 60% 用于了与应税供应相关的活动。总进项增值税的年度份额是 20 万美元（1/10 乘以 200 万美元）。该生产商只能获得 200 万美元的 60% 的税收抵扣，即 12 万美元。因为该生产商起初就得到了该年度的 14 万美元的抵扣额（70% 乘以 20 万美元），就需要补缴 2 万美元的税款。在第三年，可以抵扣的进项税的比率是 80%，即 16 万美元，但是企业实际只抵扣了 14 万美元，所以该企业有权获得 2 万美元的追加抵扣。在第四年，这栋楼只有 65% 用于与应税供应相关的活动，因此可以抵扣的进项税额为 13 万美元，因此，在第四年该企业还需要补缴 1 万美元税款。在第五年，可以抵扣的进项增值税的比率是 85%，即 17 万美元可以得到抵扣，因此企业可以得到 3 万美元的追加抵扣。在第六年，90% 的进项税是可以扣除的，因此，企业将获得 4 万美元的追加退税。在第七年末，该企业以 2550 万美元出售了该房产。因为该房产的时间超过了两年，就被认定为“老的”，因此，该销售是免税的，除非纳税人选择被征税。该调整期的剩余部分被划分给了该出售时点。换句话说，假如该笔销售是免税的，那么该企业就是被假定在剩下的调整期内把这栋楼用于免税项目。在本案例中就意味着，企业需要退还给税务当局在第 8、第 9 和第 10 年获得的抵扣的税款，即 3 乘以 14 万美元，等于 42 万美元。但是，当这笔销售额选择被征税时，该企业就被假定为在调整期剩下的年份中把此大楼完全用于生产应纳税的销项，并能够获得 3 乘以 6 万即 18 万美元的额外退税。

1.3
范围和定义的问题

与房地产税务处理相关的某些问题不是起源于税法，而是属于普通法或民法的范畴。在判定征税的范围、定义房地产以及区分相关的次分类时，就是这种情况。什么时候房产是居住的？什么时候房产是商用的？流动性的家和房船是否属于房地产？监狱或墓地是否是居民财产？民法因为使用目的地的概念使得不动产或房地产的概念复杂化了。因为目的地原则，那些自身完全可以移动的财产因为其物理上归属于一个特定的房地产，或者其专门和从属使用于该特定房地产，就成为不可移动的了。按照普通法，这一般指的是附属物（构筑物）。电话线、自来水或污水管道、卫星蝶形网络、植物和树木、未收获的水果和庄稼，还包括了农场的动物、鱼塘中的鱼按照不同的情况全部都可以是不可移动的。

本书中 6 个国家有关房地产增值税的征收范围如下表所示。我们把我们的调查限定在最常见的项目上（表 1－6）。

表 1－6　　与房地产相关的增值税的范围

	澳大利亚		加拿大		德国		日本		墨西哥		英国	
	是	否	是	否	是	否	是	否	是	否	是	否
未开发的土地	×		×		×		×		×		×	
已开发的土地	×		×		×		×		×		×	
建筑及永久附属于该土地的固定设施	×		×		×		×		×		×	
专门用于特定不动产的动产		×		×		×	×			×	×	
房船	×	×			×				×	×	×	
移动（拖动式）房屋	×	×			×					×	×	
树木和植物	×		×				×				×	
野生生命	×		×				×			×	×	
家禽	×		×				×			×		×

各国对于房地产相关的权利的税务处理方法也存在着相当大的差异。这样的权利是被认定为提供货物还是提供服务？按照民法，这些权利一般指的是物权，它包括了长期租赁、用益物权以及持有人可以对任何第三方，包括该房产的所有者实施的其他权利；一般来说，不需要得到主要财产所有者的认可，这些权利持有者可以向别人出售和转让。普通法国家则使用了不同的法律概念。对本书中的国家，我们在下面的表 1－7 中展示了与房地产用途相关的作为商品还是服务的处理方法。

表 1－7　　　作为商品或服务的物权的处理方法

国　别	商品	服务	作为附着不动产同样处理	受本国自己规则的制约
澳大利亚	×			×
加拿大	×		×	
德国		×		
日本	×		×（假如是土地自身的使用）	
墨西哥	×			×
英国	×（超过 20/21 年的租赁）	×（其他）	×（有许多例外）	

除了澳大利亚和墨西哥，在大多数国家，对物权征税与他们附着的房地产的征税方法相同，而澳大利亚和墨西哥对这些权利是普遍征税。只有日本将土地的使用权利视为该土地的出售，对其他权利是普遍征税。英国超过 21 年的租赁（苏格兰是 20 年）被认定为提供商品，否则租赁被认定为服务。一般来说，这些服务的默

认规则是不能抵扣的免税（零税率），但可以选择为征税，除非该房产是用于居住用途。德国一般认为物权构成服务，给予不能抵扣的免税，同时，注册的实体之间的交易也可以选择征税。

此外，还有许多定义问题。例如，如果“新的”房地产要纳税，就需要有“新的”的定义（表1－8）。

表1－8　“新”的定义

国别	定　义
澳大利亚	以前没有作为居民房屋买卖的居民房屋是“新”的。但是对此处理方法有一个例外，如果该房地产已经被作为居民房屋租赁，且出售前达到5年以上的，该房屋就不再被认定为“新”的。
加拿大	以前没有住过的，或者以前住过的，但是已经被大规模装修的房子被认定为“新”的，但是对于什么是大规模装修在法庭出现了很大的歧义。
德国	112/EC没有在德国的增值税法典中执行，德国的税法中找不到这样的区分，对“新”和“旧”房地产采取同样的处理方法。
日本	因为处理方法要看卖家的地位，日本对“新”没有明确的定义。如果房屋的经销商出售了一套使用过的房屋，该房屋已经被课税，即使他是从私人消费那里购买的使用过的房屋，该经销商都可以申请进项税抵扣。如果二手房是在个人之间进行的，则免税。
墨西哥	不可用。按照墨西哥法律区不区分无关紧要，因为这不会导致不同的处理方法。
英国	一幢建筑物或民用工程如果在出让之前完工不超过3年就被认为是新的。一栋建筑物如果在建筑师发布相关的完工证或第一次全部居住时就被认定为完工，与其发生的时间顺序无关。一幢民用工程在工程师发出完工证明或第一次全部使用时就被认定为完工，与其发生的时间顺序无关。

1.4
房地产的出售和出租

1.4.1 导言

在过去的几十年中，在增值税制度下，对不动产（房地产）如何正确处理并没有什么新的见解。大多数经济学家都认为，像增值税这样的宽税基的消费税应该包括有关不动产在内的全部经济交易。按照现在的处理方法，对全部交易征税也需要消除如何定义什么构成新建筑物的问题，特别是当装修到能够将一幢老建筑变成一个税收意义上新建筑时，定义的问题就更加突出了，我们应该避免所有其他的定义问题。为了全面理解不动产供应链从上到下的所有交易征税相关的问题，我们需要区分交易的类型：出售和出租；同时还要区分交易中相关人的纳税地位：应纳税的人和个人。

对所有商业房产的销售征税最简单易行，也会得到那些能够享受全额进项税抵扣的应纳税企业的欢迎。对于已经进行了增值税登记的企业来说，报告不动产销售，扣除与购买和维护相关的进项税额，是一个相当直截了当的过程。假如只对商业房产的出售征税，就需要明确区分商业房产与居民房产的清晰定义。这一问题可以通过对出售居民房产也征税来避免。

在现实中，大多数国家并不是对所有商业房产销售征税，但会对“新”的商业房产和二手商业房产进行区分，对于“新”的房产，全面征税，对于二手房产，实行没有抵扣的免税政策。表 1－9 和表 1－10 展示了此次研究中各国的处理方法的概况。

表 1－9　　新商业房地产出售的处理方法

国别	征税	有抵扣的免税	无抵扣的免税	可选择征税
澳大利亚	×			
加拿大	×			
德国			×	×
日本	×（建筑物）		×（土地）	
墨西哥	×			
英国	×			

就像我们能够看到的是，所有六个国家对新商业房产的出售征税，日本在征税的建筑和没有抵扣的免税的土地之间做了区分。当然，条件是，这样的房产满足“新”的定义，每个国家的定义是不同的。

表 1－10　　对使用过的商业房地产出售的税务处理方法

国别	征税	有抵扣的免税	无抵扣的免税	可选择征税
澳大利亚	×			
加拿大	×			
德国			×	×
日本	×（建筑物）		×（土地）	
墨西哥	×			
英国			×	×

当商业房地产不再满足特定国家的“新”的定义时，当使用该房地产时，其出售在澳大利亚、加拿大、墨西哥是要征税，在德国和英国可以选择征税，

也可以享受无进项税额抵扣的免税待遇。而日本则是区分了那些征税的建筑物和那些没有进项抵扣免税的土地。请读者一定要注意，按照某些国家的持续经营转让规则（TOGC），出售承租的房地产不属于增值税的范围。

1.4.3　居住房产的出售

从理论上讲，所有居民房产的初次和接下来的出售都应该纳入征税的范畴。如果从一个纳税人，诸如承租人向私人，也就是业主的出售要缴纳税款，也需要对源于业主向另一个私人的出售征税才公平。在大多数国家中，这些销售额都超过了对小规模交易商的起征额。要求出售居房产的所有个人税务登记，并要求他们对其他私人征税，这些方法是既不符合现实，政治上也不可行。居民房地产的销售不是经常发生的，且交易一般由法律专业人士，如律师、中介人员或公证员提供服务，涉及所有权的认证和交易款支付等中介服务。多数国家的中介机构已经负责征收交易税，诸如转让或转移税。因此，要求这些中介机构代表卖家，对出售的房地产代扣应该缴纳的增值税，操作性是非常强的。在这种模式[①]中，个人购买新的建筑或二手住房时要缴纳增值税，但这要假设个人将房地产完全用于消费目的直到发生中间的销售行为。这一销售行为触发了财政意义上的改变，将这个人不纳税转变成了应纳税的个人。因为这个人纳税人正在进行应纳税的供货，他会变得有资格扣

---

① 更细节的内容，见罗伯特·柯娜德和安卡·格罗扎夫：“房地产和增值税”，载理查德·克莱沃主编：《非洲的增值税》，比勒陀利亚大学法律出版社 2008 年版，第 81—112 页。

除发生在其出售居所相关的所有已纳增值税税款。我们假设原本缴纳的税款需要在房地产登记机构注册，就首次购买缴纳的税款就不会是一个什么太大的问题，而大多数国家在地方或在地区层面上会要求这样做。对于所有的其他成本，诸如维修费和装修费，为了能够在销售时行使其进项税额扣除的权利，个人需要保留这些凭证。

另一个复杂的问题是大多数家庭房屋的购买主要是由第三方（银行）提供资金的。假如对家庭房屋出售征税，就会要求所有人也要对其采购的应缴税款进行融资（实际上是支付这笔税款的利息），这会带来公众可接受性和政治可行性的问题。

大多数国家将征税限定在初次出售，也就是新居民房产的第一次出售，并对接下来的出售给予没有抵扣的免税待遇。正如下面的表1－11和表1－12所展示的，本次研究中涉及的六个国家的情况不是一样的。

表1－11　　新居住房地产销售的处理方法

国别	征税	有抵扣的免税	无抵扣的免税	可选择征税
澳大利亚	×			
加拿大	×			
德国			×	×
日本	×（建筑物）		×（土地）	
墨西哥			×	
英国		×（如果是开发商）		

日本区分了征税的建筑物和免税但不能抵扣进项的土地。澳大利亚和加拿大对新居住房产的出售征税。在德国，假如该居民房产由一个交易商卖给了另外一个交

易商，换句话说，只要不离开注册实体的监控，就可以选择征税。英国对出售新居住房产实行的零税率（有抵扣的免税），前提是该出售是由开发商进行的，如果卖家不是开发商，则规定了实行没有抵扣的免税制度。对新居住房产的购买征收增值税是个人的重要成本。为了使得人们可以买得起住房，加拿大引入退税了允许消费者收回部分对购买新房屋或大规模装修成本缴纳的联邦增值税。

表 1－12　　使用过的居民房地产的出售的处理方法

国别	征税	有抵扣的免税	无抵扣的免税	选择征税
澳大利亚	×			
加拿大			×	
德国			×	×
日本	×（建筑物）		×（土地）	
墨西哥			×	
英国			×	

澳大利亚和日本对二手居民房产的出售是征税的，但仅限于建筑物本身（土地是免税的）。本次研究课题中的所有其他国家对二手居民房产的出售，也就是接下来的家庭房屋的出售等是免税的，但没有抵扣。我们请读者注意，已经得到大规模装修的二手居住房地产的出售，在许多国家被认定为“新”房地产的出售，因此需要缴纳增值税。

1.4.4　商业出租

对商业出租征税是直截了当的，且由出租人按月或季度对租金征收的税款，由承租人作为进项税额是可以扣除的。假如对居民个人出租不征税，就需要明确区分商业出租和个人出租这两种类型的房产。

表 1－13 展示了我们本书包括的六个国家对商业出租的现行处理方法。

表 1－13　　对商业房产租金的处理方法

国别	征税	有抵扣的免税	无抵扣的免税	可选择征税
澳大利亚	×			
加拿大	×			
德国			×	×
日本	×			
墨西哥	×			
英国			×	×

很显然，征税是一个趋势。只有德国和英国将商业租金实行没有抵扣的免税待遇作为主要规则适用，但这两国允许出租人和承租人对应纳税租金选择征税。为了防范滥用行为，选择征税被限定于承租人可以全部享受进项增值税抵扣的情况；换句话说，部分免税的企业是不能行使选择征税的权利。

1.4.5　居民租金

在许多国家，对短期居民出租（宾馆房间、宿营地和诸如此类的）早已征税了，但对长期出租一般是不征税的。从这种不动产的使用明显构成消费的角度看，对长期出租征税是符合逻辑的。

表 1－14 提供了本书中包括的六个国家的实际处理方法。就像我们看到的那样，所有的国家都选择对长期居民出租免税（没有抵扣）。只有墨西哥作了区别对

待：对有家具的居所出租征税，对没有家具的居所出租免税。

表 1－14　　长期居所出租的处理方法

国别	征税	有抵扣的免税	无抵扣的免税
澳大利亚			×
加拿大			×
德国			×
日本			×
墨西哥	×（有家具的）		×
英国			×

很显然，居民房产的出租明显构成了消费，因此从理论上应该缴纳增值税。但是，中性要求也要对业主自住房产的出租价值征税。否则，自住房屋就比出租房屋得到了优惠待遇。科诺森（Cnossen）的观点是对的，他认为对业主自住房地产的出租价值征税，同时也按照个人所得税缴纳税款的话，并会产生双重征税的嫌疑①，在政治上也会困难重重。假如对业主按照其房产的出租价值征税，那么所有的私屋房主都会成为纳税人。因此，他们有资格可以扣除与这种“自租行为”相关的进项增值税，包括对其购买、维修和修理缴纳的税款。但是在大多数情况下，一个房主的年度应纳税销项，也就业主自住的房屋的全部出租价值，仍然会在小规模交易商的门槛以下，除非将“自租行为”被排除在小规模交易商免税之外。在那种情况下，给私人业主退还就其房屋的初次购买发生

① 科诺森：“增值税对不可移动的房产的处理方法”，第 231—245 页。

的增值税并对出租价值按照比较小的递增幅度征税对于国库而言会导致很多年的现金流问题。再者，一旦私人业主登记为增值税纳税人，就有比较大的纳税欺诈的风险，这些人可能企图收回那些与房地产无关的购买中所含的增值税。

假设对随后的居住房产出售征税，如果对出租价值征税，其后果就是这样的。对购买房产缴纳的税款会在购买时，而不是随后的转售时，可以马上抵扣的税款，这可能会引起为什么要对居住房产的中间销售全部征税的问题。换句话说，假如对居民房产的出售和自租行为都征税，很显然，由于业主有义务要把对自组行为征收的税款上缴国库，因而业主就有资格获得进项税抵扣，那么实际上就征收不到税款了。如果自租行为因为小规模交易商免税而逃脱了征税，那么只有居民房产出售的才导致实际的征税。

在实践中，如果接下来的居民房产的出售还是不征税，各国一般选择对家庭租金免税。

1.5 中间销售和税款的累积

1.5.1 总论

让我们回到经济分析和进一步研究税款累积的机制。一个二手或使用过的商品的出售在出现下列情况下会发生：（1）企业将用过的物品出售给另外一家企业（B2B）；或者（2）卖给了一个消费者（B2C）；或者

(3) 消费者卖给另外一个消费者（C2C）；或者(4) 消费者卖给了一家企业（从 C2B）；或者是（5）一个私人将使用过的物品卖给了一个代理商，该代理商将其转售给了另外一个私人消费者（C2B2C）。

正如我们早先讨论过的，除非适用免税，否则由于增值税的抵扣机制，B2B 的销售不会导致经济扭曲，对房地产可能就是这样的（见 1.5 节和 1.6 节）。C2C 的销售因为没有增值税要加到销售价格中，且对卖家可以通过销售价格归还对生命周期的剩余部分征收的增值税，就不会产生经济扭曲现象。当中间交易在消费者个人与企业部门（C2B）之间发生时，就出现了税款累积的问题。假如该消费者能够将对其初次购买缴纳的增值税通过销售价格向前转嫁，买家将不能收回作为进项抵扣的增值税。该消费者是不可能这样做的，他将承担与其使用该商品的时间不成比例的税收负担。

如果类似的交易销售链条中包括了中间人，如从私人消费者那里购买并向私人消费者出售的二手货经销商，就会出现类似的问题。例如，我们使用一台以 1000 美元购买的照相机，然后以 550 美元的价格转售给经销商，该经销商再以 550 美元或 600 美元的价格将其卖给 C2（表 1－15）。

表 1－15　　二手货的销售和转售

CI	B1（经销商）	C2	税款
1000 + 100	550（含税）	（1）600	100 + 60
		（2）550	100 + 55

在初次购买阶段，C1 缴纳的是相对于该相机整个

经济生命周期，或者是其总消费的税款。因为C1是在相机的经济生命周期的某一个点出售该商品的，相对于他使用相机的时间，他就多缴纳了税款。从经济角度看，C1通过相机的销售价格来补偿其已缴纳的该相机经济生命周期的剩余时间的税款。换句话说，该销售价格包含了对C1未能享受的消费所征收的（剩余部分）税款。假设该相机是在其经济生命周期的中点，且税率为10%，那么，C1收取的价格就是由500美元的该相机剩余价值和50美元的对该相机剩余生命周期每年的消费征收的税款组成。

接下来，经销商将该相机以550美元或600美元的价格再加上55美元或60美元的税款，也就是605美元或660美元的总价转售出去。因为税务当局在该相机的生命周期价值为1000美元的情况下，分别征收了155美元或160美元总税款，所以就出现了税款的累积。出售这架相机的实际税率是15.5%或16%，而法定税率为10%。

如果由经销商销售使用过的商品要缴税，由个人消费者向另外一个人消费者出售使用过的商品不征税，这会导致经济扭曲。

为了满足经济中性的要求，应该只对经销商B1的增值额征收额外的税款。假如该经销商以同样的价格（550美元）转售这架相机，且没有产生利润，政府就无权征收额外的税款。他在最初购买时收取了100美元，这代表了对相机的整个经济生命周期征收的总税款（10%×1000）。C2通过价格补偿了C1的超额缴纳的税款。但是，假如该经销商以更高的价格，比如600美元转售这架相机，他实现的毛利代表他增加了分配链条的效率[①]，政府应对额外的 50 美元征税，因为这 50 美元是未来的消费。在那种情况下，B1 应该向 C2 收取 605 美元，5 美元代表对该经销商的增值额征收的消费税。

为了防止或减少这种情况下的税收叠加（tax pyramiding），欧洲引入了所谓的毛利方案，毛利被定义为经销商的买卖价格之间的差额[②]，对于经销商从销售中获得的毛利免缴增值税。这个毛利方案不是完全中性的，因为它没有对亏损转售情况下包含在购买价格中的税款给予补偿。另外，经销商的待遇与从正常商家的采购不是完全相等。如果一家企业从另外一家企业购买了产品，卖家将对销售价格征收增值税，买家将有资格将在同一纳税期限内将其当作进项税抵扣掉。因此，从原则上说，一个企业的存货是免税的。但是，从事二手物品交易的交易商只有在转售时才能得到进项税抵扣。换句话说，存货在出售之前是要纳税的，二手商品经销商不得不为其存货中所含的进项税提供资金，而从事“常规”商品的经销商不需要。

通过允许认证的二手商品经销商，允许从申报期内的销项税额中抵扣含在购买价格中的税款，就实现了完

① 从经济学的视角来看，经销商履行的是使用过的商品的卖家和买家之间的经纪职能。但是，该经销商并没有和交易的任何一方达成代理关系。事实上该经销商经营的买卖活动，不是直接与任何一方进行交易，避免了与使用过的商品相关的销售和采购相关的复杂性，消费者更加愿意利用使用过商品的经销商的中介职能。卖家可能愿意接受比其可能向另外一个消费者出售还低的价格，反过来，买家可能愿意支付比其可能从另外一个私人卖家那里还高的买价。在上述任何一种方式中，该经销商都没有在在使用过的商品中直接加价，而是通过其行动保持了商品的性质或质量没有发生改变，但是提高了那种产品的市场效率。因为要反映在价格中，因此，需要对此征税。

② 见 2006 年第 112 号指令第 311—335 条。毛利安排适用于使用过的商品、古董、收藏家的物品和艺术品。

全的中性。

该毛利方案项目仅适用于动产而不是房地产。尽管有人通过买卖房地产谋生，但通过经销商出售房地产不常见，这就解释了为什么立法机构没有迫于压力，为防范扭曲效应对此制定特殊规则。

如果零售商允许消费者的个人有形资产作为支付购买一个商品（一般是实物）的部分款项时，就产生了以旧换新的问题。以旧换新，在房地产领域很少发生，正因为如此，我们不会从理论上分析其增值税处理方法的特殊性。我们只想说，如果不对以旧换新销售的超额征税进行补偿，潜在的税款累积问题就会发生。

1.5.2 在消费者和应纳税人之间的房地产中间销售

房地产的以旧换新销售和通过经销商的销售在实践中不是十分常见的，但 C2B 的销售是经常出现。我们举一个例子，个人从他父母那里继承房产，该房产坐落在过去十分幽静但现在变得车水马龙的主街（MAIN STREET)，该人将房产卖给了本地的一家律师事务所，该事务所将对该房产进行装修并将此建筑物变成他们的办公场所。假如该房产原始购买已经承担了增值税，这笔税款将被包含在销售价格中，并且不能由该律师事务所抵扣。在某种程度上，这笔税款由该律师事务所作为成本负担了，增值税就成为一种违背其目的和特点的营业税了。到此为止，该律师事务所能够将这笔税款向前转嫁到价格中，税款累积问题就产生了。

这个问题可以通过对所有环节的不动产销售征税，包括对私人个体销售不动产征税来解决，但要因为偶然销售让所有私人房主进行税务登记，既不现实，在政治上也阻力较大。大多数国家只是允许房地产的增值部分不征税，只对购买新建筑征税，而不对随后的转销征税，就像表 1－9 和表 1－10 所展示的本书中的这些国家的情况，并接受了在 C2B 销售情形下税款累积的后果。

1.6 混合用途和用途的改变

当增值税制适用免税项目时，像房地产那样的耐用商品的混合用途、用途变动或用途比率的变动，将会成为需要关注的问题。如果是混合用途，需要将进行进项税额按应税和免税的比例划分，以决定哪些是可以抵扣的。该比率可能是基于该建筑物的对相关销项的平方英尺的用途，或者是总营业额中的相应活动实现的营业额。

如果没有精确的测量，该房地产的初次使用就将决定了进项增值税抵扣的程度，而且任何以后用途的变动不会影响到原来的资格。尽管我同意，在增值税中，免税在原则上是不受欢迎的，但一旦作出了将免税项目纳入增值税制的决策，就要确保增值税的设计符合这一决策的意图，这是非常重要的。否则，纳税人可以操纵增值税制来逃避或减少那些本来应由他承担的进项增值税负担。例如，一家免税的企业意识到购买新建筑物的进项增值税额不能抵扣，只能作为成本，这家企业就可能人为地创造一种短期的情况：该建筑仅仅是被用于制造应纳税的销售来抵扣进项增值税。在不久后，它会改变免税活动的用途，并没有义务偿还抵扣的进项增值税。

在这种情况下，这笔进项增值税抵扣明显违背了立法意图。一方面，如果某一房产起初专门是被用于免税生产的，在一段较短的时间后，分别用于应纳税的生产和免税的生产，不允许纳税人抵扣进项增值税额，这同样不是公正的，并会使纳税人处于竞争劣势并违背增值税的中性原则。

为了解决这些不良效应，许多国家已经引入了所谓的资本商品方案（CGS），允许纳税人在一个特定时间段内矫正该初始的进项增值税抵扣额。我们在表1－16中提出了本书中的六个国家的资本商品方案适用概况。本章的1.2节简要论述了资本商品方案如何实际操作的，特别是表1－5以及这里提供的解释。

表1－16　　　　资本商品方案的使用

国别	按照销项在采购时判定的可扣除性		
	在以后没有调整	适用资本商品方案	资本商品方案的时间段（5/10等年）
澳大利亚	×		
加拿大	不可用	不可用	不可用
德国		×	10年
日本	×		
墨西哥		×	
英国		×	5年或10年

只有澳大利亚和日本在本国的增值税设计中，没有设置资本商品方案。值得强调的是，澳大利亚适用的是发票抵扣法的增值税，这种增值税是基于交易的，因而能够适应诸如此类的项目，而日本的减法增值税，衡量的是总体的应纳税的增值额，不能直接支持这一的重新计算表格。但是，在现实中，无论是澳大利亚的抵扣法还是日本的减法，都要求纳税人保有房地产投资的记录

和按年度公式重新计算。

加拿大的商品和服务税中没有采纳资本商品方案，但从房地产从商业用途到居民用途的转换会触发认定的应纳税自产行为。反过来，当从居民房产转换成为商业房产时，就可以申报全额的进项税抵扣。

另一个有趣的问题是，资本商品方案是否适用于由消费者或不纳税的人向纳税人销售房地产的中间销售（C2B 销售）。正如前面所展示的，房地产的中间销售可能导致税款累积，这是因为消费者可以将该房地产的初次购买发生的进项增值税向前转嫁到价格中。理想的情况下，或者是将该房地产生命周期剩余时间，也就是资本商品项目期限的剩余时间内缴纳的进项增值税归还给该消费者，或者是允许该买家作为一笔抵扣额扣除剩余时间段的增值税（理论上是包含在购买价格中的）。在本书的六个国家中，只有加拿大允许在出现 C2B 销售时可以进项增值税的抵扣，但只有在将该房地产的用途从居民用途转变成商业用途时才适用。从技术角度讲，因为这笔退税是全额的，且没有划分到该资本商品方案的整个期限的剩余时段，它并不是一个资本商品方案（表 1－17）。

表 1－17　　　　将资本商品方案适用于中间销售

国别	是	否
澳大利亚		×
加拿大	不可用	不可用
德国		×
日本		×
墨西哥		×
澳大利亚		×

1.7 对小规模交易商的处理方法

对于小企业而言，与增值税核算相关的纳税遵从成本相对比较高。为了提供优惠，大多数国家已经引进了各种不同形式对所谓的小规模交易商的特殊处理方法。一般来说，年营业额低于一个特定门槛的小企业是被排除在增值税系统之外的。某些国家允许那些低于该最低经营额的小企业自愿登记，但有些国家不允许。对房地产交易，无论是销售还是出租的，都征税，这在理论上可能是最正确的，并会解决许多实践和定义问题。正如我们在1.4.5中讨论的那样，假如要对向外出租居民房产征税，那么，从公平的角度看，对业主自住的房产的出租价值也要征税。但是，在大多数情况下，一栋房子的出租价值似乎一直低于小规模交易商的最低额，因而一直不被课税，这阻碍了公平待遇目标的实现。我们可以通过将这种“自我出租”行为从对小规模交易商的特殊税制中排除来解决这个问题，而且，有些国家的的确确按照企业的类型给予了不同的处理方法。在考虑排除法时，可能会出现其他的增值税法设计问题。例如，许多现有的小规模企业是作为独资企业的形式从事经营活动的，在这种情况下，该企业不是以独立法律实体从事经营活动，且税务当局要求这些企业在缴纳增值税的时候，要将其与经营相关的房产和与其私人居住相关的房产区分开来，这可能与小规模交易商税制本身所明示的目的出现了冲突。

1.8
自　　建

另一个问题是由个人和免税企业的自建房地产，他们实际上规避了劳动力部分的税收。像前面阐明的那样，免税鼓励免税企业自产商品和服务，而不是从专业化的企业进行采购，以减少其进项增值税成本。换句话说，免税鼓励了内购而不是外购。对于房地产而言，最为显著的例子是，一个免税企业用自己的人员和该免税企业已经拥有的土地建设一栋大楼。这种情况实际上就可以规避掉加在土地和劳动力成本上的增值税。为了抑制由（部分）免税企业的自产行为，有些国家对自产行为，像医院和金融机构这样的免税企业征税，要求他们自我核定增值税款并且将其作为应纳税的销项计入定期的增值税申报表中。因为自产行为是要纳税的，就出现了与从第三方采购缴纳的税款相关的进项税抵扣的权利，但总的抵扣额会总是低于对自产行为总值课征的税款。例如，假如一家免税的企业决定使用自己的员工在自己所有的土地上建设一栋办公大楼，这家企业可以扣除其采购的建筑材料和设计缴纳的增值税，但是要就包括材料、土地和劳动力成本在内的建筑总价值缴纳增值税。请注意，这些规则是不能适用于那些没有强制性税务登记的私人消费者。

本书中的国家对自产行为的增值税税务处理采用的方法不同。只有加拿大和德国两个国家适用自产行为规则，而澳大利亚、日本和墨西哥三国没有采用，英国是在特定的情况下适用自产行为规则（表1－18）。

表1－18　　　　自产行为规则的适用

国别	是	否
澳大利亚		×
加拿大	用于商业和租赁	个人使用的居住房产
德国	×	
日本		×
墨西哥		×
英国	×	×

很显然，自产行为的这些特殊规则增加了增值税的复杂性。澳大利亚适用一种特殊安排，即减少进项税抵扣（RITC），来减轻对内部化的激励和鼓励外购，但是仅仅适用于金融机构，允许金融机构将对75%特定的进项缴纳的税款抵扣①。

1.9
对房地产征税的预算相关问题

对商业房地产交易征税将不会对政府的净收入有影响，这是因为对于该房地产的使用者而言，除非他是免税的，否则已缴纳的增值税是可以扣除的。因为住房开支非常大，尤其是发达国家，所以设计出一套有效和公

① 皮特·麦克马洪：《消费征税和金融服务》，第88b卷，国际财政学会2003年悉尼大会，澳大利亚分会报告。

平的对住房征税的方式是非常重要的。按照出租价值衡量，美国的住房开支在 2007 年达到了 1.46 万亿美元，在其他国家征增值税的新建住房的价值达到了 6000 亿美元[①]。大多数国家只有开支才缴纳增值税。美国的家庭单位 2006 年在住房上花费了其年度毛收入的 15.97%，他们花费在住房上的总开支，包括了住房、设备、家具、服务、设施等占到了毛收入的 27%[②]。

对房地产交易增值税处理上理论上的正确方法不会引起太多的争议，而且，假如不是全部的，但大多数经济学家都是同意这一点的。

1.10 结　论

正如我们所见到的，在欧盟（和许多别的国家），只有房地产的初次销售，无论是商业地产还是居住地产，都要缴纳增值税。而该房地产的生命周期内的增值额逃脱了征税。但是，欧盟允许成员国选择对出售和出租或者对商业房地产征税。长期居住房产出租是免税的，但对短期出租收入，诸如宾馆房间、宿营地等租金是征税的。因此，所有与免税项目相关的问题出现都是与销售和房地产出租的免税有关的。此外，因为房地产实际上在时间较长的期限内使用的，仅对初次销售征税，在该房地产的用途发生变动时，就需要对进项增值

① 来源：美国商务部、经济分析局。
② 美国劳工统计局：《开支调查 2004—2006 年》。

税进行调整。对房地产交易，无论是销售还是出租都征税，在理论上都是最正确的，并解决了许多实际操作和定义问题。特别是涉及居民房产出租的问题，如果也要对业主自住的房地产的出租价值征税的话，可能会出现政治问题。然而，大多数情况下，一栋房子的出租价值会一直低于小规模交易商的最低额，因此，可以一直不征税。假如中间人（律师和公证人员等）负责税款的征收，对由私人从事居民房产的中间销售征税是可能的，但也会使得私人卖家有资格获得就其初次购买和他持有的房地产的年份中的维修成本发生的增值税的退还。从收入视角看，除了现金流的优点，当业主自住的房地产的出租价值因交易额低于小规模交易商而免税，从而逃脱了增值税时，这可能是徒劳无益的做法。

第2章
澳大利亚

安东尼·范德韦斯特苏森

2.1
导　言

澳大利亚货物和劳务税于2000年7月根据《新税制——1999年货物和劳务税法》（本章中称“货物和劳务税法”）的规定开征的。该税法内容主要参照新西兰货物和劳务税制，同时很大程度上借鉴了欧洲增值税制和加拿大的货物和劳务税制。货物和劳务税法的一些主要概念——业务、实体、提供、取得等简要解释如下。

2.1.1　业务

澳大利亚货物和劳务税制的一个核心概念是经营业

务（carrying on an enterprise）[①]。为了进行货物和劳务税登记、销项征税、进项退税，一个经济实体必须是持续经营业务，否则不能进行纳税登记。货物和劳务税登记的含义见后述。

一项业务被定义[②]为从事下列形式的一项或一系列活动：

——经营。

——具有商业性质的经营活动或行为。

——财产权益的经常性或持续性租赁、许可或其他授权行为。

还包括许多其他活动，诸如慈善机构、宗教组织和政府部门从事的许多活动，但这些活动几乎和房地产交易没有直接联系，因此本章不作讨论。

2.1.2 实体

货物和劳务税法主要针对经济实体。实体要进行货物和劳务税登记，提供应税项目要缴纳货物和劳务税，取得可抵扣项目可以申请进项税抵扣。该词用于许多含义相关的不同场合，包括所有法人，也包括法人集团和其他任何实际上类似法人的拥有独立身份的单位。“实体”一词主要包括以下几种形式[③]：

——个人。

——法人团体。

——单一法人（corporation sole）。

---

① 关于“经营业务”这一概念的具体解释见 Miscellaneous Tax Ruling MT 2006/1 - THE NEW TAX SYSTEM, the meaning of entity carrying on an enterprise for the purpose of entitlement to an Australian Business number.

② 《货物和劳务税法》9 - 20。

③ 《货物和劳务税法》184 - 1。

——政治团体（body politic）。

——合伙企业。

——任何其他非法人组织或社团。

——信托。

——养老基金。

2.1.3 提供（货物和劳务）

澳大利亚货物和劳务税主要针对交易征收。应税交易必须包括提供货物或劳务的行为，不提供货物和劳务的交易不纳税。在澳大利亚“提供（货物和劳务）”（Supplies）一词定义广泛，其含义还包括一些通常不被视作提供货物和劳务的交易[①]。

这一定义首先强调“提供”，包括各种形式的提供。接着（以不完全列举的方式）列举了属于“提供”范畴的各种交易，这些交易包括：

（1）提供货物。

（2）提供劳务。

（3）提供建议或信息。

（4）不动产的授予、转让或放弃。

（5）任何权利的建立、授予、转让、过户或放弃。

（6）提供金融服务。

（7）承担或解除义务，这些义务包括：

①做某项事情。

②不履行某项法律。

③履行某项法律。

（8）上述（1）—（7）任何两项或两项以上交易的组合。

---

① 《货物和劳务税法》9-10。

需要注意的是，放弃某项权利，解除某项义务或某项法律许可（a simple act of tolerating a situation）在一定条件下可以视同“提供”行为①。

从货物和劳务税的角度看，实体提供货物和劳务行为只有四种类形：

——应税提供。

——无税提供（零税率提供）。

——含进项税提供（免税提供）。

——非应税提供（out - of - scope supplies）。

这四种类型在下面“提供货物和劳务”一节将具体介绍。

2.1.4 取得（货物和劳务）

在货物和劳务税法中，购买（Purchases）是最常见的“取得”（Acquisition）。当一个实体发生“可抵扣的取得”时，这个实体就有资格申请包含在购买价格中的货物和劳务税退税（refund，准确地说，应是“抵扣”。——译者注）。

和“提供（货物和劳务）”一样，“取得（货物和劳务）”这个词的定义也非常广泛，包括各种形式的取得②。可以（以不完全列举的方式）列举属于“取得”范畴的各种交易，包括③：

（1）取得货物。

（2）取得劳务。

（3）接受建议或信息。

---

① “提供（货物和劳务）”一词的宽泛解释见 GST Ruling GSTR 2006/9。

② 《货物和劳务税法》11 - 10。

③ 《货物和劳务税法》11 - 10（2）。

（4）接受不动产的授予、转让或放弃。

（5）接受任何权利的赋予、转让、过户或放弃。

（6）购买金融服务。

（7）取得某种权利，可以要求某人：

①做某事；

②不履行某项法律；

③履行某项法律或事务。

（8）上述（1）—（7）中任何两项或两项以上交易的组合。

此处的取得不包括资金的取得，除非取得资金是金融交易（如贷款、外汇交易或其他形式的货币市场交易）的结果①。

例子：阿格尼斯以5%的利率从银行贷款。在纳税期间，她支付了500美元的利息。在这个例子中，500美元可以看作是她接受银行提供贷款服务而支付给银行的报酬。接受这笔贷款就是一种取得（尽管她事实上取得的是资金）。

从货物和劳务税的角度看，法律上取得只有三种类型：

——可抵扣取得；

——不可抵扣取得；

——部分抵扣取得（reduced credit acquisitions）；

它们将在“取得（货物和劳务）”一节中具体介绍。

① 《货物和劳务税法》11－10（3）。

2.2
提供货物和劳务

正如在开篇介绍的，在货物和劳务税法体系中，经济实体只有四种提供货物和劳务的方式：

——应税提供；

——无税提供（零税率提供）；

——含进项税提供（免税提供）；

——非应税提供。

2.2.1 应税提供

应税提供需要缴纳货物和劳务税。提供货物和劳务符合以下条件的是应税提供：

——为取得等价物的提供（有偿提供）；

——业内提供或业外提供（the Supply is made in the course or furtherance of an enterprise carried on by the supplier）；

——与澳大利亚有关联的提供；

——提供者已进行（或者要求进行）货物和劳务税登记；

——不属于“免税提供”，也不属于“零税率提供”①

① 《货物和劳务税法》9－5。

2.2.1.1 对价（等价物）（Consideration）

和“提供”一词相似，“对价”一词定义宽泛，包括任何一种和“提供”相关的支付、行为（act）和债务延展。同时包括已经完成和即将进行的提供[①]。

偶然的支付、因法院裁决产生的支付（包括行为和债务延展）也被看作是对价的一种。

2.2.1.2 业内或业外（in the course or furtherance of an enterprise）

“业内或业外”这一概念在税法中没有定义，但是这里的“或”就足以广泛覆盖了所有与经营有关的各种（货物和劳务的）提供。

出于经营发展的需要，一些业外的经营行为，虽然不是其业内业务，但仍是一种提供行为。一个实体从事某项经营譬如说经营水管业务，可能拥有一栋自己的办公楼。出售这栋办公楼不属于其业内业务，但是一种提供，是一种应税提供。

另一方面，这一概念不能被延伸到私人财产的供应，例如出售水管工的私人住宅。

2.2.1.3 与澳大利亚有关的提供

以房地产为例，规则是如果房产坐落于澳大利亚境内，则对该房的任何处置将会自动视为与澳大利亚有关。需要注意的是，一项服务即使是提供给澳大利亚境外的实体，但是如果服务本身与澳大利亚境内的

---

① 《货物和劳务税法》9－15。

房产直接或间接相关，则该服务提供仍视为与澳大利亚有关。

例子： 阿格尼斯是香港居民，在澳大利亚有投资，其中包括一幢商业房产用于租用。从这幢房产中获取的租金就与澳大利亚有关，因为这幢房产坐落于澳大利亚境内。

2.2.1.4 货物和劳务税登记

任何从事经营的实体都有资格（但非必须）进行货物和劳务税登记。当实体的年应税营业额达到或超过75000美元（公益机构的标准是15000美元）时，必须进行货物和劳务税登记。该数额被称作营业额起登点（registration turnover thersholds）。

相应地，实体的货物和劳务税应税营业额（以下简称应税营业额）分为当期应税营业额（current GST turnover）和预计应税营业额（projected GST turnover）①。后者是营业额起登点的决定性标准。当期应税营业额是指当月起包括当月在内往前12个月的所有提供货物和劳务的价值，预计应税营业额是指当月起包括当月在内往后12个月的所有预计提供货物和劳务的价值。

需要注意的是，如果当月经营不足整月的，需按这个月的预计营业额作为当月应税营业额。

当实体当期应营业额达到营业额起登点时，实体就必须进行纳税登记（除非税务局（长）认可该实体的预计应税营业额低于起登点）。

无论实体的当期应税营业额是否达到营业额起登

① 《货物和劳务税应税营业额详解见货物和劳务税法》188。

点，只要其预计应税营业额达到起征点，该实体就必须进行纳税登记。（这就是我们之前所说的，预计应税营业额是起登点的决定性标准。）

例子：一个实体截至6月30日的12个月应税营业额如表2－1所示。

表2－1

月份	应税营业额（美元）
7月	4000
8月	4590
9月	5600
10月	6200
11月	7100
12月	6700
1月	8100
2月	3200
3月	5600
4月	7500
5月	8300
6月	9100
总计	68498

这个实体当期应税营业额低于起登点75000美元，因此这个实体不需要进行纳税登记，除非经税务局长认可的预计应营业额达到75000美元。

假设这个实体未来11个月的预计应税营业额如表2－2所示。

表 2－2

月份	应税营业额（美元）
6 月	9100
7 月	9100
8 月	6550
9 月	6680
10 月	6809
11 月	6939
12 月	7068
1 月	7198
2 月	7327
3 月	7457
4 月	7586
5 月	7716
总计	89530

这个实体预计的年应税营业额超过了起登点，因此这个实体需要从当年 6 月 1 日起进行纳税登记。

或者，假设这个实体的预计年应税营业额如表 2－3 所示。

表 2－3

月份	应税营业额（美元）
6 月	4000
7 月	9100
8 月	8300
9 月	6100
10 月	7100

续表

月份	应税营业额（美元）
11 月	6700
12 月	6200
1 月	5600
2 月	5600
3 月	4590
4 月	3200
5 月	7500
总计	73990

这个实体预计的年应税营业额低于起登点，因此这个实体就无需进行纳税登记。

2.2.2　无税提供（零税率提供）

如果某项货物或劳务的提供属于无税提供（GST - free supplies）的范围，那么供方对这项提供无需计纳货物和劳务税，还可以对符合条件的进项税额申请退税。（“无税提供”（GST - free supplies）是澳大利亚货物和劳务税法中的重要概念，其实质就是适用零税率的货物或劳务的提供。为便于理解，以下一律译成“零税率提供”——译者注）

适用于房地产交易的零税率提供主要包括以下类型：

——以经营业务（整体出售）方式（as a going concern）进行的土地和建筑物出售；

——出售用于农业的农场土地；

——农场土地特售给关联者；

——慈善机构提供的某些住宿服务。

2.2.2.1 土地和建筑物作为经营资产整体出售

一个实体经营某项业务[①]（其资产包括土地或建筑物），这个实体可以以零税率提供的方式整体出售该项业务，包括其中的土地和建筑物[②]。不过，该交易必须满足以下几个条件：

1. 该项业务出售必须是出售该项业务的所有资产，以使这项业务能够继续经营

此项出售如果涉及（譬如说）一个办公楼，那么，这个办公楼无需当期正被出租，但是要求这个办公楼在出售的时候是可用于出租的[③]。

但是需要注意的是，如果一个用于出租的建筑物"提供"给承租人，那么由租赁财产唯一构成的这项（租赁）业务，不能被看作是一项整体业务的出让。一项业务得以继续经营所必需的条件是财产和契约的提供。在澳大利亚的法律中，建筑物的所有者不能提供契约的收益给承租人。

这种税务处理与新西兰的法院判决不同。在新西兰 Pine v. CIR 一案中，法院多数派赞同供应商可以以经营资产整体出让的方式将出租不动产的利益提供给承租人。新西兰的判决主要是针对（turn on）合并主义的考虑，而不是针对契约利益的提供。该法院认为土地权益的合并只有在提供实现以后才会发生。

既然供应方提供租赁契约利益的可能性并不在新西

---

① 见"业务"一节的讨论。

② 《货物和劳务税法》38－325。

③ GST Ruling GSTR 2002/5.

兰法院的考虑之内，因此澳大利亚税务局认为 Pine v. CIR 一案[①]的判决并不适用。澳大利亚税务局的观点是，在现行的租赁业务中当交易的收受人为承租人时，契约的利益不能让度给产权交易的收受方（the recipent of a supply of freehold premises）[②]。

2. 出让前该出让业务一直由出让方经营

在大多数的情况下，涉及不动产的经营业务通常会以房屋租赁或许可的形式存在。因此此类业务在出让之前，出让之时和出让之后都将会持续。但是，当经营业务涉及土地的主动利用（active use）（例如种植）时，确保该项业务在出让前一直处于持续经营状态就很重要，否则，该出让就不属于零税率提供。

3. 房产的提供必须是为取得对价

“对价”一词含义宽泛[③]，当然包含实物支付。如果其他条件也满足的话，财产置换（Property swaps）（或易货交易）也符合本条件因而可以申请零税率提供的待遇。另一方面，财产赠与通常不符合本条件。需特别注意的是，无偿提供财产给关联方，即使其他供应的条件都符合也会被视为应税提供[④]。

4. 交易的受让方必须进行货物和劳务税登记

向一个没有进行货物和劳务税登记的实体提供货物或劳务，会潜在危害零税率提供的认定，因此确保受让方已进行货物和劳务税登记是符合提供方的利益的。可以通过核查受让方在澳大利亚税务登记处的状态[⑤]，或

① (1998) 18 NZTC 13570.

② GST Ruling GSTR 2001/5, paras 97, 96.

③ 详见“对价”一节。

④ 详见“机构间供货”。

⑤ www.abr.gov.au。

者将其加入买卖协议条款中以确保受让方已登记。然而，实际上，如果此项业务的转让额已达到起登点的话[①]，那么按规定受让方必然会进行货物和劳务税登记。

5. 转让双方必须以书面的形式同意此项交易是整体经营业务的交易

双方协议可以但不是必须写在买卖协议中，但是要求书面协议必须在交易行为发生前已经存在。

需要注意的是，由当事人双方起草的这种书面协议本身并不能确定此项交易属于适用零税率提供的经营业务整体转让。如果其他任一条件不符合，此项交易仍不能享受零税率提供的待遇。例如，一项业务出让未包括该项业务持续经所必需的所有资产，则此业务转让不属于零税率提供的范围，尽管交易双方已经达成了此种协议[②]。

2.2.2.2 出售农用土地

通过提供产权或者长期出租的方式提供农场属于零税率提供。一些政府租赁农场只用于短期经营，但是实际上，这种短期租赁类似于销售或者长期租赁，因为会被不断续约。正是由于这个原因，政府租赁农场，即使租赁期限少于50年，也适用此项（零税率提供的）规定。为了能够享受零税率提供的待遇，农场在出售之前必须用于种植满15年，农场出让后仍必须用于种植[③]。

---

① 见“货物和劳务税登记”一节。

② GST Ruling GSTR 2002/5.

③ 《货物和劳务税法》38－80。

2.2.2.3　农场土地（分割）出让给关联方（Assosiate）

农场土地分割出让给一个或多个关联方用于住宅建设是一种有限制的优惠。采取这项政策是为了方便家庭的居住安排，因为父母通常希望可以在众多子女之间分割土地。满足以下条件的可以作为零税率提供[①]：

（1）土地是潜在的居住用地[②]，并以出让或长期租赁方式转让土地。正如前文提到的出售农场土地的例子，政府少于50年租期的租赁也符合此项条件。

（2）农业经营已经在这块土地上至少进行了5年；

（3）以下列方式转让给关联方：

①无偿。

②有偿，但出让价格低于包含货物和劳务税在内的不动产市场价值。

（4）零税率提供的优惠自动生效，不需要双方当事人签署协议。

2.2.2.4　慈善机构提供的特定住宿

慈善机构[③]提供下列两种住宿服务属于零税率提供，即提供名义上有偿的住宿服务和老人社区的住宿服务。

1. 名义上有偿的住宿服务

慈善机构提供住宿的价格低于含货物和劳务税的市场价格的75%，或者低于慈善机构提供住宿成本的

---

① 《货物和劳务税法》3－475。

② 潜在居住用地是指允许用于居住目的但是还没有任何居住性建筑物的土地。

③ 根据上下文，“慈善机构”一词包括慈善组织、可捐赠扣除的单位和公立学校等。

75%，其住宿服务属于零税率提供[①]。

例子1：

ABC是一家合法的慈善机构，为无家可归的人提供低租金的住房。ABC在悉尼的住房租金是每周100美元。在同一地区同等条件的住房租金是每周200美元。ABC此类住宿提供就是零税率提供，因为它的租金比同等条件住房市价的75%还要低。

例子2：

XYZ是一家合法的慈善机构，为墨尔本的低收入家庭提供寄宿住房，租金为每周200美元。在同一地区同等条件的住房，租金为250美元每周。此类住宿的提供就不适用于零税率提供，因为它的租金超过了同等条件住房市价的75%。

假设XYZ此类住宿的提供成本是每周270美元，那么这项提供可以是零税率提供。因为这项提供的租金小于提供成本的75%。

2. 提供老人社区住宿服务

慈善机构向老人社区（retirement village）的居民提供的老人社区住宿服务是零税率提供。这项优惠包括与住宿有关的其他服务和食物供应[②]。

2.2.3 含进项税提供（免税提供）

含进项税提供（Input taxed Supplies，在一些地区也被称为"免税提供"[③]）不征货物和劳务税，换言之，提供方不需要考虑缴纳货物和劳务税。但是和这些提供

① 《货物和劳务税法》38－250。

② 《货物和劳务税法》28－260。

③ 例如在新西兰，这种提供就叫免税提供（exempt supplies）。

相关的取得不能成为可抵免取得，换句话说，提供方的这些进项取得所支付的进项税额不能申请货物和劳务税退税（抵扣）。（“含进项税提供”（Input taxed Supplies）是澳大利亚货物和劳务税法中的重要概念，其实质就是“免税提供”。为便于理解，以下一律译称“免税提供”。——译者注）

适用于房地产交易的免税提供主要包括：

——住房出租①；

——住房出售②；

——经营性住房的某些提供③。

2.2.3.1 住房出租

住房出租是一种免税提供。意思是出租方无需考虑为收到的租金缴纳货物和劳务税，但同时其相关进项税额也不能申请抵扣④。

例子：

安德里亚将住房租给了戴维。在租期内，住房因电路故障引起火灾。安德里亚雇佣电工修理损坏的电路，雇佣木匠维修烧坏的房屋。电路维修花费了1100美元（含货物和劳务税），房屋维修花费了5500美元（含货物和劳务税）。

安德里亚对这两部分花销所含的进项税额都不能申请抵扣，因为这些花销和其免税销项（即住房出租）相关。

---

① 住房有特定定义，见“不动产种类”一节。

② 不包括新住房出售，详见“不动产种类”一节。

③ 只适用于住房所有者选择按此处理时，见后述。

④ 《货物和劳务税法》40-35。

2.2.3.2 住房部分用于非居住用途

要成为免税提供，住房必须主要用于居住[①]。这里，主要的意思是多于50%。房产的非居住用途小于50%的，就不必考虑将其收益区分为应税的和免税的[②]。

例子：

哈利将住房租给约翰。约翰是一名会计，他将该住房的一个房间作为办公室。该住房一共有六个房间，其中三个卧室。

因此哈利无需考虑将所收到的租金缴纳货物和劳务税。

2.2.3.3 住房出售

住房出售是一种免税提供。这意味着出售方取得售房款不需要缴纳货物和劳务税，但同时其房产出售相关的进项税也不能抵扣[③]。

例子：

贝恩把住房出售给戴维。贝恩向房地产中介支付了含货物和劳务税在内的中介费计14000美元。此中介费所含的进项税额贝恩不能申请抵扣，因为这项花销与免税提供（即住房出售）有关。

2.2.3.4 住房部分用于非居住用途

要成为免税提供，住房必须主要用于居住[④]。在

① 《货物和劳务税法》40－35（2）（a）。

② GST Determination GSTD 2000/9.

③ 《货物和劳务税法》40－65。

④ 《货物和劳务税法》40－35（2）（a）。

这里“主要”的意思是指多于一半。当非居住用途小于50%，就不需要将其收益区别为应税的和免税的。

例子：

查尔斯将住房屋出售给马丽。马丽是一位医生，她计划用三个房间作为咨询室和接待区。这个房子一共有5个房间，包括三间卧室。

这住房出售就不属于免税提供，因为马丽并没有计划将这间房子主要用于居住。

2.2.3.5 出售新住房

出售住房作为免税提供有一个例外，那就是如果出售的住房是新的，出售新住房不属于免税提供。因此，如果所有其他应税条件满足，出售方对其出售住房要考虑缴纳货物和劳务税。在这种情况下，售方会谨慎利用差额（征税）制度（margin scheme）以减少货物和劳务税纳税额（具体详见“特殊条款”）。

2.2.4 非应税提供

不属于货物和劳务税征收范围的货物和劳务提供（非应税提供），不需要缴纳货物和劳务税。下列情形属于非应税提供：

——无偿提供。换句话说，无偿提供（例如赠送礼物）就是非应税提供。

——不属于企业经营或后续经营范围内的提供。与企业经营业务没有关系的提供也属于非应税提供。

——与澳大利亚无关的提供。货物和劳务的提供与澳大利亚无关，那么也属于非应税提供。

——提供方没有或不需要进行货物和劳务税登记。

由未登记企业提供的货物和劳务属于非应税提供。

还有其他非应税提供，比如根据澳大利亚货物和劳务税法第 81 章发布的财政部令（Treasure' s Determination）所规定的有关税费事项。这些提供基本和房产交易无关，因此不在这里讨论。

2.3 取得货物和劳务

在一定条件下，取得（Acquisitions）或购买某项货物或劳务所支付价款中所含的货物和劳务税可以得到退税（抵扣）。这种符合条件的购买也称作“可抵扣取得”（creditable acquisitions），其所含的货物和劳务税退税（抵扣）部分叫做“进项税抵扣”（input tax credits）。

从货物和劳务税的角度，法律上只有下列三种取得行为：

——可抵扣取得：

——不可抵扣取得；

——部分可抵扣取得。

2.3.1 可抵扣取得

满足以下四个条件的取得称为可抵扣取得：

——取得之物必需用于可抵扣的用途；

——取得之交易必须是应税交易；

——收货方必须（有义务）支付对价；

——收货方必须（或需要）进行货物和劳务税登记[①]。

2.3.1.1 可抵扣用途

“取得之物用于可抵扣用途（creditable Purpose）”，是指取得之物用于收货方正常经营[②]。换句话说，收货方要证明某项取得是可抵扣取得，他或她必须证明该项取得与其正常经营存在联系[③]。

有两种常见的不能抵扣的情形：

一是取得之物用于免税提供，则该项取得不属于可抵扣取得。换句话说，任何与免税提供相关的取得都不属于“用于可抵扣用途的取得”，（因此）也不能进行进项税抵扣。

例子：

莎拉有一处投资性房产用于居住性出租（如前述住房出租属于免税提供）。莎拉花费了440美元（含货物和劳务税）粉刷该房产。粉刷这项购买不是用于“可抵扣用途”，因为它与莎拉的“免税提供”相关。因此，莎拉这项购买不属于进项税抵扣的范围。

二是某项购买是私人或家庭性质的。就是说如果某项取得部分与正常经营有关，部分是出于私人目的，那么该项取得就不全部用于“可抵扣用途”。在这些情况下，取得之价格需要在应税的和私人用途之间分配。

例子：

约翰是一个房地产经理。他花费了44000美元买了

① 《货物和劳务税法》11－5。

② 《货物和劳务税法》11－15。

③ 这个关系具体是如何建立的已经超过了本书的研究范围，具体介绍可参见GST Ruling GSTR 2008/1 HTTP：//law.ato.gov.au。

一辆车，有时用于跑业务，有时私用。他的行车记录显示这辆车的商业使用占60%。因此，约翰购买这辆车所含的进项税的60%（60%×4000美元=2400美元[①]）可以抵扣。

约翰也会根据这一百分比计算这辆车运营成本的进项税抵扣额。

2.3.1.2 应税提供的要求

你的某项取得，对提供方来说必须是应税提供，而且除非税款已先缴纳，否则你通常仍没有资格取得进项抵扣。简单说，你的某项取得，如果对提供方来说是免税提供、零税率提供或是征税范围以外的提供，那么你的这项取得就不能申请进项税抵扣[②]。

例子：

杰克，一个没登记的企业卖了一辆车给吉尔，吉尔是已进行货物和劳务税登记的。吉尔将这辆车用于商业用途。因为杰克是一个未登记的企业，出售车辆给吉尔是一项征税范围以外的提供，因此销售方不会收取任何货物和劳务税。

卖给吉尔的车不是应税提供，因此吉尔的这项购买也不属于进项税抵扣的范围。

2.3.1.3 有偿要求

收货方必须或有义务为某项取得提供对价，而且税款已先实际支付，否则你仍不能取得进项税抵扣。如果

---

① 澳大利亚货物和劳务税（GST）的税率为10%，汽车含税价44000美元的进项GST为4000美元。——译者注。

② 需要注意这里有一个例外，即当购买方从没登记的实体购买二手货物进行再销售时。但是这个例外不适用房产购买。

某项购买你没有支付对价，意味着你没有缴纳货物和劳务税，因此，也没有进项税抵扣权利。

这项要求对三方协议有实际意义。企业 A 的某项取得，却由企业 B 支付，通常双方都不能进项税抵扣。这是因为，企业 A 没有为这项“购买”支付（或有义务支付）对价，企业 B 也没有得到经营所需要的东西。当然，如果企业 A 为这项取得需要给企业 B 补偿款，问题就能解决。

2.3.1.4 收货方必须登记

要符合进项税抵扣，收货方必须进行（或要求进行）货物和劳务税登记。关于货物和劳务税登记的一般讨论，见上述“应税提供”中的“货物和劳务税登记”一节。

2.3.1.5 部分可抵扣取得

在“可抵扣取得”条款中用短语“一定程度上”是考虑到一些情况：该项取得既用于符合（抵扣）条件的用途也用于不符合（抵扣）条件的用途。例如，一个投资者买了一处既有居住又有商用的房产（例如公寓楼里的商店）。这种情况需要在符合条件的部分（商业房屋）和不符合条件的部分（居住房屋）之间进行价格分割。只有和商业房屋相关的价格部分才算是“可抵扣取得”，和居住有关的价格部分则是不可抵扣的。这种情况被称为“混合提供”，需要按合理的基础对取得价格进行分摊[①]。

不能分割的取得称作“合成提供”（Composite sup-

① 分摊的基础详见 GST Ruling GSTR 2006/4。

plies）。一个例子是国内航线的航空公司提供水果给乘客。提供水果是免征货物和劳务税的，但是航运服务是应税提供。这两种提供难以分割。在这种情况下，提供被视为单一提供。货物和劳务税则按主要部分（在本例子中就是航运服务）处理。

在货物和劳务税细则 2001/8[①] 中有关于混合提供和合成提供的详细规定。

2.3.1.6 改变用途与调整

正如前文所述，一个企业的进项税抵扣额取决于该项取得是否属于可抵扣取得。反过来也取决于这项取得之物是否用于可抵扣用途。只部分用于可抵扣用途的取得需要计算企业可抵扣用途的程度。

因此，和计算进项税抵扣额真正相关的是企业预计的可抵扣程度。尽管这可能有点主观，预计的可抵扣程度必须是在一个公平和合理的基础之上估计出来的（详见货物和劳务税细则 2006/4[②]）。

当估计的可抵扣程度小于 100%（但是大于 0）的时候，那么取得或者进口的就是部分可抵扣的，并且该项“购买”必须在估计的可抵扣的部分与不可抵扣的部分之间分摊。这被称作“可抵扣用途的程度”（extent of creditable purpose）。

“可抵扣用途的程度”这一概念意指某项取得用于可抵扣用途的程度，即占总取得的百分比。

正如前文所说，短语“一定程度上”需要拆分哪部分取得是可抵扣的，哪部分是不可抵扣的。

① http：//law. ato. gov. au。

② Ibid.

以下原则（来源于货物和劳务税细则2006/4）适用于进项税抵扣额的拆分：

——如果你计划将取得之物100%用于可抵扣用途，那么这是全部可抵扣的情况，无需拆分。

——如果你计划将取得之物部分用于可抵扣用途，那么需要按照合理和公平的原则进行拆分。这种取得就是部分可抵扣的。

——如果你计划将取得之物根本不用于（0%）可抵扣用途，则不存在可抵扣的部分。没有必要拆分，也不用计算进项税抵扣额。

例子：

约翰经营一家室内装修设计企业。这项业务在商业用房屋内开展，包括接待客户等。作为爱好，约翰同时经营收集、交换、出售稀有硬币的业务。他的硬币被收集在一个特别的展示收藏盒中，这个收藏盒放在这家商业用房屋的一个单独的房间里。约翰用这间办公室只进行稀有货币研究和其他与约翰兴趣爱好有关的活动。

从货物和劳务税的角度来看，室内设计是商业性活动，但是兴趣爱好则不是。约翰在建筑维护方面的花销也包括这两方面。他的进项税抵扣额需要对维护支出进行拆分。相反，收藏盒和硬币的取得不是约翰的经营业务，也完全不属于“可抵扣用途”。

实际取得或者进口以后，这项取得之物实际用于可抵扣的程度可能和计划的不同。意思是原来的进项税抵扣额可能过多或不够。可抵扣程度的变化需要按照货物和劳务税法的规定进行调整[①]。

① Division 129.

在纳税期后进行的调整叫做调整期（adjustment periods）。调整的次数取决于该取得项目的不含货物和劳务税价值以及是否与商业用途有关。与商业用途无关的取得或进口项目的调整次数如表2－4所示。

表2－4

取得项目的不含货物和劳务税价值	调整次数
小于等于5000美元	2
5001美元至499999美元	5
大于等于500000美元	10

与商业经营无关且不含货物和劳务税价值不超过1000美元的，不要求调整；但如果登记资格被取消，即使不含税价值不超过1000美元，仍然需要一次调整①。

计算调整的公式包含实际用于可抵扣用途的百分比。如果这是第一次调整，可抵扣用途的程度变化是通过比较实际用途与进项税抵扣时的计划用途计算的。

以后的调整，计算当期变化是通过比较至调整时的实际用途与上次调整的用途计算的。

公式是：进项税额抵扣额全额×可抵用途的程度的变化

如果实际的可抵扣用途的程度比计划的高，则需要调减（换句话说，调整后应纳货物和劳务税额将减少）。

① Division 138, GST Act.

相反，如果实际的可抵扣用途的程度比计划的低，则需要调增（换句话说，调整后的应纳货物和劳务税额将会增加）。

例子：

John 取得一个录像机设备，他计划将这个设备的 60% 用于可抵扣用途。因此，按计划，John 的进项税抵扣额为整个进项税抵扣额的 60%。他后来发现从取得开始到第一个调整期结束，他实际用于可抵扣用途的程度是 75%，因此可抵用途的程度的变化为 15%。

如果总进项税抵扣额为 300 美元，John 将作 300 美元 ×15% =45 美元的调减。调整后，他将得到 45 美元的货物和劳务税退税。

为了使调整符合规则，实际用途是从取得当天开始计算，到每一个调整期结束为止。意思是可抵扣用途的程度的计算是一个累计的过程，开始于每项取得，结束于每次调整期的期末。

2.3.2 不可抵扣的取得

不符合上述“可抵扣取得”中任何一条要求的取得就属于不可抵扣取得。不可抵扣取得就是不能进行进项税抵扣的取得。

2.3.3 部分抵扣的取得

部分可抵扣的取得通常只在一些与金融服务供应相关的特殊的取得项目中发生，与不动产交易关系不大，故在此不予讨论。

2.4
货物和劳务税的会计核算

企业核算货物和劳务税有两种方式：现收现付制和权责发生制。当企业 12 个月内的供应不超过 200 万美元时采用现收现付制核算货物和劳务税。这里的供应额就是货物和劳务税应税营业额（以下简称“应税营业额”），200 万美元的限额标准也叫现收现付制营业限额。当应税营业额超过 200 万美元时，只有经税务局允许才可以采用现收现付制。

适用现收现付制的企业不能选择权责发生制核算货物和劳务税额。只要企业符合现收现付制的核算要求，那么从纳税期限开始现收现付制就适用。

企业选择现收现付制还是权责发生制核算会影响缴纳货物和劳务税纳税时间和进项税抵扣时间的确认。决定时点的规定叫做“归属规则”，以决定货物和劳务税和进项税抵扣归属于哪个纳税期。

2.4.1 现收现付制核算

当企业采用现收现付制核算货物和劳务税时，企业只对在纳税期限内实际收到的应税收入计征货物和劳务税。相应地，企业只能对纳税期限内实际支付的进项税额进行抵扣①。

① Subsection 29 – 5（2），29 – 10（2）.

2.4.2 权责发生制核算

当企业选择现权责发生制核算时，企业在上一纳税期已发生以下两种情况之一的应税提供，其货物和劳务税即计入上一纳税期：

——企业已收到应税提供的部分款项（注意此处不包括保证金，详见后述）。

——企业已开具应税提供的发票[①]。

2.4.3 权责发生制下的进项税额抵扣的归属

当企业采用权责发生制核算，企业在上一纳税期已发生以下任一情况的可抵扣取得，其进项税计入上一纳税期抵扣：

——企业已为可抵扣取得支付了部分款项（不包括支付的保证金）。

——企业已收到可抵扣取得的发票[②]。

然而，需要注意的是有一种情况会推迟进项税的抵扣时间，即当企业在纳税期内未持有可抵扣取得的税务发票，其进项税就会被推迟到企业有纳税发票时的纳税期进行抵扣[③]。

2.4.4 纳税期

在澳大利亚，企业的纳税期分为按月、按季或按年纳税。采用何种纳税期与企业应税营业额的规模有关。应税营业额达到2000万美元的企业要按月缴纳。2000

① Subsection 29－5（1）.

② Subsection 29－10（1）.

③ Subsection 29－10（3）.

万美元被称为“纳税期营业额标准”（tax period turnover threshold）。

大多数企业按季度缴纳，但是小型企业、没有经常性经营业务的实体和应税营业额不超过200万美元的企业，可以选择分期纳税。在此种情况下，纳税期通常与企业的财务年度（12个月）相同。按季纳税的期限为每年的3月31日、6月30日、9月30日和12月31日。

应税营业额小于2000万美元的企业也可以选择按月缴纳，但纳税期一旦选择，12个月内不许更改。

2.4.5 发票和税务发票

“发票”是表明一项支付义务的凭证。这是一个相对宽泛的定义，也可以包括像发货单这类单据。税务发票则需要符合货物和劳务税法的相关规定①。就泛泛而言，如果发票包括以下信息就可以基本满足（税收发票的）规定：

——供应方的名字和澳大利亚商业代码②；

——“税务发票”一词置于显著的位置；

——税务发票的开具日期；

——供应方的名字；（校注：原文如此）

——交易摘要；

——交易价格；

——包括货物和劳务税在内的总价格或者单列出应该支付的货物和劳务税。

---

① Section 29 - 70, regulation 29 - 70.01 of GST Act.

② 当企业登记货物和劳务税时就会得到一个登记号码。这就是澳大利亚商业号码，也叫ABN。

当交易价格达到1000美元，税务发票则必须包括以下额外的信息：

——接收方的名字；

——接收方的地址或澳大利亚商业代码；

——每项交易的内容、提供的货物或劳务的数量。

无论交易价格的多少，当税务发票涉及应税交易和非税交易时，则还需要包括以下额外信息：清楚地标出应税部分，并提供以下信息：

（1）应该缴纳的货物和劳务税总额；

（2）交易总额。

2.5 不动产的种类

不动产[①]是指土地及其附属物的各种权利。该词包括对土地的任何利益或权利，即澳大利亚税务局认定的合法或公正的利益和权力，例如合法财产的普通所有权(fee simple)、租赁权、有条件契约（restrictive covenants)、地役权以及收益权[②]。

定义也包括占用土地的许可权或其他合同上规定的和土地有关的权利。这种含义对（譬如说）非居民旅游运营商在澳大利亚宾馆提供的住宿权有影响。一个最近的例子是：这种（住宿权）的提供被认定为与澳大

① Section195 - 1 of the GST Act.

② GST Ruling GSTR 2003/7.

利亚相关联，因为他们等同于不动产的提供[①]。上文已经解释过如果不动产位于澳大利亚境内，则该不动产的提供就是和澳大利亚相关的。

“土地”一词在货物和劳务税法中没有定义，但是习惯法（common law）中，土地包括土地本身、地表上方所有的空中区域和地表以下的任何部分。在澳大利亚《法律解释法（1901）》（Acts Interpretation Act）中，土地被解释成包括宅院、地产、可继承权、有形的和无形的（财产权）、各种使用权或类似表述，以及诸如此类的各种不动产或不动产权益。不动产被定义为包括任何拥有申索法定置留权或抵押权的不动产和权益（include any estate or interest charge right *title* claim demand lien or incumbrance（encumbrance） at law or in equity）。

在澳大利亚的习惯法中，不动产包括：

——普通所有权（fee simple）；

——租赁权；

——终身财产所有权（life interest）；

——复归权（reversions）；

——指定后续继承权（remainders）；

——回赎权；

——地役权（Easements）；

——收益权（profit à prendre）。

2.5.1 普通所有权

这是土地最容易理解的权益，它赋予了土地有效的所有权（换言之，即对物权 an ius in rem）。

① Soga Holiday Limited v. FC of T 2006 ATC 4841.

2.5.2 租赁权

租赁权就是在合同期或人的一生中某个时期赋予独家占有土地的权利。这种权利通常被作为支付租金的回报。尽管在传统的惯例法中租赁权是一种对人的权益（a personal interest）（换言之，即对人权 an ius in personam），在现代法律中，这项权利更多地被看作是土地权。

2.5.3 终身财产所有权

这种所有权与普通所有权不同，它只限于所有者在世时。

2.5.4 复归权

当一个人给予另一个人某种不动产权时（如终身所有权）时可能出现的一种权益。它是权益出让者对（不动产）权益的部分保留。

2.5.5 指定后续继承权

指定后续继承权是不动产继承权的一种，它取决于其他遗产继承权的安排，这两种继承权是同时确定的。一个例子是当土地的所有者（A）以终身所有权的方式给予另一人（B）继承权时，指定了 B 去死后该土地的新继承人（C）。在这个例子中，C 就是拥有指定后续继承权者。

2.5.6 回赎权

这是一种传统制度下土地质押者在土地质押后保留的一种权利。质押者可以和其他财产权一样来处置这种财产权利。

2.5.7 地役权

地役权是为方便自己居住或使用自己土地的便利而允许使用他人土地的权利。

2.5.8 收益权

收益权是独立于土地本身的获取他人土地上的土壤或者产出的权利。这种权利通常是法定的（例如大多数矿产开采权）。

如果上述相关的权益在澳大利亚境内，那么无论交易方身处何地或交易文件在何地签署，由登记人有偿提供的权益交易都负有缴纳货物和劳务税义务。

2.5.9 住宅

“住宅”这一术语定义成用作以下用途的土地和建筑：即用作居住或是打算用作居住或是*可以立即作为居住使用*[①]。

斜体的部分有效地将裸地排除在住宅的范围外，因为很明显，空地不能立即作为居住使用[②]。

“住宅”的定义已延伸至“水上房屋”（floating homes）“水上房屋”是指水面平台（floating platform）上的用于居住的建筑。为满足此定义，该建筑不可以是或者不能够成为自行装置[③]。

① Section 195 - 1 of the GST Act.

② 在 Vidler v FC of T 2009 ATC para. 10 - 093 中确认。

③ Section 195 - 1 of the GST Act.

2.5.10 新住宅

满足以下条件之一的住宅为“新住宅”：

(a) 之前没作为住宅出售过也没有用于长期出租[①]；

(b) 通过实质性翻新建造的建筑；

(c) 旧宅拆除重建的建筑[②]。

2.5.10.1 先前没作为住宅出售的住房

那些已经作为住宅出售出去的住房已经不再是“新住宅”了。这是一件重要的事项，因为出售“住宅”属于免税提供，而出售“新住宅”则不是（而是应税提供）。同时应注意，如果一栋建筑建成后五年间一直用于出租（或是可以供出租），它也不属于“新住宅”了。

1. 关于“新住宅”的特殊问题

(1) 土地细分（subdivision）。如果建有住宅的土地之前被当做住宅出售过，那么该土地面积就被细分成宅基地，税务局认为，这种被细分的土地面积之后再出售将不再作为新住宅出售[③]。税务局的观点是：余下的土地面积和建筑作为一个“整体”，之前已按住宅出售，所以该土地被细分的部分不能再次作为“新住宅”。这也理所应当的可以确定被细分土地本身的交易是否需要纳税，因此如前文所讲，裸地本身并不符合“住宅”的定义。

---

① 出于此目的，长期出租是指租期不少于50年的租赁。

② Section 40 - 75 of the GST Act.

③ GST Ruling GSTR 2003/3.

（2）建筑迁移（relocation）。可能发生这样的情况，住宅迁移到同一块土地的不同地方（例如房子可能会迁移以便全部建在半块土地上，使得土地可以再细分）。如果原屋之前已被出售，那么房子的任何部分和土地都不能被定义为“新住宅”。

另外，当住宅从一块土地搬到另一块土地上，税务局认为该楼房和新土地构成“新住宅”[①]。税务局的观点是土地和建筑作为一个“整体”之前没有被一起出售过，所以如果房子迁址后和土地一起被出售，可以被认为是“新住宅”出售。

（3）之前作为商业财产出售的住宅。之前只被当作商业财产出售的建筑（如仓库），虽然之前已经出售过，但其转为住宅（如仓库公寓）时，仍作为“新住宅”[②]。

（4）分层式产权公寓（Subdivision of Apartments into Strata Title Units）。通常来说，楼房内的套房（flats）和单元房（units）没有独立的法律产权（legal title）。这里的产权指的是经登记的把土地和楼房作为一个整体的所有权。但在这样的情况下，允许（将楼房产权）细分为分层式产权是可能的，这样，楼房内的每间套房和单元房都有它们独立的产权，并可以单独出售。这一过程（本身）并不创造“新住宅”。

当新的拥有分层式产权的单元房被出售时，不被认为是出售新住宅，因为其土地和楼房作为整体之前已经作为住宅被出售过了。实际上，这是因为土地和

① Ibid.

② 见案例：The decision in Marana Holdings Rty Ltd v. Commissioner of Taxation (2004) 214 ALR 190.

楼房依然是住宅，细分产权只是法律产权的形式发生了改变。

（5）共有产权人（Tenants in Common）。由两个或两个以上的共有产权人开发的公寓大楼，其（整栋大楼的）共有产权转化细分为每套单元房的共有产权时，这种产权的分层本身不构成任何权益的转让。其所发生的只是，相同的共有产权人拥有这栋公寓大楼的产权方式的改变（即共有人由原先对整栋大楼的共同拥有转化为对大楼内每套单元房的共同拥有，其意义是经过这种产权的“分层”，可以使每套单元房拥有独立的产权以方便单独处置，虽然单元房的独立产权现在仍然由原共有产权人共有。——译者注）

此时，当单元房的共有人之间可以相互转让该单元房的共有产权以使每套单元房变成单人所有。但这种共有人之间的产权转让，很大程度上相当于各参与方都出售了产权，因此被认为属于住宅销售范畴。

例子：

贝恩、爱丽丝和史蒂夫以等股权的方式共有一块土地。他们成立一家合资公司并委托承包商在这块土地上建造一栋内含12套单元房的公寓楼。竣工之后，（贝恩等三人将整栋公寓楼的共有产权“分层”（strata）为12套单元房的共有产权，即分层后，每套单元房都有独立产权，可以单独出售，只是现在每套单元房都由三人等股份共有。这种整栋公寓楼产权分层到各单元房产权的过程，不构成产权转让。此时，三个共有产权人进行如下产权置换：——译者注）贝恩将12套中的八套单元房的属于自己的三分之一产权转让给爱丽丝和史蒂夫，同样，爱丽丝也将其中八套单元房的属于自己的三分之一产权转让给贝恩和史蒂夫，史蒂夫转让给贝恩和爱丽丝。

转让的结果就是，贝恩、爱丽丝和史蒂夫每人分别完整拥有四套单元房的独立产权。他们之间的每次转让都看成是住宅转让，因为住房之前没有作为住宅出售过（即他们相互之间的产权置换属于“新房销售”——译者注），所以这些产权转让不必承担进项税（the supply cannot be input taxed）。（原文如此。意为：三个共有产权人之间的产权置换属于“新房销售”，因此需要按正常缴纳货物和劳务税，但相应的进项税可以抵扣，即无需承担进项税。其实，换一个思路或许更好理解：三人投资成立合资公司建成并拥有一栋含 12 套单元房的公寓楼，建成后，合资公司将公寓楼的整体产权分层为 12 套单元房产权，并将 12 套单元房均分给三个股东，即每人获得 4 套具有完整产权的单元房。这一过程，从应税行为看，产权分层不构成应税事项，而合资公司将单元房分配给股东时，属于“视同销售住宅”，而且是“新住宅销售”，需要正常计税，其建筑成本所含的进项税可以抵扣。——译者注）

2.5.10.2 经“重大翻新”（Substantial Renovations）的住房

经过“重大翻新”的住房被归类为“新住宅”。“重大翻新”是指这样的翻新：建筑的全部或实质性全部被拆除或更换。然而，翻新可以不涉及地基、外墙、内部承重墙、地板、屋顶或楼梯[①]。

对于定义中的翻新“重大”，它需要整体影响建筑并且导致建筑全部或是实质性全部设施的拆除或更换。

---

① Section 195 - 1 of the GST Act.

这就意味着翻新必须直接影响建筑的整体性而非只翻新建筑内的部分房间。建筑的部分翻新不构成“重大翻新”。

例子（引自货物和劳务税细则 GSTR2003/3）：

（1）一个房主拥有一间含四个卧室的大房子，他将两间卧室之间的墙推倒，改造为一个带套间的大卧室。之前通向一间卧室的房门已被拆除，换上石膏板，这样改建后的大卧室只能从一个门进入。该房间重新粉刷过，也重新铺了地毯。虽然房子有很大的改变，但只是建筑的部分翻新，不构成“重大翻新”。

（2）英迪拉从事房地产投资，并经货物和劳务税登记。她买了一栋大房子，两层，四间卧室，有维多利亚式阳台，在一层还有独立厨房、客厅、音乐间和浴室。英迪拉经常从事购房、翻新然后卖出房子（通常是平均两年一个周期）。她雇了一位建筑工人做了以下工作：

厨房换成山毛榉木材镶框的橱柜，橱柜有昂贵的花岗岩台面和不锈钢厨具。厨房的墙壁和天花板重新刷了漆，换了新的防油地毯。厨房旁边的小浴室被拆除，新浴室建在楼上的一间卧室里面。原浴室和厨房之间的两面墙被拆除，现在厨房变得更大，可以用作餐厅。英迪拉将门和厨房后窗换成法式门，向外打开通向院子。浴室的拆除和新装的法式门将一层的后半部分完全打开，去院子更方便。有些坏损的石板屋顶换成了新的瓦片屋顶。一楼所有房间的地板、格栅和承木也因为受潮霉烂而换了新的。楼下房间的天花板几乎都开裂或是发霉，因此几乎都进行了更换。

尽管翻新很显著，但我们认为该翻新不算“重大翻新”，因为许多房间没有涉及，如楼上的四间卧室，只有一间卧室改造成了浴室。如果英迪拉作上述翻新后出售这个房子，属于“免税提供”。

然而，如果在上述翻新基础上进一步改造，比如通过拆除现有休息室和音乐间之间的墙壁来建造一个更大的休息室，更换楼上卧室墙面的石灰和天花板的灰泥板，安装天窗，重新刷墙，用拼花地板取代原旧地毯，衣柜新增立式衣帽间，以上改造使得卧室更加现代化。这样，我们可以认为是发生了“重大翻新”。

在翻新以后，英迪拉将此房放到交易市场上标价480000美元。经过上述进一步的翻新，如果英迪拉卖出了这套住房，那么交易属于（“新房销售”的）“应税提供”。

（3）玛丽安妮是一个建筑师，取得了一套有些坏损的平房，该平房有三间卧室和一间浴室。玛丽安妮作为其经营业务的一部分，打算翻新这套平房，并出售。她住进平房并实施以下翻新计划：

玛丽安妮在原有基础上加盖了第二层，新增了一间卧室和一间浴室。原平房的楼板和一层的所有天花板都进行了更换。一层的翻新还包括重新布线、修理裂开的墙壁，具体做法是拆除并更换所有的灰泥板，对客厅和厨房墙面裸露的砖粉刷了水泥。拆除两面墙以安装楼梯，更换一楼两个房间的地板。玛丽安妮还做了一些美化性工作，如重新涂漆并打磨地板，重置厨房和浴室里的家具。

玛丽安妮上述所做的工作构成“重大翻新”。房子里所有的房间都因为她的改造发生了改变，并且有几个房间进行了结构性翻新。在判定是否属于“重大翻新”时，美化工作不予考虑。

当玛丽安妮出售其翻新以后的房子，就构成销售新房的“应税提供”，其中包括了对房子所做的全部改造（结构性的、非结构性的和美化性的改造）。一个人是否住在这栋房子不会影响（对是否属于“重大翻新”的）判定。

2.5.10.3 原地重建

在原地拆除废旧建筑后建成的住房属于“新住宅”。虽然“拆除”这个词在普遍意义上要求完全破坏，移除一栋建筑，但也可能是不需要拆除任何东西，例如在保存完好的地基上新建建筑，也满足“新住宅”的定义。

同样的，除建筑外表以外的拆除和内部结构重建都属于“新住宅”①。

2.5.10.4 租赁房的出售和5年规则

当住宅从以下成为“新住宅”之时开始，至少5年用于免税出租，那么该住宅就不再是“新住宅”了：

——房子第一次成为住宅时（房子之前没有作为住宅出售过，也没有经历过长期租赁）；或者

——住房刚刚进行过“重大翻新”；或者

——住房刚建成（在原地拆除重建的住房）。

税务局认为，5年的时间必须是连续的。但租期之间有短期中断，并且在前一位租户离开之后住房仍然积极谋求出租，仍可看作是连续的5年。但如果由所有人自己占用一段时间，那么就不能称作连续出租②。

---

① GST Ruling GSTR 2003/3.

② GST Ruling GSTR 2003/3 at para. 91.

例子（引自货物和劳务税细则 GSTR2003/3）：

亨克，建筑商，作为经营业务之一，他在 2001 年 3 月得到一块土地，将其建成一栋有三间卧室的房子，最终将用以销售。亨克在房子建成后在里面住了两年，之后又将房子出租了 4 年。亨克在 2007 年 4 月将房子卖了出去。

该住房的出售属于“新住宅”的（应税）提供，因为：

——该住房之前没被当做住宅出售过并且之前没经过长期租赁；

——住房从最初成为住宅开始，没有连续 5 年用于免税出租。因为亨克自住期间不符合只用于免税提供的标准。

出售这套房产需要缴税因为它是新住宅，并且属于亨克的经营范畴。

如果亨克将房子出租持续五年时间，之后将这块地分成两块，一块是住宅，另一块是空地，此时出售房子就属于免税提供。然而出售空地将成为应税提供，因为这块土地并没有单独用于与亨克免税提供相关的活动。

2.5.11 商业性住房

商业性住房（Commercial Residential Premises）的供应通常是应税的，符合“长住规则”（Long stay rule）（详见后述）有一定的优惠。

“商业性住房”（不要与“住宅”混淆）包括以下几个方面：

(a) 旅馆、汽车旅馆、小旅馆、招待所或是寄宿处；

(b) 与学校（按定义）相关的提供住宿服务的用房；

(c) 船只租赁经营者出租的船（按定义）；

(d) 经营者用于娱乐和运输的船；

(e) 房车旅店（caravan park）或露营地；或是

(f) 任何和上述（a）到（e）类似的用于居住的用房①。

“商业性住房”不包括向非学校的教育公共机构的学生提供住宿的用房。

2.5.11.1　旅馆、汽车旅馆、小旅馆、招待所或是寄宿处

货物和劳务税法对此没有定义，所以按一般的含义理解之。根据麦格理大词典，旅馆定义为提供住宿、食物和酒精饮品的地方。

汽车旅馆定义为路边旅馆，为自助游旅行者提供住宿、服务设施和停车场。

“小旅馆”定义为为游客和其他人提供临时住宿、食物等等的小型旅馆。

“招待所”定义如下：

(1) 招待所是一个受监管的以相对低的成本向学生、护士或类似人群提供食宿的地方。

(2) 青年旅社：为年轻旅行者提供简单的住宿的地方。

寄宿处是一个只提供食宿的场所，通常是在住家里。

① Section 195 - 1 of the GST Act.

2.5.11.2 和学校相关的食宿设施（boarding facilities）

由学校、代表学校或和学校相关的其他机构提供的食宿设施，属于商业性住房。

需要注意的是，给那些接受初等、中等和特殊教育提供的学生提供食宿是不承担货物和劳务税的（即适用零税率——译者注），如果：

——食宿提供者也是课程提供者；或者

——提供食宿的场所主要用于农村或边远地区居住的学生提供食宿。

2.5.11.3 主要用于租赁的船舶

商业租船公司用于长期或短期出租的船舶，属于商业性住房，因此出租船舶应缴纳货物和劳务税。

租船时间满 28 天的就被当做提供长期住宿服务，可以根据下述的“长住规则”选择适用优惠。该规则适用于船舶出租，虽然船舶严格来说不是“房产”。（上述）商业性住房的定义明确“长住规则”适用于船舶。

2.5.11.4 主要用于娱乐或运输的船舶

船运经营者主要用于娱乐或运输的船舶，如客船，被短期或长期出租时，属于提供“商业性住房”，需要缴纳货物和劳务税。

“长住规则”也适用于此类船舶上提供的住宿。

2.5.11.5 房车旅店和露营地

房车旅店和露营地明确包含在商业性住房的定义中。

然而此类住房经营方式与旅馆之类的有所不同，但原则上都应该纳税，而且“长住规则”优惠也一样适用。

2.5.11.6 其他商业性住房

货物和劳务税法第195－1节第f段规定了其他商业性住房的定义，即所有和（a）到（e）段描述相类似的住房都是商业性住房。意思就是其他商业性住房必须与旅馆、汽车旅馆、小旅馆、招待所以及其他和学校、房车旅店、露营地相关的提供住宿服务的用房相似，但不包括本节第（c）和（d）段的船舶，因为它们不是“房产”。

关于商业性住房定义的解释问题都着重于讨论什么样的住房与旅馆、汽车旅馆、小旅馆、招待所、寄宿处足够“相似”，就像（f）段中包含的那样。

（f）段的目的是将不属于（a）、（b）、（e）段，但又具有与之类似的特征的住房纳入（商业性住房的）范畴。

关于什么是与旅馆、汽车旅馆、小旅馆、招待所、寄宿处相类似的住宅（Similar establishment）问题，在英国增值税方面的法院判决中有相关案例。在“威斯敏斯特市的市长与市民们”（The Lord Mayor and Citizens of the City of Westminster）的案例中，法院的意见是“类似住宅”必须与所指的同类住宅具有足够的共同特征，可以将他们归为同一类住房，而不是另一类住房[①]。为此，法院分析住房的特点并整体上与“旅馆、

① （1988）3 BVC 847.

小旅馆或寄宿处”的特点进行比较[①]。

2.5.11.7 长住规则

商业性住房提供商业性的长期住宿服务，在某些情况下可以减半征收货物和劳务税，甚至免税。适用此项优惠，需满足以下条件：

——提供住宿是应税提供；

——提供住宿的用房是商业性住房；

——提供的住宿一定是“商业性住宿”（commercial accommodation）；

——提供的住宿一定是向个人提供；

——同一住房提供的商业性住宿必需持续28天或以上。

在这些条件中，定义上最受争议的是第三和第四条，即什么是“商业性住宿”，向个人提供又是什么意思。另外，澳大利亚税务局发布了几项涉及长住规则适用优惠的公开裁定。下面我们将进一步讨论这些问题。

1. “商业性住宿”的含义

商业性住宿是指占用部分商业性住房的权力。这包括房车旅店、露营地等场所以及租赁船舶。

对于房车旅店和露营地，“房子”（premises）指的是它们的地面，而非具体的住宅。因此车主将他们的房车有偿停在一个地方就是在占用“住房”。无论他们是否在物理意义上占用了（车位），在这里房车（可以看作）是无形的[②]。

① 进一步的分析已超出本章范围，但该问题的全面讨论可参见 GSTR 2000/20, http://law.ato.gov.au.

② GST Ruling GSTR 2000/20.

2. “提供给个人”的意思

为能享受优惠，长期住宿一定要“提供给个人”。这里，个人是指自然人。虽然服务供应的购买方可能不是个人，但商业住宿可能会提供给个人。这是因为服务消费者不一定是服务的购买实体[①]。实际上，这意味着公司实体对于购买的提供给（譬如说）雇员的长期住宿，可以享受优惠待遇。

例子（引自货物和劳务税细则 2000/20）：

（1）θ企业有限公司在λ酒店为企业员工西尔维娅预订并支付了3个月的住宿费。西尔维娅的丈夫马克周末陪她在酒店同住。马克在酒店没有其他消费。

此例中，λ酒店就属于向个人提供长期住宿。马克的周末陪住是免费的，可以不予考虑。θ企业有限公司是住宿服务的购买者。

优惠只适用于提供给个人的时间长达28天及以上的住宿服务。当不同雇员在同一位雇主预定的房间住宿，在判断是否属于“长期居住”时，应该考虑的是单个人住宿的天数而不是他们的总住宿天数。

（2）θ企业有限公司又订了一间六个星期的房间，供其他雇员住宿。瑞吉在该房间住了2个星期，之后两个星期是罗斯住，再后来是凯文住了两个礼拜。

此例中，对于θ企业有限公司来说，购买的住宿服务是六星期，但商业性住宿服务需按提供给瑞吉、罗斯和凯文单独个人的数量计算。θ企业有限公司订的六周住宿服务不属于（住宿的）长期提供，因为没有一个

① 关于供应的消费实体（the entity to whom a supply is made）和购买方（the entity to whom a supply is provided）的差异的进一步讨论见 GST Ruling GSTR 2006/9，http：//law.ato.gov.au.

人住这间房间的时间达到或超过 28 天，与 87 款规定不符。

3. “长期住宿”的意义

长期住宿是指以同一住所向个人提供连续 28 天及以上的商业性住宿①。为享受优惠，顾客不必要为满足连续居住规定时间而在这期间每一天都在这里住。偶尔离开但仍承担住宿费用的不影响连续计算。

住宿的时间开始于向个人第一次提供商业性住宿时，结束于该个人住宿的最后一天为止。

4. 房车旅店和露营长期住宿

房车的拥有者有时会长期将房车放在（房车旅店的）停车位。当他们这样做的时候，他们需按期交费，同时可以随时有权动用房车。

此例中，停车位出租给房车，就是给予房车（车位的）占用权，即使房车（在租期内）大部分时间没有实施停放。这实际意味着，货物和劳务税的“长住优惠”适用于房车旅店的车位提供。

房车在同一场地内更换停车位，实际不影响车位的租赁，属于持续租赁。相反，如果房车旅店的拥有者同意房车按商定的价格在其旅店的另一场所“存放”房车，则该“存放”不属于提供“商业性住宿”，当房车离开（原车位）后，车位出租中止。（换地的）房车存放作为独立的（租赁服务）提供，按正常规定（征税）。

长住优惠适用于（住宿的）“基本价格”（base tariff）。如果（随住宿一并提供的）睡衣、电力等项目包含在（住宿）价格内，那么，（住宿的）全部价格都可

① Section 87 - 20 of the GST Act.

以适用长住优惠。但是，如果提供此类项目需要额外收费，那么，其额外收费部分不能适用优惠，而按正常规定全额征收货物和劳务税。(因为这并）没有减少提供长期住宿的义务。

例子（引自货物和劳务税细则2000/20)：

福罗琳达拥有一个房车旅店，允许房车车主停放房车并可以随时使用。她按每周110美元含货物和劳务税的价格（100美元加上10美元的货物和劳务税）收取费用。她同时出租睡衣、地毯和电视、烤箱等电器，单独计费。

假定房车的停放时间满28天以上，那么福罗琳长期车位出租收入缴纳货物和劳务税可以计算如下：福罗琳达正常收入的一半为110美元的50%，即55美元；应缴纳的货物和劳务税为10%即5.5美元。(因此）福罗琳达提供长期住宿的实际含税收入为105.5美元(100美元加5.5美元货物和劳务税)。出租睡衣、地毯、电器的货物和劳务税为她实际收取的（含税）价格的1/11。(校注：觉得原文计算有误。车位出租的含税价格为110美元，不含税价格为100美元，长期出租减半征收，应纳税额似应为100美元的一半的10%，即5美元，而不是5.5美元。)

5. 长期住宿为主（predominantly for long term accommodation)

商业性住宿顾客至少70%住宿达到或超过28天，那么其提供的住宿称为“以长期住宿为主”。在此种情况下，长住优惠适用于其提供的所有住宿服务，而不仅仅限于长住顾客。

税务局允许业主使用以下方法中的任何一种或两种的结合来计算（长期）住宿率：

（a）在预定月份往前 12 个月的实际住宿率；

（b）在预定月份往后 12 个月的预计住宿率。

如果这两种方法都不合适，业主可以选择其他合理的计算方法。

在计算实际的或预计的住宿率时，业主必须检查住宿期限达 28 天及以上天数的住宿数量或预定数量。该计算不考虑每个房间的入住人数，除非对他们单独收费。这种情况可能发生，如各自负担的双人间预订，或者宿舍型旅馆，如青年旅社。

6. 50%优惠

“以长期住宿为主”的住宿服务提供，不仅满 28 天以上的长期住宿服务可以按其价格的 50%来减半征收货物和劳务税，事实上，其他部分的住宿服务提供也可以享受减半优惠。

不属于“以长期住宿为主”的住宿服务提供，其满 28 天以上的长期住宿服务仍按其价格的 50%来减半征收货物和劳务税，

7. 进项税优惠

符合长住优惠的业主可以选择不享受减半征税优惠。在减半征税的情况下，提供长期住宿服务的进项税不能抵扣。提供不超过 27 天的住宿服务一律正常征税。

在进项税不能抵扣的情况下，所有提供 28 天以上的长期住宿服务的进项税都不能抵扣。一旦选择进项税不抵扣，以后 12 个月内不能改变。

选择减半征税 12 个月以后可以重新选择。若继续选择减半征税，仍需适用 12 个月（才有权变更）。

这两种选择无需通知税务局。

2.5.11.8 特殊情况

1. 水上房屋和船舶

不能自航，或者不适宜自航的水上房屋（Floating Homes），从它们被特别归入“住宅”的定义之后，就被当做住宅（征税）[①]。可以自航的各种船只（包括水面建筑，如居住船（houseboat））不能看成是住宅。

通过租赁、雇佣或特许的方式提供水上房屋租赁服务属于免税提供，但因为水上房屋不属于不动产，所以如果它们被出售就需要按正常规定缴纳货物和劳务税。

2. 组装的简易房（Demountable Housing）

用于居住的组装的简易房包括那些在一个地方有目的的临时组装建造的建筑物。这些建筑和传统房子类似，通常可以正常供水供电。

组装的简易房出租，只要主要用于居住，那么这种出租属于免税提供。如果组装的简易房符合不动产的条件，那么它的出售属于含进项税销售（免税销售）。这要求组装的简易房一定要永久地附属于土地。所以，组装简易房作为“住宅”，只有其不动产销售属于含进项税销售（免税销售）。

应该注意的是，那些没有住宅特征的简易房（即没有基本居住设施的，像厨房、浴室和厕所等）不属于住宅，它们的提供不属于住宅提供，需要按正常规定缴纳货物和劳务税。

3. 交通工具

像房车、野营车等道路交通工具，即使它们被永久放置在一个地方也不属于住宅。但在房车旅馆提供的房

① 见前文“住宅”标题下的内容。

车住宿服务按提供商业性住宿对待。

交通工具本身不满足“住宅”的定义，因为它们不是土地也不是建筑。即使它们在一个地方放置很久，也不能变成依附于土地的建筑，此处的土地是传统意义上的概念①。

4. 分层产权和其他独立产权的住房

按照货物和劳务税法，提供住宅属于免税提供，除非它们具有商业性住房的特征。根据税务局的说法，商业性住房的本质特征之一是住宅要有多种占用性质②。根据税务局的分析，该特征强调单独房间或房子的出租与旅馆、寄宿处之间的差异。根据税务局的意见，一个拥有分层产权的单元房本身不能展现出商业性住宅的特征。

2.6 特殊规定

2.6.1 货物和劳务税集团纳税人

合格的实体可以成为大家熟知的货物劳务税意义上的集团纳税人（GST Groups，以下简称集团纳税人）。一旦成为集团纳税人，那么集团内各成员实体之间的交易将不按应税交易对待。另外，对于每个集团纳税人来说，只能统一进行进项税抵扣（退税）——集团内各

---

① GST Ruling GSTR 2000/20.

② Ibid.，在 paras 8 - 91.

成员实体不能申报货物和劳务税退税[1]。

2.6.1.1 集团纳税人的条件

集团纳税人的条件相当复杂，已超出本章的范围。下面是这方面规定的高度概括。

1. 总要求

这些要求适用于所有实体，包括公司。集团纳税人的每个成员都必须符合下列条件：

——已进行货物和劳务税登记；

——具有相同的征税期；

——实行相同的会计基础（例如收付实现制或权责发生制）；

——不是其他集团纳税人成员；

——没有独立登记的分支机构[2]。

2. 特殊要求

当实体是个公司时，基本要求是该公司必须“与集团纳税人或拟成为集团纳税人的其他所有成员公司一样是90%以上控股集团”的成员（of the same 90% owned group as all other menbers of the GST group or proposed GST group that are also companies）。这意味着，例如，想要形成一个带有公司的集团纳税人，一个实体至少要持有该公司90%以上的股权。其他实体可以是合伙企业、信托或者个人。

90%以上控股集团的例子如图2-1所示。

公司除了能与其90%控股股东组成集团纳税人以外，如果控股股东是合伙企业，公司也能与任一合伙人

① Division 48 of the GST Act.

② Division 54 of GST Act 允许在特定情况下 GST 登记分部。

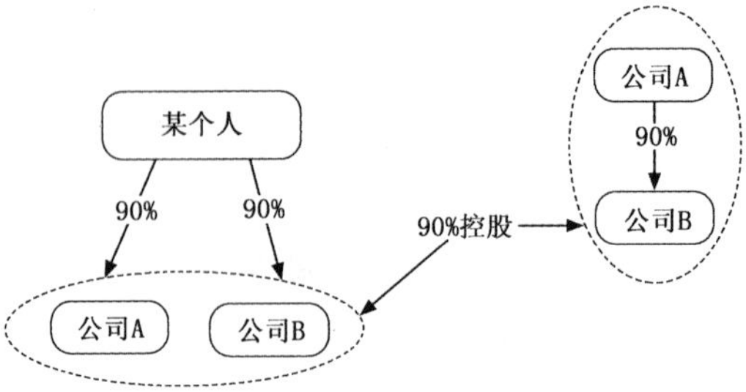

图 2－1

（或者合伙人的家庭成员）组成集团纳税人。

例 1：

约翰、安妮和卡尔合伙的合伙企业持有阿尔法有限公司 100% 的股份。阿尔法有限公司可以与该合伙企业、任何一个或更多的合伙人和/或约翰、安妮和卡尔当中任何 1 人或多人的家庭成员组成集团纳税人。

（1）超过一名股东。

当一家公司有一个以上股东时每个股东都是某合伙企业的合伙人，或是合伙人的家庭成员，那么，只要符合以下条件之一，该公司就可以与一名或多名合伙人或家庭成员组成集团纳税人：

（a）至少有两名合伙人是公司的股东；

（b）一名合伙人是公司的股东，至少有一名其他的股东是其他合伙人的家庭成员；或者

（c）没有合伙人是公司股东，股东不是合伙人的家庭成员，也不是其他合伙人。

例 2：

（a）亚伯和贝蒂是合伙人，他们每人持有 β 有限公司 50% 的股份，β 有限公司可以与以下成员组成集团纳税人：

——亚伯；

——贝蒂；

——亚伯和贝蒂合伙的企业；

——亚伯或是贝蒂的家庭成员。

（b）亚伯和贝蒂是一家合伙企业的合伙人。亚伯持有50%的β有限公司的股份，贝蒂的丈夫查尔斯拥有另外50%的股份。β有限公司可以与以下成员组成集团纳税人：

——亚伯；

——贝蒂；

——查尔斯；

——亚伯和贝蒂合伙的企业；

——亚伯或是贝蒂的家庭成员。

（c）亚伯和贝蒂是一家合伙企业的合伙人。玛丽（亚伯的妻子）持有50%的β有限公司的股份，贝蒂的丈夫查尔斯拥有另外50%的股份。β有限公司可以与以下成员组成集团纳税人：

——亚伯；

——贝蒂；

——查尔斯；

——玛丽；

——亚伯和贝蒂合伙的企业；

——亚伯或是贝蒂的家庭成员。

（2）公司和信托。

公司可以与一家信托组成集团纳税人，只要该信托公司的收入或资产不分配给以下实体：

（a）公司自己；

（b）另一家公司，如果那家公司和该公司是同一集团纳税人的成员；

（c）股东或是股东的家庭成员，只要是（如果公司成员超过一名）至少两名股东（或是他们的家庭成员）是信托受益者；

(d) 慈善机构或者捐赠可（税前）扣除的实体。

(3) 其他实体。

对于其他实体，像个人、合伙人、信托、非营利组织和政府部门，也有特殊的要求，主要集中在控制方面的问题和家庭关系。

2.6.2 合资企业的货物和劳务税

组建合资企业的实体享受与集团纳税人相似的优惠。换句话说，合资企业的合作伙伴之间的交易不用纳税。合资企业享受货物和劳务税这一优惠的主要影响是：合资企业经营者对合资企业的货物和劳务税义务负有责任，并有权对代表合资方利益从事的交易产生的进项税进行抵扣[①]。

合资企业经营者对于各合资方提供、取得或进口货物和劳务产生的应税事项通常不负有责任。合资企业经营者源于合资企业的货物和劳务税应税义务和（进项抵扣）权利只与经营者从事的归入下列的交易有关：

——“代表”合资方利益从事的交易；

——在合资企业成立的过程中从事的交易[②]。

2.6.2.1 享受货物和劳务税优惠的合资企业的条件

要成为可以享受货物和劳务税优惠的合资企业，所有合资方都要考虑以下问题：

——实际参股，或计划参股合资企业；

① Division 51 of the GST Act.

② Subsection 51 - 30 (2) of the GST Act.

——与其他所有参股或计划参股方达成合资协议；

——进行货物和劳务税登记；

——与其他合资方的会计基础（收付实现制或权责发生制）保持一致。

合资方不一定是澳大利亚居民，也不要求所有合资方都得有相同的纳税期间。货物和劳务税的集团纳税人的成员也可以成为享受货物和劳务税优惠的合资企业的参股人。

其余的要求如下：

——合资企业必需从事经批准的项目（Approved Purposes）；

——合资企业不可以是合伙企业。换句话说，虽然是合作出资，但是实现的收益不可以由（合资方）共同取得（合伙企业与合资企业的差异见后述）；

——申请登记成为享受货物和劳务税优惠的合资企业必须确定一个实体作为合资企业的经营者。并没有要求经营者是合资协议中的一方，但如果不是的话，经营者必须经货物和劳务税登记，同时必须与合资企业的合资方保持一致的会计基础①。

1. 经批准的项目

以下是“经批准的项目”，可以包括其中两种及更多项目的组合：

——勘探和开发矿床（包括石油、天然气和相关的碳氢化合物，沙子和碎石）；

——研究与开发，例如知识产权开发；

——提供保险服务（不含人寿保险）；

——渔业，例如涉及渔民、船舶经营者和船舶所有

① Section 195 – 1 of the GST Act.

者的合资企业；

——农业；

——林木的培植与采伐；

——居住或商用建筑的设计、建造和维护；

——土木工程，包括道路、铁道、桥梁、隧道、大坝、港口、海港、机场和类似设施的设计、建造和养护；

——电力的生产、输送和分销；

——水的输送与分销；

——油气产品（例如航空燃料）的接收、储存或销售；

——油气产品的提炼和加工；

——选矿矿产和金属原矿包括合金产品的选炼；

——慈善活动；

——交通运输。

可以享受货物和劳务税优惠的合资企业登记一旦被批准，批准之日就成为经税务局长批准的纳税期间的起始时间。因为合资企业的合资方不要求有相同的纳税期间，所以相关的纳税期间通常就是合资企业经营者的纳税期间。

2. 合资企业和合伙企业的差别

货物和劳务税细则 GSTR2004/2 讨论了合资企业和合伙企业之间的差别，给出了表 2－5 并总结了两者的差异特点。

表 2－5

合伙企业	合资企业
共同拥有利润或收益	按规定比例分配产品或产出
持续经营	特定的经济项目

续表

合伙企业	合资企业
一个合伙人的行为会约束其他合伙人	共同控制合资企业（Joint control of the venture）
合伙企业的资产，合伙人有间接未分配权益（一个合伙人可以独自处置合伙企业中自己的权益，但不能处置合伙企业的基础资产（underlying partership assets））	归属于合资企业的资产，其权益分割明确，不存在未分割的共同权益
合伙企业的合伙人是其他合伙人的代理人，对于合伙企业的支出通常共同负有责任并分别承担连带责任	原则上合资企业参股方通常对他们自己的各自发生的债务负责

该细则给出了以下的例子来阐述合资企业和合伙企业之间的区别：

LandCo，拥有一块土地，DevCo是一家建筑公司，LandCo和DevCo达成了组建合资企业的协议。LandCo为DevCo提供土地让其在土地上建房子。该协议特别指出LandCo和DevCo是合资人，并且说明“协议里的任何条款都不能理解为合资人是合伙人”。这是双方共同开发的第三块土地，双方合资形成了持续的合作关系，开发销售房产。

DevCo被委任为项目经理负责开发工作。LandCo代表双方成为法定所有人，将开发出的地产销售给第三方。协议规定双方共同享有利润，对项目中的损失共同承担。DevCo被授予决定处理和建筑相关的事宜，LandCo被授予权力决定处理和销售相关的事宜。

然而所有的事实和文件都证明LandCo和DevCo之间的安排具有合伙企业的特征，因为协议规定双方共同分享利润、共同承担项目产生的损失。该事实表明

LandCo 和 DevCo 正从事普通意义上的营利活动，因此满足“合伙企业”定义的第一条。尽管协议规定任何条款都不能理解为双方是合伙人，而且说明两者的关系是合资关系，但是两者的真实关系是合伙企业。该安排也满足“合伙企业”的第二条定义，即 LandCo 和 DevCo 在协议中有共同获益的权力。虽然 LandCo 代表销售，但双方共同取得收益①。

因此该安排不具有可以享受货物和劳务税优惠的合资企业的特征。特别是双方不共享产品或产出。开发的具体目的是追求共同获利。

2.6.3 关联交易

货物和劳务税法中有一条“诚实”（integrity）条款，以防止实体操纵价格从而减少缴纳货物和劳务税义务。特别是，当关联方之间以低于市场价格交易时，税务局（在一定条件下）有权将关联交易价格调整为市场价格（征税）。当关联交易的接受方不是货物和劳务税登记者（或者不需要进行登记者），或者其取得的进项税不能抵扣的，税务局有这种调整价格的权利②。

这样，交易将按市场价格而非关联交易价格计征货物和劳务税。

例子：

（1）安德鲁和鲍勃是关联方，安德鲁进行了货物和劳务税登记，但鲍勃没有。安德鲁以 110000 美元的价格卖给鲍勃一片土地，缴纳了 10000 美元的货物和劳务税。土地市价实际是 220000 美元，如果鲍勃没有进

① GST Ruling GSTR 2004/2 paras 56 - 59.

② Division 72 of the GST Act.

行货物和劳务税登记（或者不要求登记），或者购买该土地不能抵扣进项税，那么税务局将以市价 220000 美元作为土地的交易价。这样，安德鲁将需要缴纳 20000 美元的货物和劳务税。

如果鲍勃进行了货物和劳务税登记，并且取得土地的进项税可以抵扣，那么安德鲁需要计征缴纳 10000 美元的货物和劳务税，鲍勃则可以取得 10000 美元的进项税扣除。因此没必要调整交易价，因为税务局并没有产生税收损失。

（2）盖尔和珍妮是母女关系，两个人都进行了货物和劳务税登记。盖尔无偿提供给珍妮一块土地，珍妮打算在这块土地上为她的家人建一栋私人住宅。土地市价是 55000 美元。

盖尔没有缴纳货物和劳务税，因为她认为此土地转让不是应税提供。如果根据“诚实”条款，税务局将视同土地以市价被卖给珍妮，这就需要盖尔对本次转让缴纳 5000 美元的货物和劳务税。

假定珍妮取得这块土地的进项税可以抵扣，那么，税务局就无需启用“诚实”条款。本次交易不用缴纳货物和劳务税也不产生进项税抵扣，所以税务局不会损失税收收入。

2.6.4 反避税条款

除了上述提到的“诚实”条款外，税务局也有权拒绝以获取货物和劳务税利益（GST benefit）为唯一或主要目的的（避税）计划[①]。该条款的详细分析超出了本节的范围。但“货物和劳务税利益”定义如下：

---

① Division 165 of the GST Act.

——实际缴纳的货物和劳务税比未实施（避税）计划情况下合理预计缴纳的金额少；

——实际抵扣的进项货物和劳务税比未实施（避税）计划情况下合理预计抵扣的金额多；

——实际缴纳货物和劳务税比未实施（避税）计划情况下合理预计缴纳的晚；

——实际抵扣进项货物和劳务税比未实施（避税）计划情况下合理预计抵扣的早。

在确定某项计划（是否为避税或产生避税效果）的目的或影响的判断过程中，税务局将考虑以下因素：

（1）计划实施或完成的方式。

（2）计划的形式和内容，包括：

——计划中包含的法律权利和义务。

——计划中的经济和商业内容。

——本法（当指货物和劳务税法——译者注）、1901 年海关法（只要和本法相关）及此两法中的任何相关的条款的目的或目标（不论其目的或目标的阐述是否清楚）。

——计划的时间选择。

——计划实施或完成的期间。

——除本节以外本法对该计划的相关影响。

——避税者实施（避税）计划实际发生的或者可以合理预计要发生的财务状况的变化。

——某个与避税者存在关联关系的实体（一个关联实体）因实施该（避税）计划实际发生的或者可以合理预计要发生的财务状况的变化。无论这种关联是家庭、业务还是其他特征的关联。

——（避税）计划实施或完成以后避税者或其关联实体（发生）的任何其他结果。

——避税者与关联实体之间的关联特征，包括相关交易是否符合正常交易原则。

——计划实施的环境。

——其他相关环境。

2.6.5 保证金

根据（进项税抵扣期间的）归属规则（attribution rule）[①]，交易款的任何一部分的支付都会影响货物和劳务税计税时间归属的确认。因此，从理论上说，支付保证金（Security Deposits）会导致卖方需按交易全价计征缴纳货物和劳务税。为了克服这一难题，对保证金的支付作了特殊规定，即保证金的支付不被看做是交易价款的支付，除非：

——保证金因（对方）失约被没收。

——保证金充抵交易价款[②]。

通过这种方式，上述规定可以将货物和劳务税纳税义务发生的时间推迟到通常意义上的交易价款的支付时点。一旦保证金用来充抵购价款，那么上述推迟（计税）的措施就失效，保证金也就按支付的交易价款的一部分看待。所以如果交易财产是住宅（而非新住宅）时，保证金（以及购买价款的余款）不需计征缴纳货物和劳务税，因为旧住宅销售属于含进项税销售（免税销售）[③]。

同样的，如果保证金因为购买者未履行（合约）而没收，那么，保证金在没收之时成为此次（未成交）

---

① 见前文关于“货物和劳务税的会计核算”（2.4.3）部分。

② Section 99 - 5 of the GST Act.

③ Section 40 - 65 of the GST Act

交易的收入款。在“瑞郎斯地毯公司”（Reliance Carpet Company）一案中，高等法院的判决[1]对没收保证金的货物和劳务税处理有更多的讨论。关于该案例及对税务局处理没收保证金的影响的讨论，可参见税务局对判决的影响声明数据库[2]。

2.6.6 差额（征税）制度

差额（征税）制度（The Margin Scheme）是澳大利亚独有的制度，它允许供应商提供不动产比其他情况少纳货物和劳务税。根据该制度，货物和劳务税是基于交易的差额而非交易价款计算。适用差额（征税）制度的缺点在于，交易的购买方不能为购买申请进项税抵扣。因此，差额（征税）制度最适合那些不能申请购买进项税抵扣的买主[3]。

该制度最常用于销售新住宅给计划自住或作为用于住宅出租的购买者。因为这些种类的购买者本身没有进项税抵扣资格，差额（征税）制度能有效降低其购买财产的价格。

2.6.6.1 差额（征税）制度如何运行

一项交易使用差额（征税）制度，其应缴纳的货物和劳务税为销售差额的1/11（1/11是按含税价计算的10%税率的折算税率——译者注）。大多数情况下，销售差额是售价与购进价的差额。2000年7月1日（即澳大利亚实施货物和劳务税之日）以前购进的财

---

① 2008 ATC 20－028.

② http：//law. ato. gov. au/atolaw/view. htm? locid＝LIT%2FM 163%2F2007%2F00001.

③ Division 75 of the GST Act.

产，计算其销售差额的购进价为2000年7月1日的财产价格，即其销售差价为该财产的售价与该财产在2000年7月1日的价格的差额。

如果销售者在取得财产时还没有进行货物和劳务税登记（或要求登记），那么确定财产购进价格的日期为销售方进行货物和劳务税登记的日期。

例子：

（1）在2000年7月1日之后取得的财产。

亚瑟在2006年7月20日以1450000美元购买了一块土地，之后在这块土地上建造了三栋房子。三栋房子的花费是1100000美元。亚瑟进行了货物和劳务税登记，并取得100000美元的建筑成本进项税抵扣。

在2009年1月，亚瑟使用差额（征税）制度以3650000美元的价格卖出了这三套房子。

因此，其计税的销售差价是2200000美元（3650000美元－1450000美元），应缴纳的货物和劳务税是这个金额的1/11（＝200000美元）。

如果亚瑟没用差额（征税）制度，那么应缴纳的货物和劳务税将会是331818美元（＝销售价的1/11）。

（2）在2000年7月1日之前取得的财产。

珍妮在1986年11月4日以400000美元的价格购买了一块土地。她在2000年7月1日进行了货物和劳务税登记，并在这块地上以1650000美元的成本建造了两栋连体别墅。因为她进行了货物和劳务税登记，所以她有权申请150000美元的成本进项税抵扣。

一位有资质的评估师在2000年7月1日对该土地进行了价值评估，估价是800000美元。

在2004年7月，珍妮使用差额（征税）制度将两套房子出售，卖了 3550000 美元。

因此，其销售差额是 2750000 美元（3550000 美元 - 800000 美元），应缴纳的货物和劳务税是销售差额的1/11（ = 250000 美元）。

如果珍妮没有使用差额（征税）制度，那么她应缴纳的货物和劳务税将会是 322727 美元（ = 售价的 1/11）。

（3）在进行货物和劳务税登记前取得财产。

鲍勃在 2004 年 9 月 3 日以 500000 美元的价格购买了一块土地。在购买的时候他还没有进行（或要求进行）货物和劳务税登记。在 2006 年 8 月，鲍勃决定开发这块土地，在 2008 年 9 月 1 日进行货物和劳务税登记。在 2008 年 9 月 1 日时，该财产的价值是 650000 美元。鲍勃在这块土地上以 3300000 美元的成本建造了三栋居民单元楼。因为鲍勃进行了货物和劳务税登记，所以他申请了 300000 美元的货物和劳务税进项抵扣。

在 2009 年 1 月，鲍勃使用差额（征税）制度将三单元住宅以 5050000 美元的价格出售。

销售差额为 4400000 美元（ = 5050000 美元 - 650000 美元），应缴纳的货物和劳务税为 400000 美元（即销售差额的 1/11）。

如果鲍勃没用差额（征税）制度，其应缴纳的货物和劳务税将会是 459091 美元（销售价的 1/11）。

需要注意，在所有的例子中，在计算销售差额的时候，开发成本都不包含在内。

2.6.6.2　财产适用差额（征税）制度的条件

差额（征税）制度只能用在与不动产相关的交易

中。不动产包括各种土地权益和附属于土地权益的人身权（personal right）。占用土地的许可证或其他任何和土地相关的履约权利都可看作是不动产。

分层产权的单元房和长期出租不动产也可以适用差额（征税）制度。这里，分层产权的单元房是指拥有（独立的）分层产权或类似产权的一个房间或一套单元房，包括附属的共有财产。长期租赁是指至少50年租期的租赁。

2.6.6.3 不适用差额（征税）制度的财产

1. 以应税提供的方式取得的财产

那些以应税提供的方式从前所有者手中得到的财产，通常不能使用差额（征税）制度。该规则的例外是先前的所有者在出让中应用了差额（征税）制度。

例子：

（1）已使用差额（征税）制度的应税提供。

大卫从艾丽卡那里买了一块土地，艾丽卡进行了货物和劳务税登记。卖给大卫的交易属于应税提供。如果艾丽卡使用了差额（征税）制度，那么当大卫将该土地卖出时使用差额（征税）制度是合理的，否则该土地出让就不能适用差额（征税）制度。

（2）不通过应税提供的方式取得的财产。

其一，弗莱德从吉娜那里买了一块土地。吉娜未进行货物和劳务税登记，所以该土地销售不属于应税提供。当弗莱德再出售该土地时，就可以适用差额（征税）制度。

其二，海伦从伊恩那里买了一处一直用于出租的住宅。该住宅从2003年伊恩买下它开始就一直用于出租。

海伦买来以后准备拆除现有的住房将土地作为裸地出售。海伦进行了货物和劳务税登记，因此其出售裸地属于应税提供。因为海伦获得土地时是以免税提供（而不是应税提供）的方式取得土地的，因此当她出售该土地时可以适用差额（征税）制度。

2. 继承的财产

继承的财产过户给受益人之后，财产依然保持它的特征，换句话说，如果原财产可以适用差额（征税）制度，那么继承人处理该财产时，它依然可以适用差额（征税）制度。

例子：

（1）符合差额（征税）制度的财产。

弗莱德在过世之前从未经（货物和劳务税）登记的卖方那里购得财产。当他去世时，财产转给了菲奥娜（他的女儿）。菲奥娜决定开发并出售该财产，并进行了货物和劳务税登记。当菲奥娜卖出该财产时，她可以使用差额（征税）制度，因为弗莱德如果出售它是可以使用差额（征税）制度的。

（2）不符合差额（征税）制度的财产。

在吉娜去世之前她从哈利那里买了财产。该销售是应税提供，而且哈里选择不使用差额（征税）制度。在吉娜去世之后，财产转给了汤姆（她的儿子），汤姆决定开发出售该财产。因为吉娜在去世之前如果处置该财产是不能使用差额（征税）制度的，汤姆（出售该财产）也不能使用差额（征税）制度。

3. 书面协议

出售者将不能使用差额（征税）制度，除非买卖双方达成书面协议：一致同意交易使用差额（征税）

制度。书面协议必须在出售日当天或之前，或者税务局允许的期间内签署。

4. 货物和劳务税的集团纳税人

在货物和劳务税的集团纳税人成员之间转移的财产不属于应税提供（见前述货物和劳务税的集团纳税人一节的介绍）。集团纳税人制度潜在地允许最初不能适用差额（征税）制度的财产通过成员间转让的方式，最终变为能适用差额（征税）制度的财产。

例子（图2-2）：

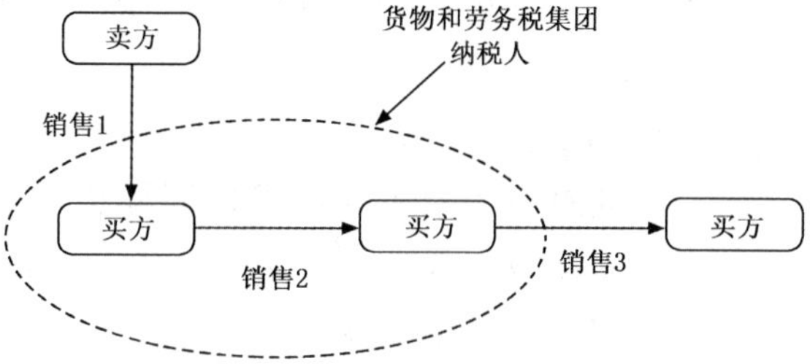

图2-2

在该例子中，假设在销售1中的财产是应税提供，它没有使用差额（征税）制度。这意味着在买方1手中该财产不符合差额（征税）制度。因为买方1和买方2同属于货物和劳务税的一个集团纳税人，因此从买方1到买方2的销售2不属于应税交易。这意味着该财产在买方2的手里时已适合差额（征税）制度，因为买方2是以非应税提供的方式取得财产的。因此买方2在（将该财产销售给买方3）的销售3环节是可以使用差额（征税）制度的。

货物和劳务税法近来关注了这个潜在漏洞并进行了调整。如果当买方1购买时财产不适用差额（征税）制度，那么货物和劳务税的集团纳税人内部成员间的转移不再能恢复买方 2 使用差额（征税）制度的权利。简言之，要确定交易的财产是否适用差额（征税）制度时，货物和劳务税的集团纳税人内部的交易将不予考虑。

适用差额（征税）制度的财产：上述例子中，假定从卖方到买方 1 的交易（即销售 1 环节的交易）不属于应纳交易，其他情况相同。那么，当买方 2 卖给买方 3 时，交易的财产（土地）可以适用差额（征税）制度，因为买方 1 取得该财产再出售时已可以适用差额（征税）制度。

5. 合资企业

上述对集团纳税人的限定同样适用于合资企业。因为合资企业的合资人之间的交易不征收货物和劳务税，所以将不适用差额（征税）制度的财产转化成适用于差额（征税）制度的财产是可能的。最近对货物和劳务税法的调整杜绝了这种可能的漏洞，如果将财产卖给第一位合资企业的合资人使得该交易财产不适用差额（征税）征税制度，那么（经合资企业内部的合资人之间的交易）该财产将依然不能适用差额（征税）制度。

例子（见图 2－3）：

在该例子中，假设在销售 1 中的财产销售是应税的，并且没有使用差额（征税）制度。这意味着该财产在买家 1 手中不能使用差额（征税）制度。由于买方 1 和买方 2 同属于合资企业内的合资人，从买方 1 与买方 2 的交易（图中的销售 2）不是应税交易。如果没有上述提到的税法调整作出的限制，财产在买方 2 手中就可以适用差额（征税）制度，因为买方 2 是作为非

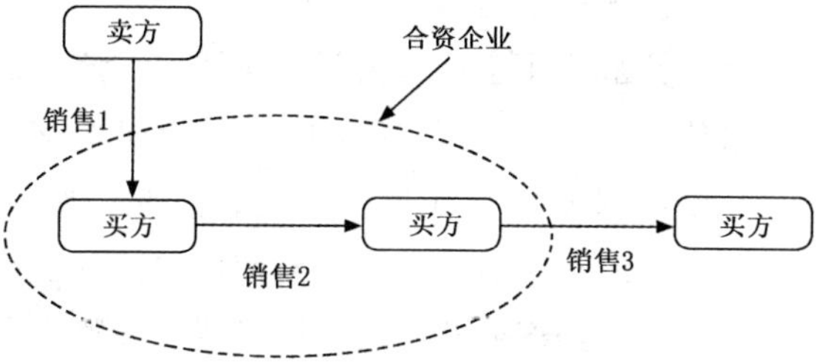

图 2-3

应税交易得到该财产的。（也就是说）如果最近作出的限制的税法调整没有发生，那么买方 2 在销售 3 中可以使用差额（征税）制度。

6. 货物和劳务税的某些零税率交易

特别（限制）措施也用于这样的交易安排：（因为）在这种交易安排中，实体可以通过在出售财产之前“插入”一次零税率交易来“恢复”使用差额（征税）制度。该（特别限制）措施主要针对农场的零税率交易和现行经营业务整体出让（going concern）条款下某些财产的零税率交易，以有效地阻止（恢复使用）边际差额（征税）制度。本质上说，该措施堵住了利用非税交易来套用差额（征税）制度的漏洞，使得此种交易财产不能使用差额（征税）制度。

该措施适用于 2008 年 9 月 9 日及之后的交易，在 2008 年 9 月 9 日之前已签署书面合同，或者在此之前授予选择权，明确交易内容和程序的交易不适用。

需要注意的是，在多重零税率交易的情况下，（交易）不合格的不适用（差额（征税）制度）。在鉴定是否可以适用差额（征税）制度时，必须检查每重交易，从中可以认识到其中的复杂性。

例子：

艾米从比尔那里买了一块裸地，该交易应税，并且未使用差额（征税）制度。因为卖给艾米是应税的，又没使用差额（征税）制度，因此，如果艾米出售该财产，那么该财产没有资格使用差额（征税）制度。

土地经部分开发后，以经营业务整体出让因而属于零税率提供的方式卖给了查尔斯。因为财产在艾米的手里不适用差额（征税）制度，因此财产在查尔斯手里依然不适用差额（征税）制度。换句话说，当查尔斯出售该开发的土地时仍不能使用差额（征税）制度。

然而，如果查尔斯将开发的土地以经营业务整体出让的方式卖给道格，那么道格将可以使用差额（征税）制度，因为上述（特定）措施不要求道格追溯与财产相关的所有交易。但要注意，如果这一安排只是为了或者主要是为了获取货物和劳务税的好处的话，那么反避税条款将会阻止该财产使用差额（征税）制度。

黛博拉从当地委员会买了一块土地作为农场。卖给黛博拉的交易是应税的，而且未使用差额（征税）制度。在经营农场五年以后，黛博拉决定将农场以零税率交易的方式卖给戴夫。如果戴夫之后出卖该土地，他将不能使用差额（征税）制度，因为该土地在黛博拉手里就不能使用差额（征税）制度。

7. 无偿取得

在某些情况下，无偿取得的财产将失去在以后出售时使用差额（征税）制度的资格。该限制只适用于关联企业之间的交易，而且该关联交易只是作为供应商经营业务的一部分时的交易。

在此种情况下，如果第一个关联企业以应税交易的方式取得财产而且未使用差额（征税）制度，那么该财产将失去使用差额（征税）制度的资格。该措施有效防止第二个关联企业通过以非税供应的方式“恢复”财产使用差额（征税）制度的可能性。

需要注意的是，在多重非应税交易的情况下，（交易）不合格的不适用（差额（征税）制度）。在鉴定是否可以适用差额（征税）制度时，必须检查每重交易，从中可以再次认识到其中的复杂性。

例子：

埃里克没有使用差额（征税）制度将财产以应税交易的方式卖给了弗莱德。弗莱德和盖尔存在关联关系。如果弗莱德将财产无偿出售给盖尔，该出售不是应税交易（要成为应税交易，转让必须是有偿的）。弗莱德不能通过这次销售“恢复”财产适用差额（征税）制度的资格。换句话说，尽管盖尔是以非应税交易的方式取得财产，但该财产依然不能适用差额（征税）制度。

第3章
加　拿　大

本杰明·阿拉瑞尔和皮埃尔·帕斯卡尔·根德隆

3.1
导　　言

鉴于加拿大的联邦增值税——“货物与劳务税”（GST）适用于房地产，本章对其进行概要论述。除联邦增值税以外，加拿大还存在另外两种形式的增值税：（1）统一销售税（HST），该税开征于加拿大几个参与的省份中；（2）魁北克销售税（QST）。以上三种形式增值税在房地产的应用，在本章都会谈到。

首先介绍一下相关背景。加拿大大约在20年前开始推行货物与劳务税，准确来说，那时的政治气候对此是“不愿接受”的。之后不久，一份联邦委托的特别报告中考虑了废除货物与劳务税，并以一种替代财政收入来源的多种不同选择方案[①]。然而，该报告得出的结论却是：货物与劳务税很可能是一种相对公平有效的税种，而考虑到推行该税种已经产生了许多转轨成本，废除的做法将是不明智的；恰当的解决方法是把联邦课征的货物与劳务税同现存的省课征的“零售销售税”（RSTs）更加有效地协调起来[②]。该报告认为，税种间的协调行为具有吸引力，因为对那些缴纳具有不同税基的不同销售税的企业而言，该做法避免了高税收遵从成本。新不伦瑞克、纽芬兰以及诺瓦斯科舍等三个省份在20世纪90年代末，将它们的销售税和联邦货物与劳务税进行了协调统一。此后10多年，税种协调处于停滞状态，直到最近才突然有所进展。

安大略省与不列颠哥伦比亚省政府均决定自2010年7月1日起将本省的零售销售税跟联邦货物与劳务税进行协调统一[③]。在本书写作之时，有关安大略与不列颠哥伦比亚省对其增值税和联邦货物与劳务税

① 财务委员会：《特别报告——取代商品与服务税：加拿大的选择》（北约克，安大略：CCH加拿大有限责任公司）。

② 同上，39页。罗伯特·F. 范布德罗德：“增值税下的不动产：一项比较”，《环球分析》，第83—121页。@2011 Kluwer Law International BV，荷兰。

③ 安大略省政府于2009年3月27日在将2009年度安大略预算计划正式提交讨论时发表了该声明：安大略省政府财政部：《2009年度安大略省预算：正视挑战》（多伦多：安大略女王印刷厂，2009年），www. fin. gov. on. ca/English/budget/ontariobudgets/2009/papers_all. pdf，（访问日期：2009年7月17日）。仅仅4个月后，在2009年7月23日的令人惊讶的新闻稿中，不列颠哥伦比亚省宣布该省也将协调由省征收的零售销售税与联邦课征的商品与服务税，其生效起始日期同样为2010年7月1日：不列颠哥伦比亚省政府财政部，“新闻稿2009PREM0017－000141：促进投资的协调销售税，就业创造”（2009年7月23日），www2. news. gov. bc. ca/news_release_2009－2013/2009PREM0017－000141. htm，（访问日期：2009年7月27日）。

协调行为的立法具体情况，只有部分信息而非全部对外公布。可以理解该项工作尚在进行之中。出于对本章内容的考虑，尽管新的税种协调制度尚未投入施行，我们假设现在的提案将视同当前得到采纳；同时，目前所知晓的特征将同那些已经实行的一并进行探讨。

加拿大全部十个省份以及三个区（即非省地区）的联邦货物与劳务税税率均为5%。统一销售税（通常在政府发布的文献中被称作“货物与劳务税/统一销售税”，在参与课税省份中出于行政上的考虑而作为单一税来处理）是由联邦与省政府共同课征的一种税率合计为13%的增值税，唯一的例外是不列颠哥伦比亚省，其合并税率为12%①。魁北克销售税是一种课征于魁北克辖区内的增值税，对包含联邦货物与劳务税在内的价格征收7.5%。并不像许多其他增值税那样，虽说存在一些并不重要的例外，货物与劳务税/统一销售税通常并不包含在计税价格之中。一个尚存争议的问题是将安大略省与不列颠哥伦比亚省纳入作为进行协调税种的省份是否会触发当下存在于《消费税法案》中的“价内税”适用条款，该条款规定一旦在加拿大的省份中代表了超过50%人口的那些省份将所开征的零售销售税或本省增值税进行了协调统一，那么所有的零售价格中均应包含货物与劳务税/统一销售税。

就财政历史而言，20年并不算长，但从加拿大货物与劳务税的开征经验中所能吸取的教训，却远比这一

① 总计13%的税率反映了5%的联邦商品与服务税加上8%由省课征的部分。总计12%的税率反映了5%的联邦商品与服务税加上7%由不列颠哥伦比亚省课征的部分。

段历史时间跨度所应表现的那样重要得多。加拿大的经验值得在比较的情况下进行细查研究，就像在本书中所进行的那样。这是由于：（1）课征于房地产交易的联邦货物与劳务税所体现的独特的设计特征；（2）在加拿大适用的习惯法与民法结合的传统，以及该国英语与法语的双重法律遗产；（3）加拿大向着不断发展并（最终）在联邦与省政府之间广泛采用经协调的税制的渐进行动。这些提供的该做什么（以及不该做什么）的实例，对于其他考虑实行增值税的发达国家很有启发。借鉴该经验的最明显也是最重要的一位学生很可能就是美国，也是发达国家中唯一尚未开征增值税的国家。

本章安排如下：3.2 节介绍联邦所课征的货物与劳务税和不列颠哥伦比亚、新不伦瑞克、纽芬兰、诺瓦斯科舍省和安大略省这些所谓“参与省份”所课征的统一销售税中适用于房地产交易的政策、法律和管理。3.3 节相应地介绍魁北克的魁北克销售税的政策、法律和管理。3.4 节讨论加拿大对房地产征税的其他方面情况，因为对于增值税税收待遇的理解应从一个更广泛税收背景中得到拓展。3.5 节为结论。

3.2
联邦增值税：
货物与劳务税/统一销售税

一般而言，联邦货物与劳务税这一称呼符合世界上大多数开征增值税的税收辖区所使用的命名方法。加拿大所有三种运行中的增值税体系（货物与劳务税/统一销售税/魁北克销售税)[①] 均施行消费地课税原则[②]。尽管存在着多种多样且极为复杂的例外和豁免情况，但凡是在加拿大境内消费的商品与服务，无论是在境内生产或是进口，都初步认定为要被课征货物与劳务税。相应地，由于实行消费地课税原则，在该制度下对出口产品实行零税率。对于房地产而言，货物的提供地通常是房地产所在地[③]。

在加拿大三种增值税制度（货物与劳务税/统一销售税/魁北克销售税）下，所有商品与服务的提供，都会归属于以下三类税收处理中的一类：应税、零税率或免税。应税供应是指任何适用税率不为零的供应。供应方（卖方）有权就购进应税供货缴纳的增值税（且只是所发生的课征于应税供货的增值税）进行进项税抵免（ITC）。零税率供应是指适用税率为0%的供应，即便对卖方未征收任何税款，其仍有权要求全额退还以前购买环节所缴纳的增值税。在消费地课税制度下，出口产品都为零税率。最后，免税供应是指对卖方不征税，但并不像零税率的情形，卖方无权

① 如下文所讨论的那样，该（合并）联邦—省增值税的官方名称为商品与服务税/统一销售税。在加拿大，另一种常见的称呼是将所有这三种亚国家销售税简称为省销售税（PSTs）：比如，见卡琳·特雷夫、德博拉·奥特：《国家财政》（多伦多：加拿大税收基金会2009年）第5章。根据同样的方式，省政府通常将其销售税（不管在本文中是如何描述的）简单称为PST（省销售税）而非RST（零售销售税）或是增值税（根据具体情况而定，可能是HST或QST）。为表述清晰起见，我们在这里采用RST这个术语。

② 这项对加拿大销售税体系的概述参考了理查德·M. 伯德与皮埃尔·帕斯卡尔·根德隆："加拿大销售税：GST－HST－QST－RST'体系'"，文章的修订版展示于2009年在华盛顿特区召开的有关构建一种联邦增值税的美国税收政策协会会议：设计与合作问题。SSRN 工作文件系列，http：//ssrn. com/abstract = 1413333（访问于2009年7月7日）。该文章还包含了对于商品与服务税/统一销售税和魁北克销售税政策与管理以及该体系随时间发展的广泛探讨。

③ 有关商品与服务税和商品提供地的确定问题，见《消费税法案》第142款。有关同意消费税以及提供所在省，见《消费税法案》规章 Sch. IX。

要求退还以前为提供免税供应的购买环节所缴纳的增值税。

这样一种适用于不同省份的混合销售税是房地产交易有关税收问题的核心。对于理解省销售税（过去是零售销售税）与联邦货物与劳务税协调统一的程度，尤其重要。表3－1提供了在本文写作时联邦货物与劳务税同省消费税相互影响的概述，并且指出了哪些省开征了统一销售税。其他一些观察结果也在这里有所提及。首先，阿尔伯塔省以及加拿大的其他三个区（育空区、西北区、努纳武特区）并没有独立的增值税或是零售销售税。尽管如此，由于货物与劳务税是一种联邦税，因此该税种也适用于这些辖区，就像在加拿大其他地区那样。其次，尽管安大略和不列颠哥伦比亚被列为开征零售销售税（此时它们确实有）的省份，这两个省实际上将加入到货物与劳务税/统一销售税制度中，其中省增值税税率分别为8%与7%，自2010年7月1日起实行①。最后，其余开征零售销售税的省份，最终也几乎将会对税种进行协调统一。

① 安大略省政府财政部：《2009年度安大略省预算》（多伦多：安大略省政府，2009年），www. fin. gov. on. ca/English/budget/ontariobudgets/2009/chp3. html#c3_salestax，（访问于2009年7月1日）。

表 3-1　　　　2009 年加拿大销售税①

税收辖区	税种名称	种类	税率（%）	总税收率（%）	行政管理
加拿大	货物与劳务税	增值税	5	18.1	除在魁北克省是由省来管理外，其他地区均由联邦政府进行管理
纽芬兰和拉布拉多省	统一销售税	增值税	8	25.2	联邦政府
诺瓦斯科舍省	统一销售税	增值税	8	23.5	联邦政府
新不伦瑞克省	统一销售税	增值税	8	23.0	联邦政府
爱德华王子岛	省销售税	零售销售税	10	26.7	省政府
魁北克省	魁北克销售税	增值税	7.5	16.6	省政府
安大略省	统一销售税	增值税	8	无法获得	联邦政府
曼尼托巴省	省销售税	零售销售税	7	23.0	省政府
萨斯喀彻温省	省销售税	零售销售税	5	15.9	省政府
不列颠哥伦比亚省	统一销售税	增值税	7	无法获得	联邦政府

① 该表格是对理查德·M. 伯德与皮埃尔·帕斯卡尔·根德隆："加拿大销售税：GST-HST-QST-RST'体系'"——文章的修订版展示于 2009 年在华盛顿特区召开的有关构建一种联邦增值税的美国税收政策协会会议：设计与合作问题。SSRN 工作文件系列，http://ssrn.com/abstract=1413333（访问于 2009 年 7 月 7 日）——中表格的修订更新版。税收收入份额是作者基于 Karin Treff & Deborah Ort，2008 年度《国家财政》中第 5 章与附录 A 的数据经计算得来。所展示的税率开始于 2009 年 7 月。不列颠哥伦比亚和安大略省的总税收收益的计算是基于现行的零售销售税（RETs）。如下文所探讨的那样，魁北克销售税（QST 或 TVQ）的税基同商品与劳务税有些许不同。魁北克销售税率将升至 8%，并于 2011 年 1 月 1 日生效。虽然由省征收的统一销售税的税基同商品与服务税的税基相同，不过各省均能够通过退还某些商品、服务或交易承担的税款，或像不列颠哥伦比亚和安大略省那样通过对进项税抵免施加限制来改变实际税基。各开征零售销售税的省均有自己的税基，一般对营业投入课税较多而对服务只是有限覆盖。这些税种相互之间或与联邦商品与服务税间并未进行任何形式的协调因此我们在本章并不打算对其进行进一步讨论，因为其并非增值税。

3.2.1　原则与政策设计

3.2.1.1　货物与劳务税/统一销售税制度概述

统一销售税是一种合并税，联邦和省税收组成部分适用于相同时间相同税基且由同一税务行政机构——加拿大税务局（CRA）征收。然而，即便在5个课征统一销售税的省份中有4个省实行相同的13%的法定税率（不列颠哥伦比亚省是12%），对不同行为课征的该合并销售税中省所属部分的实际税率不一定与联邦所属部分相同，而且在采用统一销售税的各省间也存在着不一致①。

凡登记缴纳货物与劳务税/统一销售税的企业按规定应就其应税供应收取货物与劳务税/统一销售税，并且一般有权要求就其商业活动中的购进货物所缴纳的货物与劳务税/统一销售税进行进项税抵免。企业税务登记门槛一般为年度应税供应大于等于3万加拿大元。不要求达不到登记门槛的小企业进行登记，因此也就不对其应税供应征收货物与劳务税/统一销售税。与此同时，此类小企业也无权要求进项税抵免。为了避免该不利情况的发生，小企业可以自愿选择登记，使其有权要求进项税抵免并需要缴纳货物与劳务税/统一销售税②。

尽管绝大部分货物与劳务均为应税供应，但仍有

① 再一次强调，这种不一致的源头在于商品与服务税/统一销售税退税制度的设计上以及对大企业进项税抵免的限制。退税制度是一种为登记注册人在提供免税供应时就其购进项所支付的商品与服务税/统一销售税提供税负减免的方式。进项税抵免限制制度意欲控制税收收入且在安大略与不列颠哥伦比亚两省计划只是暂时性实行。

② 在加拿大税务局编写的《商品与服务税/统一销售税注册人的一般信息》（渥太华：加拿大政府，2008年）第43—44页，www.cra - arc.gc.ca/E/pub/gp/rc4022 - 08e.pgf（访问于2009年7月17日），对买方与卖方的义务进行了概述。

许多种类的供应享受免税待遇，还有其他一些类型（除出口产品以外）适用零税率。在一些情况下，特殊的税收待遇会延伸至特定货物与劳务甚至是整个产业部门。获得特殊税收待遇的最值得注意的三个部门分别为：（1）金融服务业；（2）市政当局、学术研究机构、学校，以及医院（MSAH）[①]；（3）房地产部门。

货物与劳务税/统一销售税是一种综合而复杂的增值税。在所有联邦法规中，也就只有《所得税法案》能够在复杂与晦涩方面与《消费税法案》一较高下。由于货物与劳务税/统一销售税制度如此复杂，毫无疑问，没有什么能替代查阅消费税法案及其相应规章所得到的权威指导。带着这种非比寻常的谨慎，在接下来的章节中，力图使用一般术语来对货物与劳务税/统一销售税在房地产业的应用进行概述。

3.2.1.2 货物与劳务税/统一销售税制度下房地产的税务处理

房地产部门在货物与劳务税/统一销售税制度下得到了特别对待。实际上，同其他类型的交易相比，货物与劳务税/统一销售税对房地产有着更多的法条规定。部分原因是，房地产所带来的概念上的差异以及如何以一种在经济上中性的方式将增值税应用于房地产交易这

① “MASH”为“市政当局、学术研究机构、学校，以及医院”的缩写。一般来说用该术语来称呼公共服务机构（政府、非营利组织以及慈善组织）。

一难题，均要求将房地产交易单独划分出来予以特别对待[①]。部分原因是，作为一种政治压力和对包括住宅房地产等人类必需品的课税进行抵制的结果。本节很大程度上将这两种考虑暂且搁置，而是集中简要描述跟货物与劳务税/统一销售税制度中涉及房地产业的税务处理有关的设计问题。

从货物与劳务税/统一销售税的角度来考虑，“房地产”囊括了所有类型的土地和建筑物以及房地产权益，不论其合法或公平与否（whether legal or equitable）。除此以外，活动房屋[②]、浮动房屋[③]以及任何租借权或所有权也被视作房地产[④]。在定义房地产时还包

---

① 构成这些难题的理论并不仅限于在加拿大。在其他地方也有着大量文献支撑。例如，见罗伯特.F. 范布德罗德（本书）、萨蒂亚·波达：“对美国而言的增值税下住房的处理”，文章的修订版展示在华盛顿特区召开的有关构建一种联邦增值税的美国税收政策协会会议：设计与合作问题，2009 年 2 月，第 18—19 页。www.amerciantaxpolicyinstitute.org/pdf/VAT/ Poddar.pdf（访问于 2009 年 12 月 22 日）；理查德·M. 伯德、皮埃尔·帕斯卡尔·根德隆：《发展中国家与转轨国家的增值税》第 6 章，剑桥大学出版社 2007 年版；理查德·克瑞、大卫·怀特（eds）：《商品与服务税的回顾与展望》，布鲁克斯出版社 2007 年版，第 4 部分；阿伦·申克、奥利弗·奥德曼：《增值税：一种比较手段》第 13 章，剑桥大学出版社 2007 年版。

② 尽管特别包括了（托车型）活动房屋，游艇及水上住宅船并未包含其中。术语“活动房屋”在 subs.1 中被定义为一幢拥有完整管道设施、供电与供暖设备，且设计来安装在地基之上的建筑物。该定义排除了旅行拖车，旅宿汽车以及用于娱乐的野营挂车。

③ 术语“浮动房屋”在 subs.123 中被定义为一浮动平台及一与其永久相连并设计用于个人居住的建筑物。一栋浮动房屋不包含任何与符合该定义的构筑物一同出售的独立式装置或家具，并且也专门排除了任何能够很方便的改为自航行的构筑物。

④ 根据联邦《消费税法案（ETA）》的 subs.123.（1），从商品与服务税/统一销售税的角度来考虑，在魁北克省，“房地产”包括所有不动产及不动产租约。在加拿大其他地区，“房地产”包括所有宅院、土地和公寓，以及庄园或房地产中的产权，无论是合法的还是公平的利益。在加拿大全境（即魁北克内外），“房地产”包含活动房屋、浮动房屋以及某一浮动房屋或活动房屋的任何租赁权或所有权。也见加拿大税务局：《房地产与商品与服务税/统一销售税》第 19－1 章，商品与服务税/统一销售税备忘录系列，s.19－1，（渥太华：加拿大政府，1997 年）2；www.cra－arc.gc.ca/E/pub/gm/19－1/19－1－e.pdf，（访问丁 2009 年 7 月 17 日）。

括了一项购置房地产的期权。商业房地产是作为房地产的一个子集，其采用排除法进行定义，即包括了非居住房地产以外的所有房地产。居住用房地产包括独立、半独立房屋及排屋、共有产权居住单位、公寓、活动房屋和浮动房屋。旅馆套房或隔间、汽车旅馆、客栈、家庭寄宿旅馆、学生与老年人住所，还有其他任何类似的房地产——如果其所有或基本所有（通常 CRA 认为应超过 90%）相关单位由同一些人连续居住至少 60 天——那么也被视作居住房地产。周围土地被作为住宅的居住房屋使用和享用达到合理必要的程度时，也会囊括入居住房地产中。在混合使用的建筑物坐落地，被用作住所（或者对作为居所的房产的使用和享用是合理必要的，例如停车位和储物柜）的那部分房地产也被视作居住房地产。

作为起点，一般来说，在加拿大所有涉及转让、交换或权益出售的房地产交易都被初步认定要缴纳货物与劳务税/统一销售税；也就是说，一项交易除非免于纳税，否则要缴纳货物与劳务税/统一销售税[①]。被认为应税供应的最重要的一些房地产交易种类有：（1）商业地产的出售[②]；（2）商业地产的出租；（3）新建居住房地产的出售；（4）经“大修缮”后的旧居住房地

① 对房地产的使用及享有权的展期被视作是一项应税供应，不管对房地产的使用及享有权是来自于对房地产权益的卖断还是通过“租借、许可使用或是类似的安排”，消费税法案（ETA）将房地产的“出售”定义为包括“对房地产所有权的转让行为以及根据房地产所有权转让合约对属于该房地产的财物的转让行为”。术语“任何对所有权的转让”范围很广并且可能包括礼品和易货交易，还有更常规的一些出售交易。短语“租借、许可使用或是类似的安排”更加难以理解，因为这些术语在法律中并未给出定义。因此我们必须求助于普通法与民法的一般性原则。

② 在该语境下，“商用”意指非居住用途。

产的出售[1]。

前段首句中的“一般来说”一词是很重要的，因为该税制包含许多有关应税与免税状况的例外情况，还包括了各种推定规则以及大量特殊情形。尽管有12条法定免税规定[2]，许多情况仍要依赖于是否满足许多详细条件与标准。实际上，该税制是如此复杂，以至于加拿大税务局已经发布了针对房地产部门的详细而专业的管理指南。仅这本管理指南篇幅就超过了300页[3]。尽管税制的细节方面十分复杂，这还算是一本能够比较清楚地描述总体情况的指南。表3－2对适用税务处理提供了一个简短的概括[4]。

对房地产交易课征货物与劳务税/统一销售税中最为重要的例外涉及对已使用居住房地产的出售与出租。其他对房地产应税处理的例外包括：（1）个人将农田出售给关联个人，在该种情况下，被转让的农田之前仅被用于农业种植的商业活动中，且该关联个人购买农田仅仅是为了个人使用和享用；（2）个人出售闲置用地[5]。尽管《消费税法案》、规章以及加拿大税务局出版发行的文献和文件中就与业主自行居住住房有关的推算租金并未谈及，这些推算租金收入也属于免税项目。

① 术语“大修缮”的意思会在下文进行考虑。

② 见消费税法案（下称“法案”），RSC 1985，ChE－15，Sch. V。

③ 加拿大税务局：《特殊部门：房地产》，商品与服务税/统一销售税备忘录系列（渥太华：加拿大政府），19，www.cra－arc.gc.ca/menu/GTMS_19－e.html，（访问于2009年7月17日）。

④ 该组织方式在很大程度上仿效了Joanne Heffernan的作品，《加拿大的商品与服务税/统一销售税以及房地产》第三版（多伦多：CCH加拿大有限责任公司2008年版）中的组织方式。

⑤ 加拿大税务局：《个人出售闲置用地，商品与服务税/统一销售税信息纪要》（渥太华：加拿大政府，2004年），www.cra－arc.gc.ca/E/pub/gi/gi－003－e.pdf（访问于2009年7月17日）。

该推算租金的免税与加拿大税法传统上对法律形式与实质的重视而非经济实质相符合①。总的来说，诸如非营利企业、慈善机构、市政当局、学校、医院、公立学院或大学等公共服务部门的所有房地产的供应（包括房地产的销售和出租）均免税。这是在货物与劳务税/统一销售税制下，对公共服务部门广泛特别对待的其中一部分。

货物与劳务税/统一销售税制中对房地产的税务处理反映出了几项仅特定适用于该部门的重要特殊规则以及政策措施。表3-2的第3列代表了几项背离了应税或免税处理的最值得注意的适用措施②。

表3-2　房地产的货物与劳务税/统一销售税务处理③

	应税	免税	注　释
新建和已使用商业房地产的销售	√		—
新建住宅的销售	√		可获得新房退税以及新宅出租退税
“二手”居住房地产的销售		√	—
商业房地产出租	√		公共服务机构免税
居住房地产出租		√	—
自我供应商业房地产	√		公共服务机构免税
自我供应用于出租的居住房地产	√		—
自我供应个人使用的居住房地产		√	—

① 例如本杰明·阿拉瑞尔、大卫·达夫：“加拿大所得税法中的英国税收概念遗产”，《不列颠税收评论》2008年总228期。

② 该表并未打算穷尽所有情况。有关特殊规则与措施的完整一览表可在各地加拿大税务局找到。

③ 来源：作者基于乔安妮·赫弗南的文本安排编纂而成。

商业房地产销售比较简单明了，因为一般而言一切均应缴税，并且企业能够就其在商业活动过程中购买时所支付的货物与劳务税/统一销售税要求进项税全额抵免。商业房地产的出租[①]则完全是应税供应，不论该房地产是新建还是已使用过。通过房地产开发的新商业房地产的自我供应，通常会在该自我供应的房地产“基本完工”之时就其市场上公允价值履行货物与劳务税/统一销售税的纳税义务。不论该商业房地产是否将由房地产开发商自身直接使用或租给他人用作商业用途，其税务处理结果都是一样的。由公共服务机构开发的商业房地产则对货物与劳务税/统一销售税提出了挑战，因为这些机构的供应一般来说都是免税的，尽管这会导致其对所缴纳的货物与劳务税/统一销售税的不完全（大部分情况下）退还。这些机构可以通过合同安排选择来影响其货物与劳务税/统一销售税的纳税义务大小[②]。

包括房屋、共有产权公寓楼和公寓等新居住房地产的开发，通常是一种应税供应行为。在已实施的特别规定中，对那些为随后再出售或出租目的而购进和“大修缮”已使用过住宅的企业，其税务处理措施类似于新住宅房开发企业。“大修缮”后的建筑物被视作新建

---

① 在除魁北克以外加拿大其他省份，根据普通法的一般原则，可将租约与特许使用权进行区分。一般而言，一份租约是一种将土地的排他使用权授予承租人的可转让权。一项租赁权通常（但并非总是如此）在产权转移给第三方后仍然存在。同时，对房地产的特许使用权通常是许可出于特定目的而使用土地的一种非排他且仅在许可人拥有该房地产产权期间存续的个人权利；一般未经许可人的允许特许权使用人不得将该特许权转让。附加的短语“或其他类似安排”很明显是作为一种弥补概念差异的工具来表述那些诸如地役权等难以明确归类为是租约还是特许使用权的混合型或中间型房地产权益。在魁北克，租约与特许使用权的区别取决于魁北克民法典中相关条款的规定。

② 乔安妮·赫弗南（Joanne Heffernan），注释22见上，注释64。

居住房地产进行税务处理。因此在这两种情况下，进行“大修缮”的企业将就售价全额收取货物与劳务税/统一销售税并要求进行进项税抵免（正如下面所要探讨的，构成“大修缮”的要素是什么这一问题在法庭引起了相当大的争议）。对非“大修缮”的居住房地产，并未达到“大修缮”的门槛，则给予免税待遇，这主要是指该修缮活动与住房建造并不相似。关于自我供应的规定中，要求建造者应就正在出租的新建居住房地产的公允市场价值自行估算出应缴纳的货物与劳务税/统一销售税款，因为租住人并不就其支付的租金来缴纳货物与劳务税/统一销售税。例如，假定某一建造商出于出租的考虑而建造了一栋多单元综合楼。与房主出于同样的原因购置新居住综合楼并就该综合楼的公允市场价值缴纳货物与劳务税/统一销售税的情况相比较，自我供应条例消除了会逐渐累积至建造商上的税收优势。最后，某人在不存在修缮（无论是否为“大修缮”）的情况下将房地产由商用转为居住用的行为会触发自我提供条例的一项变体：此人将被视同进行了一项“大修缮”活动，货物与劳务税/统一销售税适用于销售或自我供应行为①。

销售已使用过的居住房地产，通常被视作免税供应。尽管很自然地存在不少过渡问题，但从长期看可以认为任何从建造商购置房产的人都会就其购买新建居住房地产的行为缴纳货物与劳务税/统一销售税。因此，

① 对于建造商、土地开发商、修缮方、承包商或在住房建筑业中涉及的其他方的要价、收取并汇出商品与服务税/统一销售税的条例在加拿大税务局：《住房建筑业品与服务税/统一销售税有关信息》（渥太华：加拿大政府，2009年），www.cra-arc.gc.ca/E/pub/gp/rc4052/rc4052-09e.pdf（访问于2009年7月17日）中进行了概述。在下文中我们会回到该条例中来。

若房屋不是从建造商那里购买的话，其购买价格被认为是间接包含了货物与劳务税/统一销售税的历史税负，也不应再支付额外的货物与劳务税/统一销售税。同样，由建造商进行销售（比如在其为出租而发生自我供应行为之后）也是免税的。所以，若某一建造商出于获取租金收入的考虑而建造了一栋房屋的话，该建造商于租户一入住就将被视为自我供应了房产，在此时点就产生了应税供应。若出租的房地产以后被出售，则就没有进一步的货物与劳务税/统一销售税了。但是如果没有该规定，很可能发生双重征税现象。

现在还剩下新建居住房屋的情况需要讨论。这类交易的特点是实施促进获取可负担住房的退税安排。这是由于住房支出在家庭总支出中的重要性，而对住房的最终使用者的重要考虑。在诸如温哥华、卡尔加里以及多伦多等加拿大城市，相对较高的房价使后一个问题比较敏感，尽管退税制度设计出于相反目的而倾向于通过忽略住房成本差异的局部效应来减少这些问题。对于表3－2所述的新建居住房地产，有两种货物与劳务税/统一销售税退税制度可以适用：新房退税以及新住宅出租房产退税。

新房退税提供给从建造商购买了新建住宅单元或者另外自行建造或重大修缮住宅单元的个人的退税[①]。该退税允许对购置价款或建造新房成本所支付的货物与劳务税部分或统一销售税中联邦征收的部分进行退还。位于诺瓦斯科舍的房屋，还有权就其统一销售税中省征收

---

① 加拿大税务局：《商品与服务税/统一销售税新房退税》（渥太华：加拿大政府，2009年），www.cra－arc.gc.ca/E/pub/gp/rc4028/rc4028－09e.pdf，（访问于2009年7月17日）。

的部分获得退税[①]。有资格退税的房屋必须是那些打算作为个人的主要住所的房产。该退税计划包括了下面几项：（1）新建（或“大修缮”）居住房地产（包括活动房屋与浮动房屋）[②]；（2）从建造商处购得的建造于已租土地的新建住房[③]；（3）合作建房[④]；（4）业主建房[⑤]；（5）出于居住目的而由业主或承租人依据租约所转让的土地[⑥]。若个人从建造者处购买居住房地产作为投资房地产，则该购买行为不符合新房退税的资格。新房退税必须在交易赋予业主退税权的两年内申请方可[⑦]。

当且仅当房地产的公允市场价值低于450000加拿大元、购买者为第一任住户且房地产卖方就土地和建筑材料以及与建造和大修缮有关的服务缴纳了货物与劳务税/统一销售税，居住房地产（包括建筑物、土地及其他构筑物）才有资格获得联邦新房退税。退税计算的基础会包括该住房所支付的货物与劳务税/统一销售税中联邦部分的全值。在那种情况下，若房屋的公允市场价值小于或等于350000加拿大元，则支付的货物与劳务税/统一销售税中联邦部分的退税率为36%。对公允市场价值介于350001加拿大元至449999加拿大元之间的居住房地产，退税值将成比例的减少。对于公允市场价值大于或等于450000加拿大元的新建居住房地产，联邦新房退税则完全不再适

① 下文将对此更加仔细地探讨。
② 见法案subs.254（2）。
③ 见法案subs.254.1（2）。
④ 见法案subs.255（2）。
⑤ 见法案subs.256（2）。
⑥ 见法案subs.256.1（1）。
⑦ 见法案subs.254.（3）。

用。表3－3总结了居住房地产退税的关键特征并举例说明了货物与劳务税和统一销售税之间的一个关键差异：在货物与劳务税或在统一销售税的联邦部分与统一销售税的省部分进行对比情况下的新房退税和新居住房产退税。对货物与劳务税或统一销售税的联邦部分的退税数额比较适中。而最近才对税种进行协调统一安大略和不列颠哥伦比亚等两个省，在对新房销售退税上的慷慨程度几乎是没有逐步废除退税的联邦政府的两倍[①]。诺瓦斯科舍省退税率的慷慨程度大约为货物与劳务税退税率的二分之一且仅限于首次购房者。新不伦瑞克省与纽芬兰和拉布拉多省没有退税[②]。新宅出租房产退税的运行模式与此类似，且一般而言有着相同的门槛（适用于单一居住单元水平）[③]。不同之处是其适用于下面几种居住房地产：（1）新建或“大修缮”的住宅出租房产；（2）多单元住宅综合楼的附加物；（3）商业房地产改为住宅出租房地产；（4）出于居住目的而出租的土地。

---

① 见安大略省税务部：《安大略统一销售税下给购房人和房屋建筑业的更多信息》（2009年11月19日），www.rev.gov.on.ca/en/notices/hst/rpdf/04.pdf（访问于2009年12月11日）；《加拿大政府与不列颠哥伦比亚政府全面整合税种合作协议》（2009年11月30日），www.gov.bc.ca/hst/Documents/bc_citca_nov09.pdf>，（访问于2009年12月11日）。

② 详细情况参见表3－1。

③ 低门槛居住型房地产包括土地租赁和住宅拖车式活动房屋停车场土地租赁：见加拿大税务局：《商品与服务税/统一销售税的新宅出租退税应用》（渥太华：加拿大政府，2009年），www.cra－arc.gc.ca/E/pub/gf/gst524/gst524－09e.pdf，（访问于2009年7月17日）。

表 3-3　开征统一销售税的省份中货物与劳务税/统一销售税对房地产的退税情况①

	货物与劳务税	统一销售税			
		新不伦瑞克，纽芬兰	诺瓦斯科舍	安大略	不列颠哥伦比亚
新房退税	36%；最多退还 6300 加拿大元	不退税	18.75%；最多退税1500加拿大元	75%；最多退税 24000 加拿大元	71.43%；最多退税 26250 加拿大元
新宅出租房产退税	36%；最多退还 6300 加拿大元	不退税	不退税	75%；最多退税 7920 加拿大元	71.43%；最多退税 26250 加拿大元

很重要的一点是应注意到登记人（企业与公共服务机构）就其资本性商业房地产（与作为存货的房地产相比，诸如土地开发商把再出售房地产作为一项经营活动，包括商业性质的冒险）所缴纳的货物与劳务税/统一销售税而获得进项税抵免的一些限制。与资本性房地产相关的限制是建立在投入于商业活动（但不包括任何性质的免税供应）中的房地产比例（通常通过建筑面积大小来进行估测）大小之上的②。表 3-4 概括了这些限制。

① 应注意到退税仅限于首次购房者，且对价值在 350000 加拿大元与 450000 加拿大元之间的房屋退税额逐渐减少。对房屋价值大于等于 450000 加拿大元的完全不退税。该表改编自出现于理查德·M. 伯德、皮埃尔·帕斯卡尔·根德隆，注释 6 见上的一个表格。

② 应当注意这里术语“商业活动”并不只是包含那些被认为是应税供应（即免税供应不被当作是商业活动）的活动。该术语意思足够宽泛来包含，房地产的任何应税供应。见 Heffernan，注释 22 见上，对商业活动适用定义的描述。

表 3-4　资本性房地产的货物与劳务税/统一销售税的进项税抵免①

在商业活动中的使用比例（x）	合伙企业与公司	个人	公共服务机构	金融机构
x≤10%	无	无	无	按其实际使用比例计算
10% <x≤50%	按其实际使用比例计算	按其实际使用比例计算	无	按其实际使用比例计算
50% <x≤90%	按其实际使用比例计算	按其实际使用比例计算	100%	按其实际使用比例计算
x≥90%	100%	100%	100%	按其实际使用比例计算

一项包含居住和非居住房地产的供应，被视作两个独立的供应。法律上并未提供解决特定混合使用情形所应采用的分配方法。要求实际使用的分配方法应该公平、合理并且保持连贯性②。在实际应用中，建筑面积是一个用来计算实际使用的简单且有吸引力的分配因子。它也在所得税法中用于家庭住房中办公使用比例的计算。

鉴于对房地产的“主要使用”有着一条明线规则（bright line rule），因此对公共服务机构的税务处理与对其他登记人的处理有所不同。在房地产主要用于商业活动的情况下，可以要求100%的进项税抵免。当用于商业活动的房地产占比少于50%时，公共服务机构的

① 说明：若该房地产超过50%的比例由个人或其关联个人使用的话，个人不能够要求进项税抵免。在这些机构团体未选择使那些针于企业的用途改变条款对其适用且将其房地产视作应税供应的情况下，这些数字将适用。见加拿大税务局：《商品与服务税/统一销售税登记注册人一般信息》（渥太华：加拿大政府，2008年），第43—44页，www.cra-arc.gc.ca/E/pub/gp/rc4022/ rc4022-08e.pgf（访问于2009年7月17日）。

② 赫弗南（Heffernan），注释22见上，第114—115页。

税务处理就相当严厉，没有任何进项税能够抵免。这些限制以及相关条例（例如，公共服务机构的特殊税务处理以及适用于它的货物与劳务税/统一销售税的退税制度[①]）为货物与劳务税/统一销售税制增加了大量的复杂性。除此之外，尽管呈现于公众面前的货物与劳务税/统一销售税仅拥有单一税率5%（除了不列颠哥伦比亚的混合税率为12%，其余参与开征统一销售税的省的税率为13%），税收制度中内置的特许导致了取决于交易性质与发生地的不同有效税率。

公共服务机构把房地产从主要用于非商业活动改变为主要用于商业活动，届时可以就与其房地产相关的进项要求全额进项税抵免。与此相反，当公共服务机构的房地产从主要用于商业活动转变为主要用于非商业活动时，公共服务机构应于此时就其对该房地产的视同处置行为自行估算并缴纳货物与劳务税/统一销售税[②]。

适用于公共服务机构的用途改变条例与那些当房地产由商用转变为居住时所使用的条例相似。在这种情况下，这种用途转变行为被视作一种应税供应，即便在此情况下的房地产并未被出售或转让也没有经过“大修缮”[③]。正如先前所指出的那样，给予公共服务机构的特别处理是对公共服务机构作为一个整体具有的更广泛的特别对待的一部分。而关于全部特殊处理的更完整的

---

① 关于加拿大模型的讨论，参见皮埃尔·帕斯卡尔·根德隆：“美国应怎样对待增值税下的政府实体、非营利组织及其他免税机构？”文章的修订版呈现在2009年在华盛顿特区召开的有关构建一种联邦增值税的美国税收政策协会会议：设计与合作问题，2009年2月18—19日，www. amerciantaxpolicyinstitute. org/pdf/VAT/ Gendron. pdf，（访问于2009年12月22日）。

② 赫弗南（Heffernan），注释22见上。

③ 同上，第52—53页。

讨论，则超出了本章的范围。

3.2.2 频繁提起诉讼的法律问题

在加拿大，有法律的两个来源支配着货物与劳务税/统一销售税制度。第一个重要的法律来源是消费税法及其相关规章[①]。第二个来源涉及解释和应用货物与劳务税/统一销售税法及其规章而汇集起来的判例法主体。本节报告了主要在加拿大税务法庭上围绕房地产交易经常提起诉讼的一些货物与劳务税/统一销售税的问题[②]。

尽管在过去的20年里，确有很多涉及货物与劳务税/统一销售税的案例被提起诉讼直至最终裁决，但其中很多纠纷在很大程度上是特异性的事实情况，并没有产生或引起在消费税法案及其规章中未得到回复或未得到解决的重要法律问题。虽然很多案件涉及不同类型比较孤立的问题，但是一项对判例法的调查揭示了经常提起诉讼中也存在三个组别的法律问题。

这三个组案例包括：（1）围绕着计算货物与劳务税/统一销售税的公允市场估价的可接受方式而产生的争议——一个在自我供应条例下决定货物与劳务税/统一销售税纳税义务的重要议题；（2）围绕着对二手房进行的特定修理是否构成“大修缮”的争议——一个决定了该修理是否会视作一个新的房地产应税供应的再

① 很多最为重要的消费税法条款及其相联系的规章均已在上文第二部分的脚注中提及。

② 本届所讨论的一些案例是在联邦上诉法院上做出的裁决，该法院拥有受理从加拿大税务法院上诉的裁判权。其他讨论的案例则是由一般管辖权法庭做出判决，通常称该类法庭为“高等法院”。所提及的由高等法院裁决的案例包括由于房地产交易增值税影响而产生的纳税人之间的私法纠纷。

出售和/或有资格得到新房退税的问题；（3）与房地产销售中货物与劳务税/统一销售税征收并上缴国库的协调相关的案例。这三组案例将依次进行描述。

围绕公允市场估价处理案例的细节，会使不同估价方法相互对立，并且很可能需要具体情况具体分析。这种情形的一个很好的例子是 Marall Homes Ltd v. Canada 案件[①]。某一纳税人声称从其应税自我供应行为缴纳货物与劳务税/统一销售税来考虑，其自行新建建筑物的公允市场价格为 581 万加拿大元。税务当局拒绝了纳税人提交的估价，而坚称为 796 万加拿大元。纳税人方面的专家估算出 581 万公允市场价格是基于“收入法”与“比较法”两种方法。收入法是基于预期租金收入和预期费用来计算出房地产净收入的现值。比较法则寄希望于参考类似房地产销售的现行市场价格。税务当局的专家使用了“比较法”与“成本法”，给出房产估计值为 796 万加拿大元。尽管该比较法与纳税人方面的专家所使用的方法类似，但税务当局的专家却做出了估计能获得更高收益的假设。成本法依赖于对建筑物重置成本以及购买类似土地的成本的估计，并且也得出了一个更高的估计值。加拿大税务法庭并没有认可或是批评任何一种估价方法，而是裁定这两种估价方法都不能完全令人信服，但计算后发现总体估价为 608 万加拿大元——更加接近于纳税人声称的估价而非税务局方面的估价——这是基于案件证据的最为合理的估价[②]。Marall Homes 案件的裁决并非是唯一在获得最终结论的过程中没有过于关注各种估价方法基础的例子，比如在

① ［1995］T. C. J. No. 1494（QL）。

② 同上，第 19 段。

Pinelli v. Canada[①]案件中，加拿大税务法庭只是发现纳税人的估价60万加拿大元“公平而合理”，因此支持纳税人的观点而非由税务当局断定的71万加拿大元。

然而在*Sira Enterprises Ltd v. Canada*[②]的案件中，估价方法直接成了争论的焦点。该案纳税人提出证据证明由于建造房地产的实际成本不应与该房产首次居住时的公允市场价格有过大的偏离，对于估算其在新不伦瑞克省的麦克敦新建的六栋低层公寓楼群价值的最佳方法应为成本法。作为回应，税务当局声称应该优先使用比较法与收入法而应拒绝成本法。加拿大税务法庭站在了纳税人一边，对一些建造成本做了特定调整以反映公平交易价格。该法庭并未拒绝收入法与比较法，但是认为成本法在本案中更加合理而准确，在很大程度上是因为附近缺乏相似度很强的房地产进行比较[③]。

在9103 – 9438 *Quebec Inc. v. The Queen*[④]案件中，加拿大税务法庭在其评论中是这样考虑上述判定和对房地产估价所用方法有关的其他裁决的：

> 当决定某一建筑物的公允市场价格时，该价值须得同公允市场价格的定义相符。同样的，用于确定公允市场价格的方法也必须考虑到该建筑物的特性。上文所提及的裁决非常清楚地证明了，当建造新建筑物时，由于公允市场价格通常并不会超过其成本，那么成本法看起来似乎就是最为合适的估价方法[⑤]。

① 1998 GTC 2192（TCC）。

② ［2000］T. C. J. No. 804（TCC）。

③ 同上，第82段。

④ 2005 GTC 940（TCC）。

⑤ 同上，第33段。

然而在更多最近的案件中，人们已经承认成本法也是存在着相当大的局限性。

在 *Quereshi v. The Queen*[1] 案件中，纳税人出于私人使用的需要，在安大略省的利斯托尔建造了一栋房屋。该纳税人要求就自我供应房屋的公允市场价格获取新房退税。税务当局则声称由于房产建造成本为 49.7 万加拿大元（也就是说，超过了 45 万的限制），该纳税人无权获得新房退税。

加拿大税务法庭裁定鉴于利斯托尔地区相对较低的房价，成本法过分扩大了该房产的公允市场价格。根据法庭，我们观察到了下面描述：

当一个市场具有可比物的时候，那就根本没有使用成本或重置成本作为估价手段的理由。在我们所应对的情形是一栋应屋主具体要求而建造的房屋，成本并不能表明公允市场价格。若一个人是在公开市场上购买完全建造好的房屋，那么其支付的价格一般而言就表明了公允市场价格[2]。

法庭在最后总结中还详述了下列内容：

当然强调的重点是市场。若市场存在的话，必须到市场上寻求公允市场价格。被告方专家所使用的解释支撑其公允市场价格接近于成本这一观点的比较物，并未起到证实在那时的利斯托尔现实存在着这一 50 万加拿大元的公允市场价格的作用[3]。

如此看来，对判例法结果的合理解读是在可以获得直接可比或可比度高的房地产的情况下，建议优先选择

---

① 2006 GTC 506（TCC）。

② 同上，第 10 段。

③ 同上，第 17 段。

的方式为比较法或可比法。当无法获得可比房地产时，成本法才会被认为在该建筑物为新建且不存在延期、成本超预期或在建造中没有异常情况的范围内算是比较可靠的房产价格指标。最后，收入法也可以用来补充其他两种估价方法，但该方法对估价中所使用的假设最为敏感，也可能是三种估价方法中最不可靠的一种。

现在研究涉及货物与劳务税/统一销售税的第二组诉讼案件。当对二手住宅房产进行“大修缮”时，出于货物与劳务税/统一销售税上的考虑，该房产被认为是对新建住宅房产的替代品，所以该房产被当做新建处理并因此视为一项应税供应①。关于某些修缮是否构成《消费税法》意义上的“大修缮”已屡次被提起诉讼②。

在一项修缮达不到“大修缮”的情况下，当经过修缮改进的房产被用于应税供应住宅房产再出售或出租的营业活动时，该修缮则可以被认为属于特殊自我供应条例的适用范围③。在这些情况下计算应支付货物与劳务税/统一销售税的税基，为修缮改进部分的资本价值（按照从所得税方面考虑，假如房地产是以资本性房地产而非存货的形式持有的话，房地产调整成本基础所增加的数额）超出承担货物与劳务税/统一销售税的成本的部分④。

避免将某些修缮活动描述成“大修缮”，对纳税人

① 123款（1）中将“大修缮”定义为“对一栋建筑物的修缮或改造达到了一种所有或几乎所有在修缮或改造开始前存在的建筑物，除地基、外墙、内部承重墙、地面、房顶和楼梯外均被已移除或替换且在该修缮或替换完成后该建筑物是或部分形成一住宅群的程度”。

② 尽管并非所有但很多这些案例在下文中得以讨论。

③ 192节。

④ 192（a）段。

常常是有利的。例如，如果由建筑商承担对旧宅的修缮工作，取决于修缮成本与预期再出售收益之间的关系，他/她也许会想避免使该修缮活动被描述为“大修缮”。一个例子就是 *Seabrook Investment Ltd v. Canada* 案件[①]。在该案中，纳税人从事购买、修缮、再出售住宅房地产的商业活动。尽管本案的事实并非完全简单易懂，其中的一个关键问题与对纳税人在温哥华购买的一栋5单元公寓楼的描述有关。在推销任何住房单元之前，该纳税人对旧存量单元房进行了翻新与修缮，并在该建筑物的地下室增添了两个新单元。随后将这7个单元单独销售，相对于其初始购买价款获得了相当大的回报，且并未就这些单元的销售行为负担或上缴货物与劳务税/统一销售税，尽管该纳税人就所用材料要求了进项税抵免。加拿大税务局在认为7个单元中的2个属于新建和剩余5个已被“大修缮”过的基础上对该纳税人进行了重新评估，要求就其单元销售所收取的全部价款支付货物与劳务税/统一销售税。加拿大税务法庭表示认同，认为2个新地下室单元属于新建居住单元，5个修缮过的单元已经进行了消费税法案意义上的“大修缮”，因此所有这7个单元的购置全价均应被视为应税供应[②]。

第二个试图避免被描述成“大修缮”的例证是最近发生的1096288 *Ontario Ltd v. Canada* [‘1096288’]案件[③]。该案中纳税人为一开发商，该开发商将11所二手房屋从其正在开发新住宅建筑用地的土地上移走并搬迁至新地点。搬迁活动发生于2000年9月1日与

① 2001 GTC 422（TCC）。

② 同上，18至20段。

③ 2009 TCC 292（TCC）[‘1096288’]。

2004年11月30日之间。在房屋搬迁之前，新住宅建筑用地已经为现有房屋的搬迁做好了准备，安装了新地基、新私家车道和新的供水与排水系统。在那之后现有房屋从其原始地基转移至新的地基且新的住宅地段被售出。该开发商基于该搬迁活动并不构成一项“大修缮”且从被搬迁住宅的新居住用地尚有待再出售来看，认为该搬迁与重新安装活动并不能使自己成为“建造商”，因而将房屋搬迁看作一项免税供应。但税务当局表示反对，声称首先因为该开发商是新建居民楼群的“建造商”，且由于该开发商就其已完工的新建居住用地和准备工作的成本要求了进项税抵免，那么税务当局就应拒绝给予其免税待遇①。加拿大税务法庭裁定尽管纳税人主张房屋搬迁并不造成“大修缮”的观点是正确的，但是该搬迁活动确实导致了新建居民楼群这一项应税供货的产生。

该类型的第三个例子是 *Sviros et al. v. The Queen* 案件②。本案中纳税人（合伙企业的成员）以270000加拿大元的价格购买了一栋旧房，意在将其装修后出售获利。该纳税人在14个月之后以475000加拿大元的价格将其售出，估计发生的劳动力与材料成本为105000加拿大元。纳税人在该房屋的装修上做了大量的工作，包括替换了所有的管道设施与电线、在各处安装新灰泥板和地面材料、增添新的餐具柜和厨房工作台面、替换楼梯等等。尽管如此，加拿大税务法庭裁定该翻修不是“大修缮”行为，表述如下：

> 总体修缮活动会将所有在修缮或改造开始

---

① 该开发商坚称其申请进项税抵免是一个失误，但这不应该影响上诉结果。

② 2008 GTC 456（TCC）。

> 前就已经存在的除地基、外墙、内部承重墙、屋顶和楼梯以外的建筑物进行替换。那么该案中的上诉人距总体修缮还差多少工作呢？他们并没有替换外门，也没有替换某些窗户。该房屋中窗户的确切数目是未知的，有一张标明两扇窗户的发票。但是上诉人声明在房屋各处都有新的窗户。他们没有替换隔断墙的框架，没有替换暖炉，没有替换管道系统。很显然他们也没有替换天花板①。

我们很难对该案中的裁决与 *Seabrook Investments* 案件中的裁决进行协调，因为后者裁定对 5 个公寓单元的更低强度的翻修却符合“大修缮”的定义。该案件也很难同下面将要讨论的几个案件相协调。

税务当局同纳税人之间就根据潜在事实和跟每项描述相关联的纳税义务而将某一给定的翻修行为描述为“大修缮”是否可取存在分歧这一事实并不令人惊讶。实际上“大修缮”的税务影响有时会给纳税人带来一些好处。若业主出于个人使用而承担起了修缮工作，那么一般来说不会被视作一项应税供应，同时也无法要求获得进项税抵免。同时，尽管并非一项应税供应，若该修缮规模足够大以致符合“大修缮”的定义，那么纳税人就可能有资格要求得到新房退税。

税务当局经常对业主声称的修缮活动等同“大修缮”因而有权获得新房退税进行反驳。例如，在 *Warnock v. the Queen*② 案件中，纳税人在对现有 1200 平方英尺的房屋又增加了 1000 平方英尺的居住面积，替

① 2008 GTC 456 (TCC), 71 至 74 段。

② [1996] T. C. J. No. 1527 (QL)。

换了房顶，清空并替换了卧室以及在地下室添加了一间浴室，然后申请了新房退税。加拿大税务法庭对税务当局拒绝纳税人声称这构成了“大修缮”的说法表示认可，并解释道“甚至连对房屋的大部分被移除或替换这一说法都不成立”①。

类似地，在*Mclean v. The Queen*②案件中，纳税人根据他们已经“大修缮”了房屋——翻修了面积为2515平方英尺的现有房屋的50%并增添了916平方英尺的居住面积——而索取新房退税。在拒绝承认该行为构成了消费税法案意义上的“大修缮”的过程中，加拿大税务法庭的解释如下所述：

“大修缮”的定义是限制性的。首先，它并未提及与房屋价值相关的总修缮成本。其次，对于地基、外墙、内部承重墙、地板、屋顶和楼梯的修缮或改造并未纳入考虑。再次，该定义也并未考虑增加的面积。唯一考虑的是“在修缮或改变之前即刻存在的建筑物”的修缮或改变③。

这些都是很具代表性的案件，在这些案件中纳税人都力图使其活动符合“大修缮”的定义范围。在许多案件中，纳税人对房屋符合“大修缮”的要求得到相似的驳回。在*Erickson v. The Queen*④案中，纳税人已经在面积为1060平方英尺现有房屋的基础之上新建了960平方英尺横向居住空间；而其索取新房退税的要求

① [1996] T. C. J. No. 1527 (QL)，第9段。
② [1998] T. C. J. No. 435 (QL)。
③ 同上，第6段。
④ 2001 GTC 309 (TCC)。

被驳回了[①]。在 *King v. M. N. R.* [②] 案件中，加拿大税务法庭裁定尽管该纳税人已建造了一座新的可停放两车的车库、修理了窗户、粉刷了墙、安装了新橱柜、新地面材料和新装饰物、扩容了厨房以及完成了阁楼的建造，但这些改进活动加起来并不等同于“大修缮”[③]。在 *Camire v. The Queen*[④] 案中，在通过翻修浴室、重涂厨房工具台表面、对电线和管道设施做出改进、替换门窗以及增加一些壁橱而将她夏天的农舍转变为过冬的房屋之后，该纳税人未能成功申请到新房退税。在拒绝该纳税人要求的过程中，法庭陈述道“退税是带有非常限制性的”[⑤] 近来其他一些案件中，法庭也出于相似的理由而拒绝了纳税人的要求：见 *Colosimo v. Canada*[⑥]、*Bellefleur v. Canada*[⑦]、*Harrison v. The Queen*[⑧] 以及 *Lemieux v. Canada*[⑨]。

另外，也发现有利于纳税人主张某一给定的修缮为

① 加拿大税务法庭在第 16 段陈述到，“新建一双层车库并加倍房屋的居住面积仅仅构成了显著的修缮。除非实际上所有现有房屋内部均被清空，否则无论一项修缮是否显著，消费税法案均不允许给予退税。在本法庭看来，使房屋变大甚至是显著地变大，是肯定不会被法律认为符合退税资格的。如上所述，可能会有一些案件中相对现有房屋而言的新增空间已经到了这样一种比例以至于我们可以说现有的房屋已经被纳入到了该新增空间中而且认为原始住房实际不再以一居住单元的形式存在也是恰当的。在这样的情形中，新房屋已经建造起来而且退税条款将会适用。但这里的情况并非如此。该原始房屋在很大程度上是完好无损并且构成了建筑完工后房屋的很大一部分，其仍继续拥有一个居住单元的所有组成部分。该新增空间只是增加了这个单元的价值。”

② 2006 GTC 429 (TCC)。

③ 同上，第 10 段。

④ 2008 GTC 411 (TCC)。

⑤ 同上，第 12 段。

⑥ 2005 GTC 999 - 121 (TCC)。

⑦ 2006 GTC 388 (TCC)。

⑧ 2008 GTC 500 (TCC)。

⑨ [2009] T. C. J. No. 97 (TCC)。

“大修缮”的其他案件。比如，在 *Lair v. The Queen*[①] 案中，该纳税人通过抬高房屋离开支撑的混凝土块并挖掘出地下室和安装了包含家庭活动室、浴室、洗衣房以及缝纫和手艺屋的地基，来对一栋有着百年历史的私宅进行现代化改造。当房屋被抬升时，其内部出现了相当多的裂纹与变形，纳税人随后对其进行了修理。税务当局基于并非所有或者基本上所有（超过90%）的建筑物均得到翻修从而该修缮并非“大修缮”，拒绝了纳税人的新房退税要求。加拿大税务法庭驳回了税务当局的意见，而同意纳税人的该修缮是“大修缮”的观点。法庭陈述如下：

> 所开展的该项工作是真正意义上的“大修缮”。本法庭不认为度量住宅的各部分并对度量结果进行比较，即比较引起建造的那部分住宅和不引起建造的那部分住宅，或是对成本和任何由于该建筑活动使住宅新增加的价值进行对比，会对本案有任何帮助。若作为对该建筑行为的一个合理而公正的旁观者，根据对该建筑物的内外建造前后所呈现在本庭的事实即可得出结论：其修缮和改造程度是相当大的，“大修缮”的定义可以满足。Lair 女士有一栋随时可能倒塌的房屋，并实际上将其重建为新的住宅[②]。

加拿大税务法庭进一步阐明其观点：“该法案并未提供可用于区分建筑与非建筑活动的客观标准。两者之间的不同点是比较主观武断的，且这是一个必须基于每

① 2004 GTC 87（TCC）。

② 同上，第14段。

个案件事实的主观决断。”[1]

有关是否允许在修缮后给予新房退税的裁决中，纳税人胜诉的第二个例子是 *Shotlander v. The Queen*[2] 案。本案的问题在于纳税人对共有产权公寓单元楼的修缮是否属于“大修缮”。该纳税人替换了灰泥板、墙壁、天花板，对地板再抛光、增添水管设备、替换橱柜并粉刷了单元楼以及其他一些装修。税务当局声称单元房仅有49%的部分进行了修缮而且并不承认该修缮属于“大修缮”。加拿大税务法庭不同意税务当局的处理，法庭承认共有产权公寓的规章条例妨碍了纳税人进行更多的修缮活动，且单元楼超过90%也就是说“所有或基本上所有”的本来被允许能够进行修缮的部分实际上已经被修缮了。法庭做出了下列陈述：

> 税务当局所使用的评估网格对审计员的工作而言是非常重要的工具，但是该网格应该经过改编以适应共有产权公寓楼群的情况。诸如核心管道设施、隔音材料、核心电力供应、核心热力供应、外门与窗户、地下室地板以及对供热系统的抛光等在该评估中首先考虑的一个因素并不适合用来评估共有产权公寓楼修缮的百分比。这些是共有部件且是某一共有者不能触及的[3]。

出于该原因，法庭裁定支持纳税人的观点，即有着可以产生新房退税的“大修缮”。

在此回顾的案例法表明，在货物与劳务税/统一销

① 2004 GTC 87（TCC），第16段。

② 2007 GTC 787（TCC）。

③ 同上，第14段。

售税法中围绕着"大修缮"这一术语的恰当理解、解释与应用仍存在许多不确定性。考虑到住宅修缮频繁以及"大修缮"组成要素理解的主观随意性和缺乏清晰性，这注定继续成为将来造成更多诉讼案件的一个领域。

第三类也是最后一类常被提起诉讼的案件涉及一些围绕着在房地产出售时征收货物与劳务税/统一销售税并上缴国库的相关问题。不出意料，当事各方如果对某一特定销售情况是属于应税或免税存在错误或困惑不解，如果对哪一方承担货物与劳务税/统一销售税解缴义务存在分歧；或者如果不存在误解而仅仅是未能完成货物与劳务税/统一销售税的支付，那么其税务影响将是非常显著的。由于税务影响非常重要，这类情况会经常被提起诉讼。

一个较早的例子发生于 *Franklin Estates Inc. v. Canada*[①] 中。本案中房地产的买卖双方均为货物与劳务税登记人，并且该房地产并非是出售给个人的居民楼群。因此根据消费税法案，卖方并不被要求收取货物与劳务税并上缴国库。而买方有责任直接将货物与劳务税上缴加拿大出纳总署（Receiver Genaral）。但是买方并未直接上缴该项交易的应付货物与劳务税，而是将数额等同于其应纳税额的一笔款项支付给了卖方，卖方承诺买方将该笔货物与劳务税款上交给加拿大出纳总署。但是实际上，卖方并没有这样做。法庭基于卖方在收到货物与劳务税时其所担任的并非政府而是买方的代理人，裁定买方对该未上缴的货物与劳务税仍负有纳税义务。由于买方的代理人并未上缴税款，政府可以直接从买方

① （1994）2 GTC 1063（TCC）。

处收取该未上缴税款。加拿大税务法庭驳斥了该裁定意味着纳税人被迫支付两次货物与劳务税的说法[①]，并表示买卖双方均了解鉴于卖方脆弱的财务状况，卖方很有可能不会上缴该税款[②]。

在 *Leowski v. Canada*[③] 案中，买方同某个人达成了从该人购买闲置土地的协议，并因此认为在此时该销售属于一项免税供应。结果却发现该卖方是表面上的，仅仅是充当了商业卖方的托管人，这就使得该项销售变成了一项应税供应。尽管这是一项应税供应，作为纳税人的买方在购买行为发生时却并未支付货物与劳务税，因而法庭判定其就该购买价款负有纳税义务[④]。

类似地，在 Rive v. Newtwon[⑤] 案中，卖方在同买方洽谈土地销售的过程中坚称该销售会是一项免税供应。买方质疑该主张，并坚持要求在土地买卖合同中加上这样一条：即若最终发现该交易属于应税供应，那么400000 美元的买价中就会包含货物与劳务税。买方最初并未就该项交易支付货物与劳务税，但却就其土地成本要求进项税抵免。税务当局就土地的最初购买向购买方追讨货物与劳务税款。买方支付了按法律要求应付的货物与劳务税，并根据买卖合同成功地从卖方就该笔货物与劳务税款索取了民事赔偿[⑥]。

最后，在 *Maloff v. Canada*[⑦] 案中，商业地产的卖方

---

① （1994）2 GTC 1063（TCC），10—11 段。

② 同上，第 9 段。

③ （1996）4 GTC 3151（TCC）。

④ 同上，26 段。

⑤ 55 O. R. （3d）175（安大略省最高法院法官）；已批准，［2003］G. S. T. C. 49（安大略省，加拿大）。

⑥ 同上，第 42 段。

⑦ 2004 GTC 439（TCC）。

曾经是货物与劳务税的登记纳税人，但在出售房地产时已经不是了。买方声称自己是货物与劳务税的注册纳税人并会自行估算并上缴任何应付的货物与劳务税。然而买方并未如实描述其自身状况，因为其在该商业地产出售时也已经不是货物与劳务税的登记纳税人了；它也撤销了自己货物与劳务税的注册。法庭裁定卖方就该销售行为负有货物与劳务税的纳税义务，因为卖方无权依靠买方描述其为注册纳税人这一点而免除纳税义务[①]。

从前述三组在货物与劳务税/统一销售税背景下经常导致诉讼的问题中得出一些结论。首先是除了一些关注的“热点”以外，整体而言，房地产交易中的货物与劳务税/统一销售税问题并未被过度地提起诉讼。第二点是发生诉讼的情况通常都是由于估价或描述相关的问题（例如，与简单修缮相比，什么是“大修缮”），这些问题是高度依赖于事实或者是由于产生误解和错误（例如谁要缴税）。最后的结论是，即使是在一个设计合理的增值税制之中，也不可能完全避免这些估价、描述或是误解的问题。

3.2.3 货物与劳务税/统一销售税的管理与遵从

尽管加拿大税务局并非税法的独立来源，但其发布的货物与劳务税/统一销售税指南，被寄予希望和力图反映法律、法规及判例法。这些出版物往往很有帮助，并且纳税人常常依赖它们[②]，很大程度上是因为法律法

---

① 2004 GTC 439（TCC），第18段。比较可能的是，正如在里沃·v. 牛顿案一样，卖方能够基于买方作出了不实的表述——买方当下仍然是商品与服务税登记注册人——而继续拥有从卖方那里获取民事赔偿的要求权。

② 见格雷·卢特海舍尔：“让加拿大税务局说话算话：税法中的禁止反言”，《多伦多大学法律系评论》1999年第2期。

规本身过于复杂难懂使其很难合理地引导那些非税法专家的纳税人，并且公布的判例法对大部分纳税人而言也并非容易理解（无论实质还是形式）。

3.2.3.1 货物与劳务税/统一销售税的处理方式

加拿大的货物与劳务税/统一销售税制依赖于自我评估。与传统的增值税发票抵扣进项税额方法相符，登记过的企业、社团、个人充当政府的代收代缴人。由最终消费者（个人或非注册企业）在最后环节向作为加拿大皇室代理人的供应者支付货物与劳务税/统一销售税。在加拿大税务局的出版物中对纳税人在货物与劳务税/统一销售税制中的义务说得很清楚。这些出版物力求通俗易懂①。除了这些为大众设计的广泛适用的出版物以外，专业化指导、货物与劳务税/统一销售税信息简表以及表格（有用法说明）均可为特定情境的特定纳税人提供额外信息。对税务专家而言，货物与劳务税/统一销售税备忘录②以及其他技术性资源或出版物提供了税制的一些细微之处③。加拿大税务局是一个复杂的组织，且有相当多的资源投入到其管理职能当中。尽管整个货物与劳务税/统一销售税制度被大部分观察家与评论家认为十分复杂，但是可以公平地说——而且上述讨论强有力地表明诸如房地产这样的特殊产业部门甚至比货物与劳务税/统一销售税更加复杂。

---

① 例如加拿大税务局：《商品与服务税/统一销售税注册人一般信息》（渥太华：加拿大政府，2008 年），www.cra - arc.gc.ca/E/pub/gp/rc4022/rc4022 - 8e.pdf，访问于 2009 年 7 月 17 日。

② 例如，注释 21 见上（本书第 125 页注释③——译者注）。

③ 见加拿大税务局：“技术信息——商品与服务税/统一销售税”，www.cra - arc.gc.ca/tx/tchncl/gsthst - eng.html，（访问于 2009 年 7 月 11 日）。

3.2.3.2 货物与劳务税/统一销售税的规定、程序与表格

如上所述，在加拿大经营且有超过30000加拿大元（对公共服务机构则为50000加拿大元）销售额的企业或组织（包括合伙企业，出于货物与劳务税/统一销售税上的考虑将其视为应税实体）必须登记缴纳货物与劳务税/统一销售税①。登记的步骤简单迅捷，而且可以采取网上与电话两种注册方式。任何货物与劳务税的登记纳税人都会自动成为统一销售税登记纳税人。货物与劳务税/统一销售税登记人均应就其提供的所有属于应税供应（除零税率）的商品与服务收取货物与劳务税/统一销售税。

除了登记以及收取税款以外，企业和组织还负担着更进一步的义务。他们还必须保存记录、计算应交给政府的净（从应税供应收取的税额减去购进项所支付的税额）货物与劳务税/统一销售税款②、上缴税款以及在规定申报期内提交定期纳税申报表。申报期（纳税申报表必须被提交的时间间隔）的次数由一年一次到一季度一次不等，这取决于年度应税供应的门槛。其他一些责任包括将所选择的会计期间告知加拿大税务局；告知顾客货物与劳务税/统一销售税是包含在价格中还是价税分离显示的③；向顾客开出发票④；要求对商品、

① 买卖双方有关商品与服务税/统一销售税纳税义务的完整表列，见注释99见上。

② 有时从应税供货上收取的税款被叫做销项税，而购进项所支付的税款被称作进项税。

③ 在加拿大卖方将绝大部分的供应视作不含税，即在价格中不包括商品与服务税/统一销售税并且在发票上作价税分离显示。

④ 发票在信息的展示上必须满足某些要求，且信息的数量随着销售额的增加而增加。卖家必须保留发票以便在税务局要求时证明其进项税抵扣的真实性。

服务或资本性房地产进项税抵扣；若适用的话可选择使用简化方法来进行记账和提交材料。

住房建筑业（广义的）特别条例阐明了管理与遵从[①]。例如，课税取决于该供应周围的情况。在参与省份的建造商必须就应税供应按13%的税率收取统一销售税，在其他地方则按5%的税率收取货物与劳务税。即使建造商并非就货物与劳务税/统一销售税进行登记，只要其出售了应税房地产，就必须对该项销售收取税款。然而在一些情形中，比如当买方已就货物与劳务税/统一销售税登记，或建造商为非居民纳税人时，买方需要直接将税款上缴加拿大税务局而非将其支付给建造商[②]。房地产交易相关的遵从努力相对于其他类型的交易而言是相当大的。除了本节已经提及的出版物以外，加拿大税务局还为特定类型的交易发布了一些有填写指南的表格。表3－5列出了与房地产或附在这些房地产之上的一般遵从义务相关的出版物和表格，包括其序列号。

表3－5　房地产相关货物与劳务税/统一销售税出版物与表格[③]

GST22	房地产——选择使某些销售成为应税供应
GST26	公共服务机构选择或撤销选择使免税供应作为应税供应来处理

① 注释29，见上（本书第131页注释①——译者）。

② 要使解缴税款的责任由卖方转移至卖方必须满足若干标准。见注释29，见上。最近已经有人证明解缴税款责任并非是经济上不相关的：乔尔·斯雷默瑞德：“谁把税交给政府真的重要吗?”、“解缴税款经济学”，《全国税务刊物》61（2008）：251。

③ 所有列举项均可在加拿大税务局网站上获得，并可通过表号或出版号进行搜索；见搜索页面 www.cra－arc.gc.ca/formspubs/menu－eng.html，（访问于2009年7月13日）。表中所列项不包括上面的商品与服务税信息简表以及与：（1）同2008年1月1日将商品与服务税和统一销售税的税率从6%和14%降至5%和13%有关的交易性条例；（2）其他受房地产特别条例所约束的部分（市政当局、非营利组织、慈善团体）有关的出版物。

来源：作者对从多种加拿大税务局信息来源编纂而成。

续表

GST34	登记人的货物与劳务税/统一销售税纳税申报表
GST60	购置房地产行为的货物与劳务税/统一销售税纳税申报表
GST189	货物与劳务税/统一销售税退税申报表
GST190	从建造商购买房产的货物与劳务税/统一销售税新房退税申请
GST191	业主自建房的货物与劳务税/统一销售税新房退税申请
GST191 - WS	建造工作单一览
GST524	货物与劳务税/统一销售税新宅出租退税申请
GST525	货物与劳务税/统一销售税新宅出租退税申请补充表——多单元
指南	
RC4022	货物与劳务税/统一销售税登记人综合信息
RC4028	货物与劳务税/统一销售税新房退税
RC4033	货物与劳务税/统一销售税退税一般申请
RC4052	住房建造业货物与劳务税/统一销售税信息
RC4231	货物与劳务税/统一销售税新宅出租退税
备忘录系列	
19 - 0	特殊部门——房地产
19 - 1	房地产和货物与劳务税/统一销售税
19 - 2	住宅房地产
19 - 3	房地产退税
19 - 4	商业房地产
19 - 5	土地及关联房地产
技术性公告	
B - 092	大修缮和货物与劳务税/统一销售税新房退税
政策声明	主要居住地

3.3
一种独立的亚国家增值税：魁北克销售税（QST）

3.3.1 原则与政策

3.3.1.1 魁北克销售税制

魁北克省是世界上唯一成功运行消费型增值税的亚国家税收辖区。自1992年7月[①]开始推行魁北克销售税，该适用于在魁北克省消费的绝大多数商品与服务，且在很大程度上同联邦货物与劳务税进行了协调。魁北克销售税和联邦货物与劳务税这两种税被课征于非常相似但又并非完全相同的税基之上。

魁北克销售税是一种按照7.5%的税率课征于大部分在魁北克省消费的商品与服务并凭发票抵进项税的消费型增值税。省政府在2009年3月19日宣布其将税率调高至8.5%，将于2011年1月1日起生效。不像在加拿大的其他大部分销售税，魁北克销售税的计税价格包含联邦货物与劳务税[②]。因此，一项以1000元的税前价格销售给最终消费者同时属于货物与劳务税和魁北克销售税的应税供应，5%的货物与劳务税等于50元，而7.5%的魁北克销售税等于78.75元（1050 × 0.075），从而得出总税负为128.75元。魁北克销售税和货物与

① 该魁北克销售税的一般性描述利用了理查德·M. 伯德与皮埃尔·帕斯卡尔·根德隆的作品，注释6，见上（本书第118页注释②——译者）。

② 唯一这么做的另一个省份是课征零售销售税（RSTs）的爱德华王子岛。见上文表3-1。

劳务税均于销售时收取，且税额各自分开单独列示于发票之上[①]。在大部分情况下，魁北克销售税的税基与今天货物与劳务税/统一销售税的税基相同。进项税退税（ITRs）是魁北克销售税下的名称，而进项税抵免（ITCs）是货物与劳务税/统一销售税下的对应名称。

一项早期遗留下来的传统是魁北克销售税的进项税退税（ITRs）——等同于商品服务税下的进项税抵免（ITCs）——在某些特定情况下是拒绝给予一些已登记过的企业的。大型企业——被定义为在给定的财政年度内拥有超过1000万加拿大元的应税销售（不包括金融服务的销售）——有关下列类型的商品与服务不得要求进项税退税：（1）打算用于公路上行驶的轻型机动车辆（比如小型服务车），包括这些车辆相关联的房地产和服务；（2）为上述车辆的引擎提供动力的发动机燃料；（3）各种能源，除非用于生产打算出售的动产；（4）电话及其他电信服务，互联网以及1—800、1—888等类似的服务号码属于例外；（5）食品、饮料，以及在《所得税法案》下不能全额抵扣的娱乐服务。该门槛稍微有些低，不少中等规模的企业也被囊括其中。它适用于所有商业部门。该规定很明显是想要保护魁北克销售税的税收收入。然而，这样做也是有代价的，既对商业进项课征了税款，又刺激一些企业为逃避这一门槛而无效率地剥离业务。

---

① 买卖双方的义务在 Revenu Québec, *Renseignments généraux sur la TVQ TPS/TVH* (Québec: Gouvernement du Québec, 2008) 中进行了概括。其网址为：www. revenu. gouv. qc. ca/documents/ fr/publications/in/in－203 (2009－01). pdf（访问于 2009 年 7 月 17 日）。该出版物的英文版尚未更新，但 2003 年的英文版可在 www. revenu. gouv. qc. ca/documents/eng/publications/in/in－203－v%282005－04%29. pdf（访问于 2009 年 7 月 17 日）。

3.3.1.2　魁北克销售税制度下对不动产的税务处理

在货物与劳务税/统一销售税制度下，不动产交易一般属于应税供应，因为“不动产”在《消费税法案》是作为“房地产”概念的一个构成元素而专门命名的[①]。魁北克销售税也以一种很相似的方式适用于涉及不动产的交易。的确考虑到货物与劳务税/统一销售税和魁北克销售税在给予房地产的税务处理方面存在很高的一致性，本节仅做一个简短的探讨[②]。

应税交易的特定实例一般包括下列供应或交易：（1）新建住宅的销售；（2）商业建筑的销售；（3）商业建筑的出租。魁北克销售税下对不动产应税处理的主要例外在于以下的免税待遇：（1）出售时已不属于新住所或新居所的建筑物的出售；（2）租期为一个月或一个月以上的住房出租[③]。尽管魁北克税务局（RQ）的文件以及出版物并未提及自住房的隐含（或推算）租金，这些也属于免税的情况。魁北克销售税制的一个重要特点是在登记、自行估算并将魁北克销售税上缴魁北克税务局、自我供应住宅的纳税义务范围、非登记人索取进项税退税以及新建住房的魁北克销售税退税等方面，有着与货物与劳务税/统一销售税制中极为类似的

---

① 商品与服务税/统一销售税下的“房地产”。

② 由于该省对魁北克民法典（CCQ）的依赖以及在民法典下流行多种不同的房地产概念，使得“房地产”在魁北克独具特色的含义是必需的。除了魁北克省以外，普通法财产的概念确定了房地产各项权益的边界。将“房地产”定义为“包含”专门命名的这种类型的房地产表明了所有在普通法（或民法）会构成“房地产”概念的对商品与服务税/统一销售税而言仍然是“房地产”，在这一方面是值得注意的。

③ 见前面注释以及 Revenu Québec，‘免税销售’，www. revenu. gouv. qc. ca/ eng/enterprise/taxes/tvq_tps/perception/exonerees. asp，（访问于 2009 年 7 月 13 日）。

特别条例①。

在魁北克省开展营业活动的企业与组织必须就魁北克销售税向魁北克税务局登记。其注册程序不同于货物与劳务税/统一销售税下的注册程序。出售应税不动产的登记者与非登记者必须就其销售收取货物与劳务税和魁北克销售税。该条例的一个例外情况出现在此人不在加拿大或魁北克居住，或此人虽已登记但所出售的房地产既非住宅建筑又非墓地。在这两个例外情况中，买方需自行计算货物与劳务税和魁北克销售税并上缴给魁北克税务局。对于将自行建造的住宅建筑出租或自行居住的建造者，一般来说其必须就该房地产的公允市场价值支付货物与劳务税和魁北克销售税。未登记的建造者能够在占有自我供应建筑物之后要求进行进项税抵扣和进项税退税。自我供应条例并不适用于：（1）使用该建筑物作为居所（居住使用的比例超过50%）的人；（2）大学、公立学院以及建造学生校舍的学校行政管理机构；（3）一些宗教团体；（4）在偏远地区建造住宅的登记者。

魁北克销售税一个重要特点是适用于新建或大修缮住房以及新建或大修缮的出租住宅的新房退税制度。魁北克销售税中的退税程度低于货物与劳务税的退税。价值为200000加拿大元房屋能够获得最大额度的退税（5573加拿大元）。任何价值在225000加拿大元或以上

---

① 见前面注释有关自我供应、例外情形、用途改变条例以及退税等规定的更多详情，参见Revenu Québec：《商品与服务税和魁北克销售税：它们是如何适用于居民综合楼的》（Québec：Gouvernement du Québec，2008），www.revenu.gouv.qc.ca/documents/eng/publications/in/IN-261-V（2007-07）.pdf，（访问于2009年7月17日）。

的房屋都不会产生退税①。魁北克销售税的法定退税率为36%（与货物和劳务税相同），但由于魁北克销售税课征于包含货物与劳务税的价格之上，经过计算调整后的有效退税率会稍低一些。当购买价格或公允市场价值等于或超过225000加拿大元但低于450000加拿大元时，可以所提供的货物与劳务税退税为基础来计算魁北克销售税退税。

最后，又一个比较重要的是注意登记人（企业和公共服务机构）在就其资本性不动产支付的魁北克销售税获取进项税退税上面临着诸多限制。这些限制是建立在投入到商业活动使用的不动产比例之上的。表3-6概述了这些限制。尽管对货物与劳务税和魁北克销售税进行了协调，但在这些限制中仍存在细微的差别（与表3-4相比）。

表3-6　资本性不动产的魁北克销售税进项退税②

商业活动的使用比例（x）	所有其他登记人	登记注册个人	公共服务机构
x≤10%	无	无	无

① 应该特别指出的是随着时间推移魁北克销售税的退税力度越来越小，从2006年7月1日前的8750加拿大元跌至现在的5573元。来源：Revenu Québec, *Renseignments généraux sur la TVQ TPS/TVH*（Québec：Gouvernement du Québec，2008），64-65，www.revenu.gouv.qc.ca/documents/fr/publications/in/in-203（2009-01）.pdf，（访问于2009年7月17日）；Revenu Québec，魁北克销售税和商品与服务税/统一销售税的退税（Québec：Gouvernement du Québec，2008），8，网址为：www.revenu.gouv.qc.ca/documents/eng/publications/in/in-205-v（2008-08）.pdf，（访问于2009年7月17日）。

② 在商品服务税制下，金融机构索取进项税的抵免额度是与其投入商业活动的资本性房地产使用百分比而成比例的。在魁北克销售税中，普通条例适用于所有其他登记注册人。对个人而言，如果其资本性房地产的个人使用比例超过了50%的话是无权进行进项税抵免（ITCs）或进项税退税（ITRs）的。公共服务机构可以选择使其自身适用与所有其他登记注册人相同的条例。来源：Revenu Québec, Renseignments généraux sur la TVQ et la TPS/TVH（Québec：Gouvernement du Québec，2008），25，www.revenu.gouv.qc.ca/documents/fr/publications/in/in-203（2009-01）.pdf（访问于2009年7月17日）。

续表

商业活动的使用比例（x）	所有其他登记人	登记注册个人	公共服务机构
10% < x≤50%	按使用比例退税	按使用比例退税	无
50% < x≤90%	按使用比例退税	按使用比例退税	100%
x≥90%	100%	100%	100%

3.3.2 频繁提起诉讼的法律问题

来源于魁北克的大部分与魁北克销售税有关的判例法所带来的问题在很大程度上与那些在货物与劳务税/统一销售税背景下常发生的问题极为相似（见上述评论）。的确，在某种程度上而言，坚持主张对货物与劳务税与魁北克销售税进行完全分离的处理将是一种强加的且错误的对立，因为许多此类问题都是同时发生的。很自然地，上面讨论的许多案例都发生在魁北克省，因此也就有了除在联邦层面考虑处理的货物与劳务税的税务影响以外，还有省层面上的魁北克销售税的税务影响。

除了以上在货物与劳务税/统一销售税背景下所探讨的案例外，一些发生于魁北克的实例也存在于同样的三组案件中：（1）出于征收魁北克销售税的考虑而在获得不动产公允市场价值的可接受估价方法上的分歧——这是一个在自我供应条例下确定魁北克销售税的纳税义务的重要问题①；（2）围绕在对旧宅的一项特定修缮是否构成了“大修缮”的争议——这是一个决定该修缮活动是否作为新的不动产应税供应而得到再出售

① 例如，见 *Déziel* v. Canada，［2002］T. C. J. No. 649，在该案中对自我供应住宅的估价问题进行了处理。

税务待遇的重要问题[①]；（3）至少一件跟解缴魁北克销售税税款的协调相关联的案件（尽管并非在涉及不动产交易的背景下）[②]。

关于第一组案件中的估价问题，魁北克销售税判例法往往会得出与在货物与劳务税/统一销售税情况下大体一致的结论。发生在魁北克销售税下与估价相关的最佳案例也许是 9062 - 8942 *Québec Inc. c. Sous - Ministre du Revenu du Québec* 案[③]。该案中纳税人在魁北克的 Trois - Rivieres 以一定成本建造了一栋高级住所。纳税人一方的专家与税务局所聘请的专家均使用了在上文货物与劳务税/统一销售税部分所探讨的三种估值方法，也就是：（1）成本法；（2）比较法；（3）收入法。在这三种方法下，纳税人一方的专家得出的估价从 146 万到 152.5 万加拿大元不等[④]，而税务局一方的专家给出

---

① 该案件并未得出与上文讨论的商品与服务税/统一销售税判例法中不同的结论。

② 一个很重要的例子，尽管并非直接发生在不动产交易的背景下，是 *Québec*（*Sous - ministre du revenu*）*v. Trustee of Consortium Promecan Inc.*，［2008］S. C. C. A. 78（S. C. C.），案件。加拿大最高法院于 2009 年 3 月 17 日听取了该案。加拿大最高法院起草的案情摘要规定：

> 该破产财产受托人（trustee in bankruptcy）从债务人客户处索取了一笔代表债务余额的款项，并包含了商品服务税和魁北克销售税。一经了解到该事实，该案诉讼申请人魁北克税务局副局长（the Applicant of Deputy Minister of Revenue of Quuebec）函告该顾客，要求其直接将对应数额的应支付商品服务税与魁北克销售税上缴给副局长。面对着这两项相互冲突的要求，客户将该对应数额的税款付给了受托人并要求受托人将其存入一信托账户中直至税务问题得到解决，该受托人对此表示同意。之后受托人决定将不会把这笔数额的税款上交给副局长，因为在其看来该税款的发票是在债务人破产前开出的，所以对副局长而言是一项在破产与清算法案规定范围内的无担保要求权。副局长将受托人的决定上诉至上级法院，该上级法院裁定支持副局长。但是上诉法庭撤消了该项裁决。

该案情摘要见于 www. scc - csc. gc. ca/case - dossier/cms - sgd/sum - som - eng. aspx? 32489（访问于 2009 年 7 月 31 日）。加拿大最高法庭的裁决尚未公布。

③ 2006 QCCQ 7273（魁北克上级法院）。

④ 同上，见第 22—26 段。

的估值从182万到190.5万加拿大元不等[①]。法院裁定由于建筑物是新建的且所争论的问题是对自我供应行为的估值，因此应该优先使用成本法而非收入法或比较法。关于选择采用哪一方专家提交的使用成本法作出的估价报告，法庭倾向于税务局一方的专家。税务局一方的专家使用成本法，在计算该公司自我提供的建造管理服务以及确实自掏腰包支付给承包商的高档住宅建造费用之后，计算得出公允市场价值为182万加拿大元[②]。

有关第二组案件，几乎没有围绕什么满足魁北克销售税下“大修缮”的定义而发生的案件。然而在货物与劳务税的背景下，魁北克省发生过一些涉及这些问题的案件[③]。很多此类案件在魁北克销售税制下并不会带来问题，因为价值达到225000加拿大元，魁北克销售税新房退税将会完全停止，而在货物与劳务税下的新房退税完全停止是在450000加拿大元。这不但表明了涉及魁北克销售税新房退税资格纠纷的案件比较少，也表明由于提出退税要求或是对该要求进行辩护相关联的交易成本使得诉讼缺乏吸引力。类似地，即使出于各种不同的原因，看起来也几乎没有案件涉及不动产和解缴魁北克销售税的义务相关的纠纷。

当考虑到魁北克一省的人口仅为加拿大总体人口的一小部分时，那么魁北克销售税判例法不如货物与劳务税/统一销售税相关的判例法那样有深度或成熟，也许

---

① 2006 QCCQ 7273（魁北克上级法院），见第38—47段。

② 同上，见第125段。

③ 除了在上面商品服务税/统一销售税一节中所提到的案件外，见 *Schoeb v. Canada*, 2008 GTC 143（TCC）. 在 *Schoeb* 案例中，反对的理由并非基于该翻修的程度有多大，而是基于该居所是否为该纳税人或其亲属的主要居所以及对新房退税的申请是否在法律所设定的两年期限内。

就不那么令人惊讶了。然而令人欣慰的是，这些案件的模式或多或少地追寻着前二组案件中货物与劳务税/统一销售税的模式，且关于魁北克销售税解缴责任纠纷的实例较少。解缴税款责任纠纷和错误发生率较低，可能是归功于魁北克货物与劳务税/统一销售税税务管理的有效——这一话题将在下一节进行考虑。

3.3.3 魁北克销售税的管理与遵从

3.3.3.1 跟货物与劳务税/统一销售税进行协调及其方式

除征收魁北克销售税以外，魁北克税务局还代表联邦政府在魁北克境内来实施货物与劳务税的征管。根据与联邦政府签署的协议条款规定，魁北克税务局接受并处理所有在魁北克境内开展商业活动者的货物与劳务税/统一销售税的登记。已登记缴纳货物与劳务税的公司会自动登记统一销售税，同时货物与劳务税登记涵盖了在所有十个省份的任何业务活动。登记之后，所有纳税人仍将继续就包括申报表、上缴税款、退税申请、审计、调查、法律与规章的解释、拒绝通知、收取税款以及未填写的申报表等所有货物与劳务税/统一销售税相关事务同魁北克税务局打交道。该管理模式在全世界也是独一无二的。

或许反映了魁北克的总体税负高于加拿大平均税负这一事实，近年来魁北克税务局日益变得结构复杂且咄咄逼人。的确，魁北克税务局作为税务管理机构的特质以及对其纳税人群体的详细了解，再考虑到同时征收两种税款而非分别征收所带来的规模经济效应，使得这种设计安排显得很有吸引力。在存在良好的信息交换的情况下，将魁北克销售税跟货物与劳务税连在一起很可能有助于帮助联邦与省政府保护各自的税收收入①。

3.3.3.2 魁北克销售税条例、程序和表格

由于魁北克销售税和商品与劳务税之间的实质性协调，上面所讨论的大部分货物与劳务税/统一销售税的条例和步骤同样在此适用。因此表格也在很大程度上进行了协调，而且有一大批同时具有货物与劳务税和魁北克销售税表号的联合表格。两种税的差别（例如计算、税率等）也在该表中得以正确解决。表3-7列举了这些与不动产或附在该不动产之上的一般遵从义务相关的出版物和表格，包括它们的出版号码与表号。

在表格（商品与劳务税）标题下的表格为那些意图在魁北克境内经营的登记人设计的货物与劳务税相关的表格。不过，正像货物与劳务税/统一销售税的情况那样，不动产相关的遵从要求并不是无关紧要的。

表3-7　　不动产相关的魁北克销售税表格与出版物②

货物与劳务税	
FP-189-V	货物与劳务税/统一销售税综合退税申请表
FP-524-V	货物与劳务税新宅出租退税申请表
FP-525-V	货物与劳务税新宅出租退税申请补充表：多单元

① 有关魁北克省与联邦政府签订的协议以及加拿大税务局关于商品服务税与魁北克销售税的管理与实施的更广泛的讨论，见理查德·M. 伯德与皮埃尔·帕斯卡尔·根德隆，注释6，见上述（本书第118页注释②——译者）。

② 所有列举项均可在加拿大税务局网站上获得，并可通过表号或出版号进行搜索；见搜索页面 www.revenu.gouv.qc.ca/eng/pub_form/（访问于2009年7月13日）。表中所列项不包括上面的商品与服务税信息简表，以及：(1) 同2008年1月1日将商品与服务税和统一销售税的税率从6%和14%降至5%和13%有关的交易性条例；(2) 其他受房地产特别条例所约束的部分（市政当局、非营利组织、慈善团体）有关的出版物。

来源：作者对从多种加拿大税务局信息来源编纂而成。

续表

魁北克销售税	
VD－224.1－V	选择延期支付自我供应居民综合楼应纳税款表
VD－370.67－V	魁北克销售税新宅出租退税（新居民综合楼版本）表
VD－370.89－V	魁北克销售税新宅出租退税（住房合作社版本）表
VD－403－V	魁北克销售税退税综合申请表
货物与劳务税和魁北克销售税	
FP－505－V	特殊目的申报表
FP－2022－V	选择将房地产（不动产）销售作为应税供应表
FP－2190.A－V	货物与劳务税——魁北克销售税新房退税申请表：新建房业主以及从同一建造商购买的土地
FP－2190.C－V	货物与劳务税——魁北克销售税新房退税申请表：建造商授予的退税
FP－2190.L－V	货物与劳务税——魁北克销售税新房退税申请表：建于出租土地上的房屋或拥有住房合作社股份的业主
FP－2190.P－V	货物与劳务税——魁北克销售税新房退税申请表：新建或经大修缮的房屋业主
FP－2192－V	居民综合楼货物与劳务税——魁北克销售税调整申请表
指南	
IN－203－V	魁北克销售税及货物与劳务税/统一销售税一般信息表
IN－205－V	魁北克销售税及货物与劳务税/统一销售税退税表：新建或大修缮房屋以及出租住宅

3.4 加拿大课征于房地产及不动产的其他税种

本节对其他适用于房地产与不动产（以下简称房地产）本身、房地产交易以及来自于房地产服务的税种作一个简短的描述。下面所考虑的所有税种都是在货物与劳务税/统一销售税及魁北克销售税税制以外征收管理，并与这两种增值税一同施行。

在加拿大全境，省与市政府均开征了房地产税，且房地产税构成了后者的一项最重要收入来源。居首的是“基本”房地产税，即房地产所有人每年就其房地产评估价进行的一项支付。出于以下两个原因，其税基是非常重要的。第一，早先所讨论的判例法表明房地产估价是货物与劳务税/统一销售税遵从上的一个有用进项，也是法庭上诉讼的一个有用进项——因为诸多争端均聚焦于估价结果及其方法运用上。第二，不像其他形式的课征于房地产与不动产的税种，该“基本”房地产税并非没有效率。

房地产转让尤其要缴纳多种税费，包括土地转让税（在一些国家被称作印花税）、公证人费以及登记费。土地转让税在加拿大全境是相当普遍的，且有两种版本：省和市。不列颠哥伦比亚、马尼托巴、新不伦瑞克以及安大略课征省土地转让税，而诺瓦斯科舍的市政府与多伦多市则课征市土地转让税。多伦多市施行自己的市土地转让税——该税在经过了冗长的讨论、政治博弈和来自大众与房地产业的强烈反对后，于2008年2月

1 日同省土地转让税一同开征。

一些税收辖区也对旅馆房间和其他临时性住宿课税。不列颠哥伦比亚就是这样一个辖区，尽管很重要的是应注意到该省销售税和货物与劳务税的协调统一将导致其单独旅馆房间税的消除①。

作为一个整体来看，这些与房地产有关联的附加税是很重要的，不仅因为它们降低效率并强加了遵从与管理成本，也因为它们给房地产业带来复杂的双重或多重征税模式。最近发生的一个强有力的案例是南非废除了房地产转让税并使增值税成为唯一适用房地产转让的交易税，当然存在一些例外情况②。在加拿大，废除省土地转让税的提议在开征增值税的省（不列颠哥伦比亚、新不伦威克、安大略）并未得到认真的考虑，即使是在其中两个省最近关于协调税种的讨论中也是如此。增值税（尤其是其房地产退税制度）与土地转让税的共存将使得对房地产与不动产课征的以交易为基础的税种的中性，低于适当设计且充当此类交易单一税的增值税的中性。

与住宅房产税对所有者征收相比，商业地产房产税（通常被称为地方营业税）对商业占用者征收。在所有的 10 个省中，省或市当局均开征了营业税。所有 10 个省均批准市政当局开征特别税费以补偿其当地设施改进成本。魁北克省开征了一项特殊的“寄宿税”，以包含货物与劳务税和魁北克销售税的住宿价格作为计税价，并单独征收。该项税收收入被分配至一旅游业合伙基

① 奥黛丽·迪亚曼特：“协调的多米诺效应”，《加拿大税务焦点》2009 年第 17 期。

② 斯基布伦·克芬森、格哈德·巴登霍斯德：“课征于不动产的增值税，转让税及印花税”，为税收政策单元，National Treasury of South Africa and the South African Revenue Service，2008 年 6 月所起草的报告。

金，并用于宣传提升该地旅游业的资金。以区域为基础的收入来源与费用支出是匹配的。最后，不列颠哥伦比亚省与其市政当局共享零售销售税。比如，市政当局可要求旅馆房间税税率为8%而不是7%（该省目前零售销售税税率），多出的1%转移给地方政府。

本章并不想做到详尽无遗，因此为了简化并举例证明，我们在表3-8中提供了一个对在加拿大所有由政府课征于新建住房的收费的不完全概述。新建住房也是房地产课税问题中政治性最为敏感的领域。

表3-8　　　　其他亚国家房地产税——新建住房

税费/征收层级	组成成分
市/区域	
建筑许可费	建筑许可、管道设施及机械或电力许可费
开发申请与处理费	土地重划申请费、共有产权公寓楼申请费、选址计划批准、管理费
基础设施收费	硬件（下水道、水、路）和软件（公园、图书馆、警局）厂区外基础设施（土地重划协议或开发收费）以及下水道连接费、工程评估费、下水道连接于其他检查费
土地投入	土地投入（及其替代现金）
注册/土地转让费	多伦多市土地转让税；诺瓦斯科舍省允许市政当局（比如哈利法克斯）课征自己的市政土地转让税
房产税	房产税（“基本”房产税）、垃圾收集附加费、警察附加费、救火附加费、教育附加费等；所有10个省和3个区都允许市政当局课征房产税

续表

税费/征收层级	组成成分
省	
房屋保修费	新房保修计划（包括强制与选择性的）
省销售税（RSTs）	建筑材料零售销售税
省（其他）	省管道设施与电力检查费、省工程评估费、住房保修许可费
注册/土地转让费	不列颠哥伦比亚、马尼托巴、新布伦维克和安大略省征收的土地转让税和所有权注册费

3.5 结论

尽管货物与劳务税比较复杂以及有着运行之初的严厉措施，加拿大增值税开征经验仍然是一个令人非常愉快的故事。的确，现在看起来大部分省很快就以协调的增值税制取代零售销售税——这是一个接受的积极信号和对增值税在经济上优于零售销售税的认同，使得相似但不相容的销售税制度从经济效率、遵从、行政成本等方面来看，变得意义不大。

正如本章解释的那样，在加拿大增值税制下——货物与劳务税/统一销售税和魁北克销售税，对房地产的税务处理绝非那么直接明了。尽管如此，本章已尝试对税制的设计及其征收管理的最重要特征进行了概述，并指出一些在加拿大税务法庭上最经常出现的案件。别的不说，加拿大相关法律的复杂性表明并强调了类似本册的比较类书籍的价值是无法估量的，对那些考虑对辖区内房地产开征增值税的决策者而言，更是如此。

第4章 德　国

约拿奇姆·英格丽斯基和贝特娜·斯柏克*

4.1 导　言

4.1.1　德国增值税和欧盟法律影响

德国增值税制度是德国充分考虑欧盟（EU）成员国统一增值税制度的结果。欧盟成员国统一的增值税制度是根据欧盟指令来协调的，在某些方面，也通过欧盟条例协调。所有的指令和条例都必须先由欧盟委员会

* 作者非常感谢 Jörg F. Kurzenberger 和 Sharon Oboshie Doku。适用一般免责声明。

(EC) 提交议案，再经欧盟理事会（也叫部长理事会）全体一致通过[①]。欧盟条例直接运用于各个成员国的法律制度，但一般而言，欧盟指令只有在转换成国内法后才能运用于各个成员国的法律制度[②]。与条例不同的是，欧盟指令给予成员国立法机关一定的自由裁量权，成员国可以选择是否采用增值税。但是，对于增值税的主要特征和多数详尽的规定，各成员国必须毫无偏差地采纳。在增值税统一制度方面，欧盟层级的最重要的法案是当前仍然有效的重新修订的 2006/112/EC 指令（《增值税指令》）[③]，也是《德国增值税法案》或《德国销售税法》（UstG）的基础。

这样一层（高级的）欧洲法律的存在，对塑造和简化成员国的国内增值税立法有着重要影响。首先，成员国负有忠诚共同体的义务，它们必须确保在解读国内增值税法和条例时，应最大限度上与基本的欧盟指令保持一致[④]。其次，到目前为止，由于各个成员国的法律解读方式所具有的传统和限制，它们无法与欧盟指令的有约束力且无条件服从的要求协调。在这种情况下，受到不利影响的个人、应纳税的个人和纳税人可以直接依

---

① 参见《欧盟运行条约》第 113 条；过去的《欧洲共同体运行条约》第 93 条。

② 参见《欧盟运行》第 228 条第 2 段和第 3 段；过去的《欧洲共同体运行》第 249 条第 2 段和第 3 段。

罗伯特·F. 范布莱德罗德：《增值税下的不动产：全球可比性分析》（英文版），荷兰科努尔法律国际出版公司 2011 年版，第 123—162 页。

③ 《2006/112/欧盟委员会 2006 年 11 月 28 日增值税统一制度理事会指令，OJL347/1》。该指令自此被修订。最重大的修改被包含在《2008/8/欧盟委员会理事会指令》中。所有与欧洲增值税统一制度有关的次级的欧盟法案可以在欧盟官方数据库 http：//eur－lex. europa. eu/中检索到。数据库还提供了所有修正案的关系和相关判例法的主体。

④ 参见欧盟委员会第 4（3）条（过去的欧洲共同体第 10 条）及 1991 年 11 月 19 日欧洲法院《加入事宜 C－6/90 和 C－9/90，Andrea Francovich & Danila Bonifaci 与其他 v. 意大利，［1991］ ECR I－5357》中它的说明。

据该指令没有被恰当地转为国内法的条款，国家税务当局和法院将不得不撤销与违背该指令的国家增值税条款[①]。相比之下，如果国内法律没有达到指令中一些特定的税收效果，欧洲法院就不允许成员国直接根据该指令对纳税人权益造成损害[②]。

这些影响的结果是，一般来说，在与不动产相关的某些交易的增值税效应分析中，国内增值税法案及其执行条例只是分析的第一步。第二步是确认结果是否符合欧盟增值税统一制度的相关条款。只有在该指令允许成员国保留自由裁量权的领域，才可以单独规定；即使这样，国内立法还必须遵守欧盟法律的基本原则，比如竞争中的均衡原则和中立原则[③]。

4.1.2 增值税纳税义务的基本结构特征

正如增值税指令第 1 条第（2）款的内容一样，德国统一的增值税制度，是对商品和劳务价格按固定比例征收的一般消费税。与这一基本概念一致的是，《德国

---

① 参见 P. J. G Kapteyn 等：《欧盟和欧洲委员会法案》第四次修订，荷兰威科集团 2008 年，第 78 页。

② 参见欧洲法院 1986 年 2 月 26 日，判例法 152/84，马歇尔［986］ECR，723，第 48 段；欧洲法院 1994 年 7 月 14 日，判例法 C－91/92，Faccini Dori［1994］I－3325，第 20 段；欧洲法院 2004 年 10 月 5 日，判例法 C－397/01 a. o.，Pfeiffer a. o.［2004］I－8835，第 108 段。

③ 参见欧盟第 6（1）条和《欧盟基本权利宪章》第 51（1）条。2009 年 11 月 1 日《里斯本条约》生效后，《宪章》开始对几乎所有的成员国具有约束力。自从欧洲法庭的著名决定《欧洲法庭 1970 年 12 月 17 日，判例法 11/70，Internationale Handelsgesellschaft［1970］，1125》出台后，欧洲法庭形成了一些准宪法级别的不成文的基本原则。《宪章》包括了其中的大部分基本原则。并且，这一判例法仍然依据的是欧盟第 6（3）条。欧洲法院再三坚持认为，当成员国执行联盟法律时，这些基本原则对它们有约束力。参见：比如《欧洲法院 2007 年 5 月 3 日，判例法 C－303/05，Advocaten voor de Wereld［2007］ECR I－3633》第 45 段及其中引用的判例法。此外还可参见 T. Tridimas：《欧盟法律的基本原则第 2 版》，牛津大学出版社 2006 年版，第 74 页。

增值税法案》第1部分第1条规定，如果应纳税人为获得对价而提供商品和服务，那么这一商业行为就应承担增值税纳税义务。《德国增值税法案》中纳税人的专业术语是“Unternehmer”，意思是“企业家或企业所有人”，这就从增值税的范围中排除了员工服务和证券投资。如果商品或服务是在德国境内提供的，那么就应在德国纳税。通过排除，整个企业或经营单位的转让不在课税范围内。

此外，根据《德国增值税法案》的第四部分，某些应税交易也是免税的，大部分是出于社会政策考虑或为了避免增值税和特定消费税重复征税。根据《德国增值税法案》第15（2）的规定，免税而不是零税率，意味着不允许购进货物的进项税额抵扣，进项税额被当作是免税供货行为的成本。因此，这些供货行为的“进项部分也被征税了”，提供免税项目的应纳税人只有增值额部分是真正免税的。然而，当进行一些免税类型的交易时，为了抵扣增值税进项税，根据《德国增值税法案》第9部分的规定，纳税人有选择免税或者征税的权力。

根据《德国增值税法案》第12部分，非免税的应税交易按照19%的标准税率或7%的低税率征税。低税率适用于商品和服务的混合销售行为，部分是社会政策原因，还有部分是由于对特定供货商或特定商品的消费支出的税收优惠或税收激励。根据《德国增值税法案》第10部分，应税总额应包括构成供货商从顾客或第三方处作为供货回报获得或即将获得的所有收入。

作为一项基本规则，根据《德国增值税法案》在第13和13a部分中的规定，应纳税人在纳税义务发生的纳税期间内应当由纳税人自己缴纳增值税。对于小规模纳税人来说，有一些特别的规定。如果小规模纳税人的年度营业额低于《德国增值税法案》第 19 部分[①]中规定的法定最低额，除非他们选择缴纳增值税（为了抵扣增值税进项税），否则他们就不用承担增值税纳税义务。如果年度营业额比以上标准高但不超过 500000 欧元，并且应纳税人申请《德国增值税法案》第 20 部分规定的特殊待遇，那么只有在收到供货款时才应当缴纳增值税。此外，在特定条件下，增值税可以由商品或服务的购货方代缴（所谓的“反向支付”机制，在《德国增值税法案》第 13b 部分中有说明）。

增值税统一制度被设计成多级税率而不是累进税率的流转税，并且最后是由最终消费者承担的。根据《德国增值税法案》第 15（1）部分，纳税人可以抵免其商业活动中因进货而支付给其他应纳税人的增值税部分。这实际上是多次缴纳但纳税总额等于转嫁给最终消费者的增值税额的制度。可以扣除应税服务的各种成本中所含的增值税，确保了增值税的中性，增值税负担在最终消费环节之前与交易次数无关。需要明确的是，作为一项基本原则，免税销售不能抵扣进项税额。

德国增值税统一制度的关键特征也对房地产交易的增值税处理产生了影响，在后面的章节我们将分析到。

① 请查询国际财政文献局数据库《欧盟增值税指南 2009/2010》第 45 页以取得更多细节。一般而言，法定最低值被设在 17500 欧元。

4.2
增值税中与房地产相关的交易分类

商品或服务的供给可能在各方面与房地产相关。就这一点而言，两种最相关的供给是不动产销售和不动产的租赁或出让。其他与房地产紧密相关的供给行为也存在，比如建筑工程（包括修理、维护、改建和拆除服务）和不动产的销售、购置或建筑工程的前期准备服务。此外，人们可以鉴别一系列给予一定不动产使用权而不是出租的应税服务，还可以把房地产中介的服务包括进来。

由于各种原因，把所有这种类型的供给行为划分为商品供给或服务供给是非常重要的。在此背景下，人们也偶尔需要判断一项应税交易是一项单独的供给行为，还是必须分开计量的两项及以上的多项供给行为。首先，这两种类型的供给行为的差异将会对其适用的税收规定起到决定作用，并还可能因此影响税收管辖权。其次，分类还可能与增值税免税或低税率相关。因此，直接影响到有效的增值税负担和抵扣进项税额的权利。最后，个人缴纳增值税的义务也取决于分类，因为根据对提供商品或服务的不同分类，反向征税机制的适用范围是变化的。

基于这些原因，我们现在可以分析怎样区别房地产的供给和与不动产相关的服务供给。特别是涉及建筑工程的提供，这种供货既可以被确认为符合商品供给准则的房地产供给，也可以被确认为服务供给，这取决于其中服务要素的相对重要性。需要说明的一点是，进一步区分各个分类中的不同类型的供给行为通常是很有必要的，这一点将在相关增值税条款的内容中讨论。

4.2.1 开发或未开发土地的所有权转让

开发或未开发土地的所有权转让构成《德国增值税法案》第3（1）部分中定义的商品供给。根据这项条款，“商品供给”意味着以所有人身份或以类似所有人的身份转让有形资产的处置权。这种分类与供给行为是否属于建筑合同无关，因为只有所有权或类似于土地所有者地位的转让才是决定性的①。

然而，转让拥有房地产的公司的股份（比如：房地产投资信托基金或房地产开发公司的股份）并不构成《德国增值税法案》第3（1）条中定义的商品供给行为，因为作为一项基本准则，这个概念只适用于有形商品。根据《增值税指令》第25（a）条，股票买卖属于服务供给行为。德国立法机关没有行使《增值税指令》第15（2）条中让渡给成员国的选择权。根据这一选择权，事实上，股票或者红利与给予所有人股份等效，或者对不动产的全部或部分所有权的股份可以视作有形商品。在此背景下还应提到的是，转让一个处于租期的房产，这一房产的所有权权益由多人所有，根据德国最高税收法院（Bundesfinanzhop 或缩写成 BFH）的裁定，区别于同一财产的股权转让，确认为服务供

① 参见欧洲法院2007年3月29日，判例法 C－111/05，Aktiebolaget N. N.，［2007］ECR I－2697，第32段。欧洲法院，2005年12月15日。判例法 C－63/04，Centralan，［2005］ECR I－11087，para 51 et seq。

给[1]。有人反对这一结论[2]。但是，由于这两种选择导致的增值税结果往往是相同的，所以这种争议没有意义，接下来我们会证明。

通常，设备（永久安装的设备和机器）、外部设施或附件的所有权是与它们附属的房地产一同转让的。在这样一个“复杂”的交易中，应该考虑交易发生的所有情况，以便确定是否有房地产和其他商品等两种及以上的独立供给行为，还是仅仅是对房地产的单一供给行为。这一分类对《德国增值税法案》第4部分第9条中提供的房地产供给免税范围的界定十分关键[3]。

根据欧洲法院已有的判例法，这要从“顾客是一个典型的消费者”[4] 的假设出发进行判断。基于这个假设，欧洲法院详细解释如下：如果一项及以上要素被视为构成主要供给行为，同时与之相反，一项及以上要素被视为与主要供给行为享受同样税收待遇的辅助性供给行为，那么这就是一种特殊情况下的单一供给行为。当一项服务本身不是顾客的消费目的，而是作为提高主要服务的质量的工具被提供，那么它就应当被视为主要服务的辅助服务[5]。这一点还适用于这种情况，即纳税人向典型消费者提供了两种及以上的要素或行为，这些要素或行为之间有着紧密联系，并且构成一项单一的不可

---

① 引自 BFH 1994 年 4 月 27 日，判例法 XI R 91 -92/92，BStB1 II 1994，826.

② 引自 Martin，载 Sölch/Ringleb：《德国增值税法案——活页式的评论》，§3（2008年4月）第48段。

③ 该免税的更多细节参见下文的 4.4.1 部分。

④ 引自欧洲法院 2005 年 10 月 27 日，判例法 C -41/04. Levob Verzekeringen.［2005］ECR I -9433. 第20段，还可参见 BFH 2001 年 5 月 31 日，判例法 V R 97/98，BStB1 II 1998，658；2008 年《德国增值税法案》行政纲领第 29（1）、（2）节。

⑤ 欧洲法院 1999 年 2 月 25 日，判例法 C -349/96，CPP.［1999］ECR I -973，第3段。

分割的经济供给行为，这一供给行为必须根据其主导要素进行分类[①]。根据这些标准，我们可以很稳妥地判断，包含设备转让的房地产转让构成一项不动产的单一供给行为[②]。

4.2.2 建筑工程

建筑工程具有一个特点，即它通常是建立在施工和服务合同的基础上，因此它构成商品（特别是建筑材料）和服务的混合销售。由于建筑工程构成混合销售，人们通常需要根据欧洲法院制定的一般准则来划分包括一系列相互联系特征和行为的交易。然而，《德国增值税法案》第3（4）部分包括一项针对这种类型合同的具体准则，根据这项准则，除非建筑材料是完全的次要要素或供货中可忽略的要素，建筑工程应当被确认为单一的商品供给行为。这项特殊规定在《增值税指令》第14（3）条中也提及了，据此，成员国可以把移交“某些建筑工程”视为商品供给行为。在存在争议的情况下，《德国增值税法案》第3（4）部分应当与《指令》关于商品或服务供给行为的理念保持一致，因此最终将与欧洲法院的法律体系保持一致[③]。在任何情况下，就这一点而言，德国民法分类是不适用的，这一点也可以从《德国增值税法案》第3（4）部分中看出。

基于以上的考虑，一般认为一个建筑公司为它的顾客（通常是房屋所有权的所有者）建造一栋新建筑构

---

① 欧洲法院2005年10月27日，判例法C－41/04，Levob Verzekeringen，［2005］ECR I－9433，第21、22和27段有更多参考。

② Likewise Ramb，Neue Wirschaftsbriefe 2009，1287.

③ 参考Martin，载Sölch/Ringleb：《德国增值税法案——活页式评论》，§3（2008年10月）第435段。

成一项单一的商品供给行为[1]。但也有可能这种建筑作业是在已有的建筑上进行的（比如修理、维护、重置、改建、扩建），这种情况也被视为商品供给行为。但是在这些例子中，确切的分类取决于既有商业习惯，也受概念或者当事人的观点影响[2]。相比之下，原材料或服务是否构成混合销售的主要成本并不是主要因素[3]。这一点也同样适用于把动产（由供货方获取）融入不动产的安装作业的情况。相比之下，拆除作业通常会被归类为服务供给行为。在任何情况下，这项交易都必须被视为一个单项交易。只有在没有任何主导要素的复杂情况下，德国增值税法案才会倾向于把它归类到商品供给行为。但是，这个问题不应该被过度解读，因为在几乎所有方面，把建筑工程确认为商品供给行为或服务供给行为这两种方式最终都会导致同样的增值税结果[4]。

4.2.3 房地产销售、开发或使用的准备与附属服务

除了建筑服务，其他与不动产相关的交易通常被确认为服务供给行为。一般来说，《德国增值税法案》第3（9）条规定“服务供给行为”是指任何不构成商品供给的交易。因此，房地产专家和房地产中介的服务，与所有权转移或出让、租赁不动产相关的税收和法律咨询，都构成增值税的服务供给行为。这一点同样适用于

---

① 参看 J. Kraeusel，in *Umsatzsteuer in Europäischen Binnenmarkt*，ed. Seer（2009），409（412）获得更多信息。

② 引自 Nieskens，载 Rau/Dürrwächter：《德国增值税法案——活页式评论》，§3（2003年6月）第2612段。

③ 参见欧洲法院2007年3月29日，判例法 C-111/05，Akiebolaget N. N.，[2007] ECR I-2697，第36et seq段。

④ 查看下文获得更多信息。

参与的公证人或金融机构，比如抵押贷款银行。

筹备或协调工程施工的承包商，比如建筑师和提供现场监理的公司或者提供与本地公共基础设施的联接的公司，在原则上，也会被视为服务供给方。但是，在这些情况下，必须确认这些服务是否仅仅构成根据欧洲法院制定的和之前讨论过的标准，必须被确认仅仅是形式上的更复杂的交易，应被确认为单一的建筑工程供给行为。如果现场监理或建筑师的计划没有外包而是由建筑公司自己组织，那么就会出现这种情况①。

无论如何，被两个及以上不同的纳税人影响的附带交易通常会被认为是基于增值税目的的独立的供给行为，每一项交易都应被独立的确认②。因此，如果某个建筑工地的作业和服务被在两个不同的法律上独立的实体间分割，那么至少有和供给方数量一样多的供给行为，除非后者属于《德国增值税法案》第2（2）部分第2条的增值税集体制度（VAT Grouping regime）③。

4.2.4 作为混合销售的房地产开发

房地产开发商常常参与很多活动。代表性的活动有，购买未开垦的土地，构想房地产营销，开发建筑项目，设计、建造或让外部公司来建造这个项目，然后销售房地产或其中的单元。通常开发商也提供房地产交易的金融服务或者中介服务，也提供法律和税务咨询。有时他们在销售前出租和经营建筑物或公寓或办公室。营销和销售活动通常在建筑师的设计或至少在项目设计结

① 引自BFH 2009年3月19日，判例法V R 50/07，BStB1. II 2010.78。

② 引自BFH 1991年8月29日，判例法V R 87/86，BStB1. II 1993，206。

③ Vgl. BFH 2007年4月18日，判例法V B175/05，BFH/NV 2007，1544。

束后开始，并一直持续到最后一套房地产被出售。有时开发商还会向一群投资者或投资基金提前一并销售他的土地开发项目，随后以经纪人身份进行谈判、协调和监督所有的后续筹备、附属和建筑活动。尽管这些活动具有复杂性和多样性，从增值税的角度来看，一个开发商的销项交易的核心特征在于把不同开发阶段的房地产的销售和一系列带有明显服务要素的价值提升活动结合起来。此外，这些活动的特点是由外部承包商或合伙人支持的。

这些活动可以被确认为一个单一的房地产供给行为，或者作为一系列的既有房地产又有其他商品或服务的独立供给行为。正如上面讲到的，这取决于从一个典型顾客的视角，或者更精确地说，取决于这一假设观点是否得到法庭认可。虽然大部分案例将取决于每个案例的具体情况，但也存在一些基本的规则。当外部合伙人没有作为房地产开发商的分包商，而是仅仅在有顾客（房地产购买者）的情况下，充当顾客的代理人来被房地产开发商选择和监督，那么他们的交易就构成一个从开发商的供给行为中单独划分出来的独立的供给行为①。可以想象，如果建筑工程的一个外部供给行为符合上面讨论的标准，那么它可能仍然被视为商品供给行为。但是一般而言，那些外部供给行为必须被归类为服务供给行为。在任何情况下，他们都不会适用于《德国增值税法案》第4部分第9条中关于房地产供给的免

① 参见欧洲法院1986年7月8日，判例法73/85，Kerrutt，［1986］ECR 2219，第15段；BFH 1991年2月7日，判例法 V R 53/85，BStB1. II 1991，737；BFH 1991年8月29日，判例法 V R87/86，BStB1 II 1992，206；BFH 2009年2月12日，判例法 XI B76/08，BFH/NV 2009，974。

税[①]。如果开发商和外部供给方在增值税集体制度下被视为一个单一的应纳税人，那么这个单一的供给行为可以被认定为是例外[②]。

交易行为受开发商为顾客提供的交易的影响，可能会被视为一个单一的房地产供给行为，或者是一个复杂的仅仅书面上（合约性的）相关但实质上是独立的供给行为[③]。仅仅是作为附属性质的所有权转让以外的活动，或者不能从其所属的土地和建筑物的供给行为中分割的活动，可以被假定为单一的供给行为。就这一点而言，将所有的相关义务都放在一个单一的合同文件和有单一价格的协议中，这是一个无效力的指标[④]，这些指标或者因素绝不是决定性的[⑤]。作为一项基本准则，如果开发商以“交钥匙工程”的形式向他的顾客销售住宅、公寓或办公空间，则建筑和建筑物策划与筹备活动不应该被视为独立于房地产所有权转让的供给行为[⑥]。

① 参见5.4.1节获得更多细节。

② 引自《石勒苏益格—荷尔斯泰因地方税法庭》2007年7月第4版，判例法4K 225/04，EFG 2007，1640（上诉仍然悬而未决）。不同观点参看Klenk，载Rau/Dürrwächter：《德国增值税法案——活页式评论》，§4第9条（2007年2月）第29段。

③ 引自BFH 2009年3月19日，判例法V R50/07，Deutsches Steuerrecht 2009，1364。

④ 参看欧洲法院2009年6月11日，判例法C－572/07，RLRE Tellmer Property s. r. o. v. Financnireditelstvi v Usti nad Labem，［2009］OJ，C180/12，第23段。

⑤ 参看BFH 1992年9月10日，判例法V R99/88，BStB1. II 1993，316；BFH 1992年10月15日，判例法V R17/89，BFH/NV1994，198；BFH 2008年1月24日，判例法V R 42/05，BStB1. II 2008，697。

⑥ 引自《石勒苏益格—荷尔斯泰因地方税法庭》2007年7月第4版，判例法4K 225/04，EFG 2007，1640（上诉仍然悬而未决）。也可以从《增值税指令》第12（1）条和欧洲法院2000年6月8日的判决判例法C－400/98，Breitsohl，［2000］ECR I－4321第50段中看出。德国最高税务法院的判例法在这一点上不完全清晰，有人争论两个独立的供货应该在这些交易中征税，引自Hasselberg，Umsatzsteuer－Rundschau1996，41 et seq；Nieskens，载Rau/Dürrwächter：《德国增值税法案——活页式评论》，§3（2005年5月）第500段“Baubetreuer”。

与之相比，建筑计划或现场监督和直接由一个不同的建筑公司提供给顾客的外部建筑作业的协调服务，通常被认为是不同的供给行为，与建筑土地供给没有不可分割的联系①。这一点同样适用于建筑物完工后的设施管理和维护服务②。一个最终的条款、中间人的资金管理、法律、税务咨询业务是否总是构成一项独立的供给行为，这是存在争议的，但是这由税务机关来评估③。

显然，任何由房地产开发商与除了房地产购买者以外的其他顾客进行的交易，都应当根据法律依据来进行判断。这对于公寓或办公楼被出售完毕前的出租或租赁的来说，尤其准确。

4.2.5 租赁、出租和授予其他使用不动产的权利

根据《德国增值税法案》第3（9）部分，服务供给行为可能包括在避免一项法律或者容忍一项法律或某种情形的义务中。租赁和出租交易是后者的标准例子，因为出租人承诺允许承租人在一段时间内使用租赁房地产。结果是，租赁和出租房地产构成服务供给行为。这一点同样适用于特许权，或使持有者能有权使用不动产（比如房屋继承权或物业使用经营权）的某些对物权，或获取某些不动产的收益的权利（比如地役权）④。根

① 引自BFH 1992年9月10日，判例法V R99/88，BStB1. II 1993，316；BFH 1992年10月15日，判例法V R17/89，BFH/NV1994，198。

② 引自BMF（德国联邦财政部）行政规则1986年6月27日 - IV A2 - S7100 - 71/86，BStB1. I 1986，352。

③ 引自BMF（德国联邦财政部）行政规则1986年6月27日 - IV A2 - S7100 - 71/86，BStB1. I 1986，352。

④ 引自Nieskens，载Rau/Dürrwächter：《德国增值税法案——活页式评论》，§3（2009年1月）第3251段“Uberlassung eines dinglichen Rechts”，参看BFH 1995年12月14日，判例法V R12/95，BStB1. I 1996，252。

据《增值税指令》第15（2）条，这些交易可以被视为有形商品供给行为，而德国立法机关没有行使这一让渡给成员国的选择权。

在租赁和出租情况下，不管是由房东而不是第三方提供的附属或相关服务是构成一项单一的租赁或出让服务的一部分，还是构成基于增值税应税目的的独立供给行为，都会出现一些问题。尤其是电力、暖气、天然气、水、安保、园艺、清洁服务等的供给可能是与充当中间人的房东签约而不是直接与可以有效提供这些服务的公司签约。即使它们总是当作是服务供给而不是商品供给，如果它们构成一个租赁或出租交易的组成部分，那么这些活动根据《德国增值税法案》第4部分第12条的规定，会予以免税。这一点接下来将会详细讨论①。欧洲法院最近在这一点上保持相当严厉的立场②。不动产的商业销售和回租（或简称为“回租”）交易在德国十分流行，被作为一种提高供货商资产负债表中的流动性的工具。这种类型的交易把为了获取对价的房地产资产所有权转让，和受让方按照双方之前一致同意的租金率与租赁期把房地产回租给卖方。因此卖方继续使用这些房地产，但不再拥有它们，卖方获得现金并应定期支付租金。通常卖方可以选择按照租赁期结束后的市场公允价值重新购买这个房地产，或者协商进行进一步的售后回租。有时还可以以零对价来转让所有权。在经济上，一项销售和回租交易十分类似于资产抵押贷款。

① 查看4.4.2节。

② 引自欧洲法院2009年1月11日，判例法C－572/07，RLRE Tellmer Property s. r. o. v. Financnireditelstvi v Usti nad Labem，［2009］OJ，C180/12，第22—24段。

在德国，这种交易的增值税处理一直都很有争议。2006年，最高税务法院公布了一项里程碑式的规定①，这一规定给这些交易提供了一些重要的指导。税务局同时在一项行政法规中具体说明了这条规定②。根据法院的判定，回租业务的增值税处理方式取决于个人合同中的细节。《德国增值税法案》第3（1）部分中的房产供货行为只有在所有权转让包括所有权的经济实质从供货方向购买方转让的情况下才能被确认（实质重于形式）。如果转让的唯一经济影响是提供一个抵押品，而所有与所有权相关的相关权利和利益仍保留在供货商手中，那么整个交易就会被视为授权抵押贷款。这种类型的所有权转让就不应纳税，“购买价格”的支付和随后支付的“租金”构成不征税的金融服务。

本章认为，所有权十分关键，所有权是指使用和享受相关收益、获得资本利得的权利。如果供给方由于回租协议保留了这些权利，那么他就会被认为仍然是不动产的有效所有者，所以就增值税目的而言，并没有发生房地产供给行为。由于任何售后回租行为都意味着供给方将继续拥有不动产的所有权并有权获得不动产使用的收益，关键性的标准通常在于资本利得方面。如果售后回租协议允许在租赁期满后可以将所有权转让给出售方，或者如果出售方很倾向于回购所有权，从而最终出售方而不是购买方和出租人获得了资本利得，结果应是作为一项纯粹的金融服务交易纳税。形成对比的是，如果只是在最初的所有权转让后的很长一段时间后才协商

① 引自BFH 2006年2月9日，判例法V R22/03，BStB1. II 2006，727。

② 引自BMF（德国联邦财政部）行政规则2008年12月4日 - IV B8 - S7100 - 07/10031，BStB1. I 2008，1084。

回购，那么从增值税的目的，应区分以下三种供货行为：第一，构成《德国增值税法案》第3（1）部分中的商品供给的房地产供给；第二，租赁服务；第三，另一个反向的房地产供给[①]。

4.3 应 税 交 易

任何上面提到的与房地产相关的商品或服务供给只有在构成《德国增值税法案》第1部分中的应税交易时，才应当缴纳增值税。

4.3.1 有如下行为的应纳税人的供给行为

首先，只有应纳税人发生的与房地产相关的如下供给行为才有增值税纳税义务。基于增值税目的，在经营过程中提供应税商品和服务的个人、合伙企业、公司或其他实体是应纳税人。《德国增值税法案》第2（1）部分具体规定：如果一个人为了创造收入而独立地从事一项贸易或职业，那么他就是在从事与增值税相关的商业活动。这项商业活动是否盈利并不是先决条件，重要的是它必须构成一项持续的、经常性的活动。与《增值税指令》第9条相符合的是，在持续经营的基础上，为了获得收入而利用不动产也尤其应该视为一项应税经

① 引自BMF（德国联邦财政部）行政规则2008年12月4日－IV B8－S7100－07/10031，BStB1. I 2008，1084；Leonard，载Bunjes/Geist：《德国增值税法案》第9版，§3第80段；Vosseler，Deutsches Steuerrecht 2007，188；Slapio/Bosche，Betriebs－Berater2006，2165。

济活动。

综上所述，租赁和出租不动产本身通常意味着，出租人以纳税人身份活动。相比之下，房地产销售通常只有在供给方的主要商业活动集中在销售房地产时才是应纳税的，比如房地产开发商。否则，只有在被转让的房地产构成一个注册行业或职业的商业资产的一部分，从而其销售是由应纳税人在其经营过程中实现的（即所谓的“附属供货”）时，才是应税的。在这一背景下，必须指出判断一个房地产属于商业资产的标准在增值税中是很具体的，不一定与应税收入的目的标准一致①。如果一个纳税人销售了他的个人房地产，或者在更普遍的情况下，并不属于在应税经济活动中使用的房地产，那么他就不是以纳税人的身份在活动，这笔销售业务也就不属于增值税范畴。

最后，对于所有其他活动，比如建筑工程或者与房地产相关的服务，其商业特征取决于它们是在一项行业或职业中持续有规律发生还是偶尔发生的。如果只是偶尔发生，这些行为应与所得税有关，而不应缴纳增值税。

4.3.2 为获得对价而发生的供货行为

作为一项基本准则，与房地产相关的交易只有在是出于获得对价的目的而发生的情况下才应该纳税。比如如果应纳税人死亡，构成其商业资产的一部分的不动产的所有权转移给其后代，这种继承行为就不构成应税事项。但是，一个企业的自我供给行为会被认为是为了获得对价而发生的交易，因此是应纳税的。在《德国增

---

① 参看5.8.2.2节获取更多信息。

值税法案》第3（1b）和（IXa）部分中，自我供给行为是指一个应纳税人为了私人用途或其职工福利而使用构成其商业资产的一部分的商品，同时这些商品的进项税额已全部或者部分抵扣。因而，对自我供给商品课税时，这些进项税将在一定程度上无法抵扣。因此，如果一个应纳税人用属于其商业资产的一部分的一块土地修建自己的私人住宅，或者如果他居住在应税商业活动中被完全使用的建筑物的公寓中①，就应该缴纳增值税，还将对纳税人视为支出（替代资产价值或其使用的推算开支）部分征收直接税。

对价还会决定应纳税金额适用怎样的税率②。一般情况下，如果对价总额与市场价格不符，不会对交易价格进行调整。为了避免可能发生的逃税，特别是如果一个应纳税人提供商品或服务给关系非常亲密的人，并通过作为一种自我供给行为收取很低的对价的方式来避免征税，《德国增值税法案》第10（5）部分有最低税收规定③。

4.3.3 德国境内的供给行为

与房地产相关的应税交易，只有在供给地点在《德国增值税法案》第1（2）部分中规定的德国境内时，才是德国增值税管辖范围（《德国增值税法案》第1（1）部分中的“应纳税”定义）。如果交易中不含跨境要素就属于德国增值税管辖范围，这项要求将总是被满足。比如，如果一个居住在德国境内的应纳税人，向

① 参看4.8.2节。

② 参看4.5节。

③ 参看 J. Kraeusel, in *Umsatzsteuer in Europäischen Binnenmarkt*, ed. Seer（2009），409（437 et seq）获得更多信息。

一个住在慕尼黑的个人出让其在慕尼黑的一套公寓，这项服务就很明显应该在德国缴税。但是如果纳税人是一家管理机构在法国的公司，或者这套公寓是一个外国企业为它的员工租赁的，情况就变得没那么简单了。在这种情况下，《德国增值税法案》第 3（5）et seq. 部分中对供给地点的规定就变得很有必要。

在看起来可执行的范围内，由于增值税统一制度优先坚持最终消费地课税原则，供货地就有了关于可能的（最终）消费地点的代理人的规定。与房地产相关的商品和服务供给行为事实上将总是落脚于最终消费地课税原则的范围内。但是，为了实施这一原则，欧洲立法机关规定了不同的代理人，具体案例中的相关代理人的确定将取决于具体的供给行为类型。由于边境税调整可行性的历史原因，尽管欧共体内商品供给不再实施边境控制，两种基本的分类仍然是商品供给行为和服务供给行为。因此，相应的确认与房地产相关的供给行为的类型是很有必要的，在每个类型里，法律根据某些存在争议的供给特征进行了进一步区分。

4.3.3.1　商品供货

根据《德国增值税法案》第 3（7）部分，如果被提供的有形商品的所有权转移与相关商品的运输无关，那么商品供货的发生地是被提供的有形商品的处置权或类似于所有权的权力被转移时商品所在的地点。由于根据定义，不动产是不能被运输的①，所以房地产供货的

---

①　参见欧洲法院 2006 年 9 月 7 日，判例法 C－166/05，Rudi Heger，［2006］ECR I－7749，第 20 段。

发生地一般是这片土地所在地区的管理机构[①]。供货地点的规定还适用于建筑工程和其他在施工和服务合同基础上的与房地产相关的供给行为。这些交易可以被分类到与上文讨论到的标准一致的商品供给行为。税收管辖权与应纳税人和其顾客的国籍或机构所在地无关。

4.3.3.2 与不动产直接相关的服务供货

正如与《增值税指令》第47条一致的《德国增值税法案》第3a（3）部分中的规定，与不动产相关的服务的提供地点是不动产所在地。但是，根据欧洲法院已有的判例法，这一条款只能被狭隘的理解。欧洲法院认为，如果《增值税指令》第47条适用于任何与不动产相关、甚至只有很小联系的服务供给行为，那么就违背了《增值税指令》的总体方案中关于供货地点的原则规定。因此，只有与不动产有充分直接联系的服务供给行为才适用《增值税指令》[②] 和相应的《德国增值税法案》第3a（3）部分。德国税务局的一条规定明确说明，如果服务与某块土地或土地上的建筑物的开发、利用、适用或维护显著相关，那么这个服务就被认为是与不动产有紧密联系的[③]。

指令本身罗列了一些《德国增值税法案》第3a（3）部分中提到的典型供给行为：专家和地产中介的服务；提供住宿的酒店行业或有类似功能的行业，比如

---

① 引自 J. Kraeusel, in *Umsatzsteuer in Europäischen Binnenmarkt*, ed. Seer（2009），409（420）。

② 引自欧洲法院2006年9月7日，判例法 C-166/05，Rudi Heger，［2006］ECR I-7749，第23et seq段。

③ 引自 BMF（德国联邦财政部）行政规则2009年9月4日 IV B9-S7117/08/10001，BStB1. I 2009，1005第26段。

度假村或作为度假场所开发的场所；使用不动产的权利授权；建筑工程的筹备和协调服务，比如建筑师服务和公司提供的现场监理服务。

此外，《德国增值税法案》第3a（3）部分第1条罗列了典型交易目录，其罗列框架更笼统，因此范围也比指令中的更广泛。首先，它提到了《德国增值税法案》第4部分第12条中罗列的服务，即租赁和出租房地产（包括酒店行业或类似行业的住宿）与获取不动产的相关利益和某些权利（除了所有权以外的）的权利。而且，这项条款还提到了在拥有不动产使用权利同时，会最终导致不动产所有权转移的合同。其次，第3a（3）部分第1条提到了与销售或收购房地产相关的服务。税务管理部门明确说明这一标准旨在囊括尤其是房地产专家和房地产中介服务以及由公证机构提供的销售或抵押认证文书①。再次，《德国增值税法案》第3a（3）部分第1条提到了促进或者有利于筹备、协调或完成建筑工程的服务，或者是提供与当地公共基础设施联接的服务。根据税务部门对这些概念的解释，《德国增值税法案》第3a（3）部分第1条适用于建筑、独立建筑工程师和勘测工程师、房地产开放商提供的服务以及土木工程和拆除作业服务。最后，还包括与勘探和开采矿床相关的服务②。

这一说明适用于开发商的服务，因为它们也构成商品供货供给③，也在《德国增值税法案》第3（7）部

① 引自BMF（德国联邦财政部）行政规则2009年9月4日IV B9－S7117/08/10001，BStB1. I 2009，1005第30段。

② 引自BMF（德国联邦财政部）行政规则2009年9月4日IV B9－S7117/08/10001，BStB1. I 2009，1005第31段。

③ 参看4.2.4节。

分关于供货地点规定的管理范围内。此外，税务局对于与房地产销售或收购相关的服务的解释有些过于严苛。根据相关规定，房地产广告、房地产事务中的法律或税务咨询，以及金融经纪人或在金融方面与房地产交易相关的事项与不动产是不直接相关的。此外，销售在房地产信托投资公司或其他房地产公司中的股份也不包含在《德国增值税法案》第 3a（3）部分第 1 条的范围内①。我们的观点是，尽管欧洲法院要求有充分的直接联系，但这种狭隘的办法存在很多问题。有人建议这种联系至少应当与广告和专业咨询相关。

不管是《增值税指令》第 47 条中列举的具体服务，还是《德国增值税法案》第 3a（3）部分第 1 条中罗列的服务都是不完整的。至于其他没有在任何分类中包括的服务，应当具体分析它们是否与不动产有充分的密切联系。比如，通过公证部门取得的不动产对物权的公证文书就是应该纳税的。

以上考虑也证明，最终分割线并没有在商品供给和服务供给中划开，而是在被《德国增值税法案》第 3a（3）部分第 1 条包括的内容和没包括的内容之间划开。最后，土地或房地产本身的供给以及与这种房地产相关的服务供给应当在不动产所在的管辖地缴税。

4.3.3.3 其他服务供给行为

如果一项服务供给行为与房地产相关，但并没有包含在《德国增值税法案》第 3a（3）部分第 1 条中，那么它通常包含在默认的针对企业对消费者（b2c）和企

① 引自 BMF（德国联邦财政部）行政规则 2009 年 9 月 4 日 IV B9 – S7117/08/10001，BStB1. I 2009，1005 第 33 段。

业对企业的（b2b）电子商务模式的供给地点规定中。根据《德国增值税法案》第3a（2）部分，除非是向固定机构在别的成员国的顾客提供的商品，一项基于商业目的、为另一位纳税人服务的应税交易的供货地点是顾客的机构所在地。如果顾客是一个不从事应税活动但进行了增值税税务登记的法律实体，那么这一点同样适用。关于企业对消费者的（b2c）交易，《德国增值税法案》第3a（1）部分规定供货地点是供货商成立公司的地点，除非供给行为是通过在别的成员国的固定机构实现的。应该指出的是，通过更具体的供货地点准则也可能会包括一些与外国约定的制度。

4.3.4　业务转让中的例外

在销售房地产的案例里，必须仔细考虑业务转让的特别增值税制度。正如《德国增值税法案》第1（1a）中描述的，根据排除法，即使这样的交易符合所有应税交易的一般标准，它也不属于增值税的范畴。根据这条条款，当一个应纳税人的整个业务或他的一个可独立生存的业务单元以赢利企业的身份被转让时，不论这么做是否是为了获得经济回报，业务转让都发生了。购买人或收购人必须有能力继续经营业务，其收购目的一定不能是立刻清算掉这个业务[①]。

显然，如果所有权转让被嵌入整个经营的转让，或者如果房地产构成一个被转让的经营单元的一项关键资产，那么房地产供给就不构成一项应纳税交易。但是，

① 引自欧洲法院2003年11月27日，判例法C－497/01，Zita Modes，［2003］ECR I－14393，第44段；BFH 2005年2月24日，判例法V R45/02，Deutsches Steuerrecht 2005，1226。

在《德国增值税法案》第1（1）部分中也有不太明显的暗示：出租或租赁的不动产的所有权转让本身也构成一项经营转让①，除非收购方为了把房地产用于其他商业或非商业目的而立刻结束租赁期②。这个现在很完善的结论建立在一个被广泛认知的基础上，即每个被出租或租赁的房地产要么构成纳税人的全部经营业务（如果他只拥有这个单一的不动产），要么至少是一个可独立生存的经营单元③。如果一个在建的建筑物被出售，而它的公寓或办公楼被用于出租或租赁，对业务是否征税最终取决于购买者是否能被确认为继续出租或租赁这个房地产的计划。如果他继续进行在建工程，除非能证明是别的情况，就可以被确认④。

因此，房地产的供给方应该总是询问购买者是否打算继续租赁或出租。理想的情况下，这些应该在合同里列明。误判的结果是可怕的。如果供货方错误的假定交易构成一项非应税的经营业务转让，他将要按照购买价承担增值税，同时不确定他是否能从收购方那里得到这笔税款。相反的，一个在他给购买者的发票中包括了增值税的供货商将会承担按照《德国增值税法案》第14c（1）部分计算的总税款，即使这笔交易可能是一个非应税的项目，而购买者将无法抵扣增值税进项税或得到退税，因为交易仍然是被当做非应税项目处理的。应该

---

① BFH 2005年2月24日，判例法 V R45/02，Deutsches Steuerrecht 2005，1226；BFH 2004年4月1日，判例法 V b112/03，BStB1. II 2004，802。

② BFH 2005年2月24日，判例法 V R45/02，Deutsches Steuerrecht 2005，1226；Bunning，BetriebsBerater 2005，1611；Herbert，Umsatzsteuer - Rundschau 2004，509. 参看 J. Kraeusel，in *Umsatzsteuer in Europäischen Binnenmarkt*，ed. Seer（2009），409（414et seq）获得更多信息。

③ BFH 2004年4月1日，判例法 V B112/03，BStB1. II 2004，802。

④ 引自 Klein，Deutsches Steuerrecht 2005，1961。

承认，供货商可以改正发票并减轻自己的增值税负担。但是买家将面临无法从他的商业合作伙伴那里重新收回并没有被征收的增值税支付额的风险，比如后者的破产。因此，买家也必须了解《德国增值税法案》第 1（1a）部分中包括的特殊制度的前提条件和后果。

4.4 免　　税

在德国，一项与房地产相关的应税交易可能经常由于免税而并没有被征税[①]。最重要的条款是《德国增值税法案》第 4 部分第 9（a）条（因已缴纳房地产转让税而免税）和《德国增值税法案》第 4 部分第 12 条（对长期出租和租赁以及类似的服务免税）。在特定条件下，应纳税人可以为了获得抵扣增值税进项税的权利而放弃免税。还应该提到的是，德国立法机关没有使用《增值税指令》第 371 条和附加的第 10 条 B（c）部分赋予成员国的选择权，这一选择权允许对筹备或协调建筑工程作业的服务免税，比如由建筑师和监理公司提供的服务。

4.4.1 房地产所有权的转让

根据《德国增值税法案》第 4 部分第 9（a）条，属于房地产转让税（RETT[②]）范围的供货是免税的。

① 正如 4.1.2 中所揭示的，事实上这样的一个交易最终还是会变成“征收进项税”，因为一般来说，实行免税的供货的进项交易是没有进项税抵扣的。

② 在德国：“Grunderwerbsteuergesetz”或缩写为“德国房地产转让税法案”。

这一条款试图避免增值税和房地产转让税的重复征税。

根据《德国房地产转让税法案（Grunderwerbs-teuergesetz)》第1部分，房地产所有权转让和接下来要讨论的类似交易属于房地产转让税的范畴。原则上说，应纳税总额与在增值税背景下应纳税的总额是相同的，也就是说，应纳税总额是支付或即将支付给收购所有权的对价。应纳增值税额不会被包括在房产转让税应纳税总额中。房产转让税的标准税率是3.5%，但是，柏林（首都）政府把在其境内的房地产的税率设为4.5%。

不管交易是否真的征收了房地产转让税，都有权免税。也就是说，它不受《房地产转让税法案[①]》中包含的最终免税的影响。还应该说明的是，《德国增值税法案》第4部分第9（a）条包含的免税是主要的，但是并不仅限于商品供给。由于在这一点上表达是中立的，属于《德国房地产转让税法案》的第1部分和第2部分范围内的被认为是基于增值税目的的服务供给行为也是免税的。形成对比的是，根据《德国增值税法案》第4部分第9（a）条，不是每一个与不动产有关的商品供给都是免税的。比如，通过建筑合同，所有者土地上或者租赁土地修建建筑物，就不属于《德国房地产转让税法案》第1部分范围内的房地产的转让，因此构成一项基于增值税目的的应税交易，即使在后来的情况证明它是一个商品供给行为[②]。

本质上，根据《德国增值税法案》第4部分第9（a）条，不动产的所有权转让是免税的。不动产的概

① 引自 J. Kraeusel, in *Umsatzsteuer in Europäischen Binnenmarkt*, ed. Seer (2009), 409 (423 et seq)。

② 参看4.2.2节。

念包括未开发和开发土地，开发土地包括土地上修建的任何建筑物和室外设施。但是，“与商业相关的设施”，比如永久安装的机器或不能被视为一个建筑物的一般组成部分而是为具体的商业目的服务[①]的设备，不属于房地产转让税的范围。结果是，根据《德国增值税法案》第 4 部分第 9（a）条的规定，供应不动产不会免税，购买价格会被分摊到设施的销售（如果有必要可以通过合理的方法估算），即使从增值税视角看，整个交易是一项单一的供给行为[②]。这种从免税中的排除将导致发票的复杂性，特别是由于可能会影响到反向收税机制的运用[③]。

《德国增值税法案》第 4 部分第 9（a）条中的免税规定没有区别未开发土地和建筑土地，在开发土地方面，它没有区分新建筑物和旧建筑物。这不符合《增值税指令》第 135（1）（j）和（k）条的规定，根据这些规范规定，成员国可以对建筑物或建筑物的一部分的供给、建筑物或建筑物的一部分所在土地的供给免税，但初次使用前的建筑物或建筑物的一部分及其所在土地的供给，以及没有修建筑物的土地和除了用于建筑的土地以外的土地例外。然而，《德国增值税法案》第 4 部分第 9（a）条给予了更多的免税，因为德国可以依据一个“传统的”实际上从 1978 年开始生效的制度，这个制度现在是《增值税指令》第 371 条和附加

① 参看 BFH 1971 年 3 月 5 日，判例法 III R90/69，BStB1. II 1971，455 了解关于商业相关设施和一般建筑物组成部分的区别的细节；BFH 1971 年 6 月 2 日，判例法 III R18/70，BStB1. II 1971，673；Heidner，载 Bunjes/Geist：《德国增值税法案》第 9 版，§4 第 9 段。

② Klenk，载 Rau/Dürrwächter：《德国增值税法案——活页式评论》，§4 第 9 条（2007 年 2 月）第 122 段。

③ 参看 2008 年《德国增值税法案》行政纲领 182a（38）节获取更多细节。

第 10 条的 B（9）部分[①]。

所有权租赁利益的转让一般属于基于房地产转让税目的的应税交易，这意味着在增值税背景下，这项供给行为将会免税[②]。此外，《德国房地产转让税法案》第 2（2）部分第 1 条把继承的建筑物的权利等同于不动产。因此，根据《德国增值税法案》第 4 部分第 9（a）条，相应的授权或转让这种权利的服务供给也是免税的[③]。但是，《德国增值税法案》第 4 部分第 9（a）条中的法律描述并没有延伸到使用不动产的其他权利（比如使用权），这一权利的转让或出让因此就构成了一项应税交易。如果建筑物的所有者并没有同时拥有建筑物所在的那片土地（在租用的土地上的建筑物），这栋建筑物的所有权的转让就作为一项应纳税房地产转让被包含在《德国房地产转让税法案》第 2（2）部分第 2 条，从而出于增值税目的，适用于《德国增值税法案》第 4 部分第 9（a）条中的免税。

不幸的是，在德国最高税务法院和近十年审判规程中，对于应税不动产供应的概念，《德国房地产转让税法案》第 1 和第 2 部分和《德国增值税法案》第 4 部分第 9（a）条的规定实际上是不一致的[④]。根据现在的已有判例法，房地产转让税的税基包括由收购者支付对价以获取“经双方同意的”房地产。特别的，如果合同签约方同意一片建筑土地的购买者可以接收一片开发

---

① 参看 BFH 2008 年 1 月 24 日，判例法 V R42/05，BStB1. II 2008，697；参看 J. Kraeusel，in *Umsatzsteuer in Europaïschen Binnenmarkt*，ed. Seer（2009），409（423）。

② 参看 2008 年《德国增值税法案》行政纲领 71（2）节。

③ 参看 BFH 1967 年 11 月 28 日，判例法 II 1/64，BStB1. II 1968，222；BFH 1967 年 11 月 28 日，判例法 II R37/66，BStB1. II 1968，223。

④ 参看 J. Kraeusel，in *Umsatzsteuer in Europaïschen Binnenmarkt*，ed. Seer（2009），409（424et seq）。

中的土地，并且供货方因此负有在所有权转让发生前修建一栋建筑物的义务，那么就按照土地和建筑物的总价征收房地产转让税。如果双方协商了独立的所有权转让和建筑工程协议，在法律或事实层面购买方都已经促使房地产供货商去开发土地，那么他们依然会被认为是一项单一的交易。此外，最高税务法院宣布，即使建筑承包商和土地的供货商是两个不同的人，如果购买土地的合同和建筑工程合同之间存在“密切联系”，那么还是会根据土地价格和建筑工程价格的总和作为税基征税。这个关系可以由亲近的私人或经济联系，或通过供货方与建筑方的公司联系，或通过一个显而易见的（正式或非正式）合作安排来建立①。

形成对比的是，在增值税背景下，如果所有权的转让和同时发生的开发土地的义务是由同一家房地产开发商作为一揽子交易提供的，这是否构成一项单一供给行为，还没有完全明确，当然，我们的看法应该是单一的供货行为②。在任何情况下，已有的判例法会要求，如果土地供货商和建筑物开发商不是同一个人，那么应该把这两项交易确认为不同的独立的供货，除非他们属于集体增值税制度（regime for VAT grouping）的范畴③。房地产转让税和增值税之间的失调导致了《德国增值税法案》第4部分第9（a）条的缺陷：因为如果对建筑工程单独征税（从增值税角度），就不属于房地产转让税的范围了，《德国增值税法案》第4部分第9（a）里的免税将只适用于建筑物土地的供给行为。结果就

① 参看 BFH 2006年3月2日，判例法 II R 47/04，BFH/NV 2006，1509。

② 参看4.2.4节。

③ 参看4.2.4节。

是，建筑物承包商将承担来自增值税和房地产转让税的双重税收负担。到目前为止，德国宪法法庭①和欧洲法院②拒绝给予免税。

尽管对建筑部门有陷阱效应，但是应该说明的是，对建筑工程内在的双重征税可能发生在对只有同一个房地产开发商的一揽子交易的免税情况中，而这可以减轻恶劣影响。前者将不仅仅将对被开发土地一揽子价格征收的房地产转让税转移到卖家身上，而且很有可能含在不能抵扣增值税的建筑合同供应价格中。

4.4.2 租赁、出租和类似活动

《德国增值税法案》第 4 部分第 12 条对不动产的租赁和出租免征增值税。免税是出于社会政策的考虑和避免增加管理和遵从成本③。显然，这种论证暗示着其中至少一个论点是不能真的起决定作用的：如果假定不动产租赁是相对被动的活动并且没有产生任何有意义的增加值，对这一服务采取免税而不能抵扣进项税额的措施是有效率的，但免税的社会影响将会失去意义。相反，如果通过出租和租赁获得的增值额是可以考虑的，那么免税将对私人房产主提供有效的税收减免，但是在这样一个前提下，房主的遵从成本就不能再被看做是与潜在的财政收益不成比例了。

根据欧洲法院的判例法，基于《德国增值税法案》

---

① 参看 Bundesverfassungsgericht（BverfG）1999 年 1 月 8 日，判例法 I BvL 14/98，BStB1. II 1999，152。

② 引自欧洲法院 2008 年 11 月 27 日，判例法 C－156/08，Monika Vollkommer，［2008］ECR I－165，第 34 段。

③ 引自欧洲法院 2001 年 10 月 4 日，判例法 C－326/99，Goed Wonen，［2001］ECR I－6831，第 52 段以进一步了解法制历史。

第 4 部分第 12 条的目的，不动产可以被理解为不能轻易拆除或者移动的土地或者附着在或固定在地上的建筑物或类似的结构①。与之相比，租赁或出租不附着或固定在地上的家具、装饰物、设备（比如办公室货柜存放区、移动化学厕所等）应该排除在《德国增值税法案》第 4 部分第 12 条的免税范围之外②。

4.4.2.1 核心活动

关于租赁和出租概念，欧洲法院坚持认为它们应当被宽泛的解释；对于本质上是房主暂时在租赁期内授予某人像房地产所有人一样，并排除任何其他人一同支配房地产的权利的每个活动，都应该免税③。也是因为这个原因，免税范围扩展到了对物权比如使用权的授予，即使《增值税指令》只提到了“出租和租赁”，这种基于第 4 部分第 12 条原因的使持有者使用不动产的授予，与《增值税指令》第 135（1）（1）条是不矛盾的④。因此，《德国增值税法案》第 4 部分第 12 条明确免税交易为：在一个协议期间内授权占有和排他性使用不动产并获得回报的供给行为，包括使持有者有权使用不动产的对物权的授权、出租或租赁⑤和授权在已经实现的

① 引自欧洲法院 2003 年 1 月 16 日，判例法 C－315/00，Maierhofer，[2003] ECR I－563，第 32et seq 段。

② 引自 BFH 1966 年 12 月 15 日，判例法 V 252/63，BStB1. II 1967，209。

③ 参看欧洲法院 2001 年 10 月 4 日，判例法 C－326/99，Goed Wonen，[2001] ECR I－6831，第 55 段；欧洲法院 2001 年 10 月 9 日，判例法 C－409/98，Mirror Group，[2006] ECR I－7175，第 31 段；欧洲法院 2003 年 5 月 8 日，判例法 C－315/00，Maierhofer，[2003] ECR I－563，第 32et seq 段。

④ 引自欧洲法院 2001 年 10 月 4 日，判例法 C－326/99，Goed Wonen，[2001] ECR I－6831，第 45et seq 段。

⑤ 继承房地产权利的授权和转让已经在《德国增值税法案》第 4 部分第 9（a）条中涵盖了，参看 4.4.1 节。

有协议的所有权转让之前的对所有权的单独收费。

此外，德国法庭和德国的法律原则倾向于更广泛的适用《德国增值税法案》第 4 部分第 12 条[①]，对于向移动网络运营商出租屋顶作为基站，或者在一定协议期内允许一片土地用于高压线，对于上述租赁服务免税[②]。但是，最低的要求永远是租赁协议中按照约定，授予承租人控制或限制其他人使用某个不动产的权利[③]。因此，出租墙壁用于广告或安装与运营自动贩卖机一般是不在《德国增值税法案》第 4 部分第 12 条的免税范围内。

通过明确的排除范围，根据《增值税指令》第 135（2）条，提供住宿服务的酒店行业或提供类似功能的行业（比如度假村或为建成度假村的现场开发服务）不免税。同样的，出租合同和机动车停车场的出租以及永久安装设备和机器的出租也是应纳税交易。正如欧洲法院指出的，欧盟委员会和欧盟理事会认为，这些服务因为社会原因应被征税，同时这些服务涉及了更多对不动产的主动开发，这种服务应该被征税，否则就无法获得有效的财政收入[④]。最后，应该说明的是，转让人为受转让人接管合同义务而付费的不动产的不利租赁，即

① 参看 J. Kraeusel, in *Umsatzsteuer in Europäischen Binnenmarkt*, ed. Seer（2009），409（429et seq ）。

② 引自 BFH 2004 年 11 月 11 日，判例法 V R30/04，BStB1. II 2005，802。

③ 参看欧洲法院 2003 年 6 月 12 日，判例法 C－275/01，Scinclair Coliins，［2003］ECR I－5965，第 27et seq 段。

④ 参看欧洲法院 2001 年 10 月 4 日，判例法 C－326/99，Goed Wonen，［2001］ECR I－6831，第 53 段；但是，如果关闭的停车场或其他停车地点与公寓或办公室同时出让，那么它们会被认为构成了长期租赁供货的一部分，并因此构成一项《德国增值税法案》第 4 部分第 12 条已经免税的单项供货要素，引自欧洲法院 1989 年 7 月 13 日，判例法 173/88，Henriksen，［1989］ECR 2763，第 14et seq 段。

出租人成为新的承租人，这不构成《德国增值税法案》第4部分第12条中涉及的免税租赁交易[①]。

4.4.2.2 附属服务

现在，在《德国增值税法案》第4部分第12条关于哪些由房东提供的附属服务（比如能源、安保服务等）应享受免税政策、哪些附属服务应该排除在外，法律上还存在着相当大的不确定性。在传统上，德国税务局和德国税务法庭强调租赁或出租与额外的商品或服务供给之间是否存在密切联系。这导致了相当武断的规定：类似于暖气供给的服务是免税的，但提供加热油或加热燃气的服务（没有被《德国增值税法案》第4部分第12条包括的独立供给）排除在免税之外。冷水和热水的供给是免税的，但是电力的供给是征税的。清洁和园艺服务传统的被认为属于《德国增值税法案》第4部分第12条，而公寓或办公室设备的租赁就不属于免税范围[②]。

但是欧洲法院选择的处理方法有些不同。遵照已有的判例法[③]，从假设“消费者是典型的消费者”的角度来看，当它们本身不构成承租人的目标而只是更好地享受租赁或出租服务的手段时，由房东提供的附属供给（比如能源、安保服务等供给）只会被看做是租赁或出租免税供给的一部分。在一个特别案例中，对于由房东提供却转包给外部供货商的清洁服务，欧洲法院坚持认为这些服务应该被视为独立的供给行为，而不属于免税

① 参看欧洲法院2001年10月9日，判例法C－108/99，Cantor Fitzgerald，［2001］ECR I－7257，第31et seq段。

② 参看《德国增值税法案》行政纲领第76（5）、（6）部分。

③ 参看4.2.1节。

的租赁或出租服务的范围①。这一点与目前为止《德国增值税法》的内容是相反的。

法院没有在它的规定中明确列出建立任何指导的先例，但是它强调清洁服务可以通过各种方式提供，比如一个直接向承租人开具发票的第三方，或者由使用清洁公司或者自己员工的房东提供。同时法院认为，房东对承租人就清洁服务开具的发票应该与租金分开。上述观点被遵从，但后一个论据不是很有说服力，因为通常法院不认为一个单一价格协议或一个单一合同很重要，理所当然的，这些形式方面的内容可以很容易地被各方操纵，因此它们很难有效说明一项附属服务是否构成目标本身。欧洲法院的真实的担忧似乎是，当房东可以用自己的员工提供清洁服务时免税，而雇用一家清洁公司要缴税时（一个外包的服务将至少发生进项税），对竞争会形成扭曲。

因此，假定的“消费者是典型的消费者”是否是一个标准的欧洲消费者或一个典型的国内消费者（后者的观点显然是得到德国税务局认可的），这一问题仍存在公开争议。看起来到目前为止，德国的做法忽略了竞争中立的方面，而竞争中立是增值税统一制度的重要基石之一。比如，由房东提供园艺服务的免税现在也很少被支持。另一方面，房东通常不得不依赖外部供货商来提供加热燃油、燃气、电力和家具，如果房东的服务根据《德国增值税法案》第 4 部分第 12 条是被认为免税的，那么外部供货商将开具房东无法抵扣的增值税进项税发票。因此，在这些案例中将会没有或只有较小的

① 引自欧洲法院 2009 年 6 月 11 日，判例法 C－572/07，RLRE Tellmer Property s. r. o. v. Financnireditelstvi v Usti nad Labem，［2009］OJ，C180/12，第 25 段。

竞争扭曲，所以关键的标准是它们真的是否仅仅是一种能改善主要租赁或出租服务的方式。我们的观点是，至少燃料和标准装修是改善租赁或者出租服务的方式。

4.4.3 放弃免税

如果符合特定的要求，一个从事免税交易的应纳税人可以根据《德国增值税法案》第9部分选择放弃免税。这个选择权的授予是为了避免由于免税导致进项税无法抵扣形成的竞争扭曲。在某些交易中，至少有一部分不可抵扣的进项税额是不可能暗中转移给消费者的，因为出租者可能会选择自己开发房地产。特别是，如果另一个应纳税人需要为她的应税活动提供办公空间，她可能会收购或租赁已开发的房地产，以及收购建筑土地来建设自己的建筑物两者中做出选择。在后一种情况下，应纳税人可以用建筑师、建筑承包商等开具的发票抵扣进项税额，但是，如果同样的增值税进项税额是不动产免税销售价格或者免税租金的组成部分，她就没办法抵扣进项税或者获得进项税额返还了。毋庸置疑，在私人消费者的例子中这样复杂的情况不会发生，因为私人无论如何都没有办法抵扣增值税进项税额。

《德国增值税法案》第9部分中包括的选择放弃免税可以在对私人供货的具体分析中实行，目前为止它们符合下面讨论的标准①。当纳税人选择就一种供给行为纳税，她可以完全抵扣与这项供给行为直接相关的购进所含的进项税额，也可以抵扣摊销到应税供给的日常管理开支中的进项税额。如果消费者是一个在经营过程中使用自有房地产的应纳税人，那么放弃包含在第4部分

① 引自《德国增值税法案》2008行政纲领第148（1）部分。

第9（a）条或在第4部分第12条中的免税权利通常并不意味着损失（至多现金流受到暂时的影响），因为消费者可以要求抵扣或者返还相应的进项税额。

4.4.3.1 先决条件

《德国增值税法案》第9（1）部分列举了有权放弃免税的商品和服务供应。根据这项条款，可以放弃与房地产相关的免税，即《德国增值税法案》第4部分第9（a）条中包含的免税和《德国增值税法案》第4部分第12条规定的免税。欧洲法院和后来的德国最高税收法院最近都认为，承担增值税销项税，同时抵扣进项税额，对于租赁或出租房地产的公共企业也是可行的[①]；这在以前曾被德国税务局否认，因为他们认为在公共企业的租赁和出租没有构成应税活动。

根据《德国增值税法案》第9（1）部分，只有供给行为被另一个纳税人在其应税经济活动中作为进项时，供给人才能放弃免税。但是这几乎不是一个严格的限制，因为消费者不申报相应的进项税额抵扣，纳税的选择权也不会有吸引力。在开发土地已被销售、收购方使用一部分建筑用于应税服务和私人目的的情况下，买家可以把整个不动产当做一个商业资产[②]，从而供应商也可以完全行使《德国增值税法案》第9（1）部分中的选择权。如果收购方决定把房地产作为一个商业资产，以致于房地产实际上被用于商业活动，免税就仍然可以被部分放弃[③]。但是，如果房地产被租赁或出租而

① 参看欧洲法院2009年6月4日，判例法C－102/08，Salix，尚未公开；BFH 2009年8月20日，判例法VR70/05，尚未公开。

② 参看4.8.2节。

③ 参看BFH 1996年6月26日，判例法XI R43/90，BStB1. II 1997，98。

不是被销售，那么根据德国最高税务法庭，只把房地产部分用于应税活动的承租人就不能选择把整个供给行为当作商业进项，从而供货方也只能部分的放弃免税①。目前仍然不确定欧洲法院是否认同这种观点，而欧洲法院的态度将将起决定作用②，但是看起来它是有可能发生的③。

关于属于《德国增值税法案》第4部分第12条范围内的交易，即租赁或出租服务，《德国增值税法案》第9（2）部分提出了一个额外的要求：这里，弃权首先假设承租方会把房地产用于不会伤害他抵扣增值税进项税额权利的应税交易（通常相当于应税交易）。这一反滥用权力条款④意味着如果不动产是租赁或出租给保险公司、医生（除了整容医生）、医院、养老院、私立学校、其他教育机构或通常从事免税交易的任何其他应纳税人，那么免税是强制的。但是，在这些案例中，当只有明确定义的建筑物部分被用于免税交易，用于应税承租人的应税供应集中在其他部分，则部分放弃免税是可能的。此外，如果房地产用于免税交易的部分每年不超过5%⑤，那么税务机关会授权一个完整的放弃免税，因为事实上每个应纳税人（承租人）只是偶然的从事一些非应税或免税的金融服务（例如，当她的经营账户是负债的）。

从事一般来说免税的供给项目的纳税人必须给出客

---

① BFH 1988年7月20日，判例法 X R6/80，BStB1. II 1988，915；BFH 1996年2月28日，判例法 XI R70/90，BStB1. II 1996，459。

② 在VNLTO案例中（欧洲法院2009年2月12日判例法 C－515/07，尚未公开），法院面对这个问题，但是基于别的考虑决定此案。

③ 参看4.8.2.1节。

④ 参看Heidner，载Bunjes/Geist：《德国增值税法案》第9版，§9第13段。

⑤ 参看2008年《德国增值税法案》行政指南148a（3）部分。

观证据，证明他的消费者是一个试图在纳税经营过程中使用房地产的纳税人。一般而言，证明消费者如租赁或租期协议中表明的那样，是在房屋中从事的商业活动的公司、商业合伙企业或个人企业家就足够了。为了安全考虑，强制承租人提供给出租人充足的证据应该是可取的（例如承租人的税务部门的书面证明）。出租人必须进一步确保，如果放弃免税，他能按照应纳增值税总额提高租金。这一点也应包含在合同条款中。为了确保这个对供给收税的选择严格按照《德国增值税法案》第9（2）部分的规定，插入一个承租人承诺会仅仅把房地产用于不损害增值税进项税抵扣资格的条款是非常重要的。为防止违约，所有的承租人的义务都应通过处罚条款或关于具体损失的弥补条款来约束。

4.4.3.2 实践

《德国增值税法案》第9（1）部分中包含的放弃免税不需要专门向税务机关申报。根据法律的放弃免税也是可行的。通常放弃增值税免税权可以通过如下方式进行：开具一张申报增值税纳税义务的发票，或者通过在租赁合同中提及增值税义务，或者通过填写包括各种供货的增值税额的增值税申报表。通过排除法，第4部分第9（a）中规定的在转让房地产事项中的免税弃权必须在公证购买合同中明确申报，正如《德国增值税法案》第9（3）部分要求的那样。当一个共同的租赁物的整个所有者权益被出售，以致于收购方变成房地产的单一所有人，每个普通的承租人都必须放弃免税权。

4.5
应 税 金 额

根据《德国增值税法案》的10（1）部分，应税金额应该包括构成供货方获得或即将获得的除增值税以外的所有对价。如果由于供货方使用了错误的税率或错误地把供货当做免税而错误计算了增值税，那么应税金额就是从供货发票上的总价款中减去法定应纳增值税额①。

最近德国最高税务法庭颠覆了之前法律的判例法，根据《德国增值税法案》第1（1）部分的规定，对房地产所有权转让征收的房东和收购者共同与各自都应承担的房地产转让税，不包括在对供货征收增值税的应税总额之内。如果收购方根据双方之间的内部协议，像通常情况那样，同意完全承担房地产转让税，也会采取这种方法②。但是，根据《增值税指令》第78（a）条规定，应税金额包括除了增值税本身外的所有“税收、关税、征款和收费”，上述做法是否与第78（a）条一致似乎是有疑问的。

① 参看Stadie：《德国增值税法案》2009年版，§10第12et seq段。

② BFH 2005年12月20日，判例法V R14/04；参看2008年《德国增值税法案》行政纲领149（7）部分。

4.6
适 用 税 率

一般情况下，根据《德国增值税法案》第 12（1）部分规定，19% 的标准税率适用于所有的商品和服务供给。但是，德国立法机关还根据各种或多或少有说服力的理由，规定了有一个针对混合销售的 7% 的低税率。这个主要的解释动机是减轻对某些被认为是对基本生活很关键的商品和服务的税收负担，也是为了资助一些经营行业，或者是为了减轻受影响的经营行业的国际税收竞争影响。事实上，低税率一般是一种明显的用来博取政治支持的工具。在任何情况下，低税率并不影响抵扣进项税额的权利，所以它的整体效应可能甚至比不能抵扣进项税额的免税更有利。

直到最近，有关房地产的交易还不属于《德国增值税法案》第 12（2）部分和列举了所有享受优惠的商品和服务的附属条款 2 的范畴。从 2010 年开始，根据《德国增值税法案》地 12（2）部分第 11 条，低税率适用于住宅部门或有类似功能的部门或开发作为度假村使用的场所的短期住宿。政治层面上对这个特殊优惠待遇给出了两个有点矛盾的理由。首先，许多相邻的成员国已经对这种服务使用了低税率，此措施的目的主要是为了减少旅游行业的竞争扭曲，使旅馆可以降低他们的总价格。其次，低税率可以为这些行业提供流动性，以刺激这些行业的投资[1]。

在任何情况下，由于明确地排除优惠，这种税收优惠没有延伸到与住宿不直接相关的服务中，即使它们包含在后者的价格中。特别是附属供给（比如提供早饭或提供类似桑拿浴场的娱乐活动）仍然按19%的标准税率征税。这导致了企业相对较高的遵从成本，并且根据欧洲法院的已有判例法，这意味着对一个不可分割的经济供给行为进行人为分割[2]。由于这个理由（还有公众普遍认为旅馆住宿的低税率是不公平的），《德国增值税法案》新的第12（2）部分第11条引来了尖锐的批评。因此它是否真的会长进间存在于房地产增值税制度中，还有待观察。

4.7 个人纳税义务

4.7.1 既有规则：应纳税人的纳税义务

一般而言，根据《德国增值税法案》第13a（1）部分第1条的描述，从事应税供给的应纳税人要承担增值税。因而，应纳税人必须计算增值税。她必须在供货后的6个月内，开具和申报一张根据《德国增值

① 包含新制度的起草的法案的解释备忘录对立法者没有起到很好的激励作用，引自BT－Drs17/15，20－讲述中的沉默。

② 参看4.2.1节。

税法案》第 14 部分要求的[①]所有细节的发票[②]，在纳税期填报表时申报纳税义务，并且向税务局支付税款。此外，根据《德国增值税法案》地的 14b（1）部分的要求，应纳税人必须对所有申报的发票保存 10 年。

4.7.2 反向征税：消费者的纳税义务

但是，有些与房地产有关的应纳税交易属于《德国增值税法案》第 13b 部分中的反向征税制度的内容，反向征税是把纳税义务从纳税人转移到消费者身上。在这些交易中，供货方不在发票中申报纳税，而应该根据《德国增值税法案》第 14a（5）中规定的消费者的纳税义务申报。消费者应当计算增值税负并在其纳税期间内申报。这不一定会导致实际支付增值税的义务，因为原则上，反向征税机制适用于商家对商家（b2b）的交易。因此根据《德国增值税法案》第 15（1）部分第 4 条，顾客通常有权利申请相应的增值税进项税抵扣。当然，如果消费者使用不能抵扣的免税供货交易，支付义务就会出现。在一些交易中，反向支付规则还适用于对公共部门单位无法抵扣进项税的非商业活动的供货。

如果反向支付适用，那么供货方和消费者都必须像《德国增值税法案》第 14b（1）部分中要求的那样，保存由前者提供的相关发票[③]。如果在其提供商品或服务的发票中包括了增值税的应纳税人，即使根据《德国增值税法案》第 13b（2）部分规定，纳税人身份转

① 参看《增值税指令》第 226 条和 Stadie，德国增值税法案，2009，§14 和 §14a。

② 引自《德国增值税法案》第 14（2）部分第 1、2 条。

③ 如果供货没有被用来影响应税交易，那么顾客的保存期就减少到两年。

移到了他的消费者身上，根据《德国增值税法案》第14c（1）部分她还是要为错误申报的增值税负责[1]。然而，发票可以稍后更改，根据《德国增值税法案》第17部分，增值税会被再次支付给应纳税人，虽然只有在发票被正确更改后才能生效。

4.7.2.1 建筑工程的跨境供货

如果一个建筑工程是一个项目但是既有商品（特别是建筑材料）又有服务的供给，并且是由一个非居民纳税人提供，假如消费者是应纳税人或公共部门，增值税应该由被提供商品或服务的消费者承担。这在《德国增值税法案》第13b（1）部分第1条（2）中明确说明了，不管建筑工程是否最终被分类为商品供货（因为材料要素主导，比如当一个房屋是新建的）或服务供货（因为服务要素主导，比如某些维护工作）。此外，如果后者把建筑工程用于非应税活动，那么申报和最终支付增值税的义务也转移到顾客身上。比如如果一个德国税务咨询者让丹麦建筑公司帮忙修建自己的私人住宅。最后，作为消费者的国内建筑物的一般准则，《德国增值税法案》第13b（1），（2）部分是不适用的。如果前者是在国外建设的，消费者而不是供货方将有义务支付增值税。

如果提供建筑工程服务的行为发生时，纳税人既不居住在德国也不是在德国境内建立的，那么她就没有德国居民纳税人地位。根据《德国增值税法案》第13b

① 引自2008年《德国增值税法案》行政纲领第182a（38）部分。

（4）部分，如果应纳税人在德国没有场所[①]、管理中心或常设机构，同时如果她个人不居住在德国，那么这就是非德国居民。后者的标准没有包含在《增值税指令》第 196 条里[②]，如果建立在其国内居住基础上的反向收税被拒绝，供货方可就以援引共同体法律。在任何情况下，如果不能满足常设机构的要求，处理在德国的常设机构的纳税人会被看做是非居民供货方。这可以被认为是与《增值税指令》第 192a 条一致的，虽然这项条款适用于没有“参与”这项供货的公司。结果是，反向征税制度对国内的常设机构没有吸引力。

如果建筑承包商申报为一个居民纳税人并因此试图开具增值税发票，但是整个环境客观导致其居民身份地位产生不确定性和随后的个人纳税义务的不确定性，那么根据《德国增值税法案》第 13b（4）部分[③]，消费者可以要求承包商提供由其当地德国税务机关开具证明，证明该供货方不是德国非居民纳税人。否则，如果后来证明承包商事实上是一个非居民纳税人，那么消费者将有义务缴纳增值税。还有，消费者不得抵扣错误的发票上的增值税进项税额。如果消费者没有很好地信用度（善意），那么不论是否有证明，都会同样适用上述政策。与之相反，如果事实上供货公司是在国外，但没有任何迹象表明供货方可能是非居民纳税人，消费者则没有义务支付增值税。这种排除在《德国增值税法案》

---

① 一个法定场所是不够的，参看 Stadie，载 Rau/Dürrwächter，《德国增值税法案——活页式评论》，§13b（2009 年 6 月）第 94 段。

② 正如 Montfort，Umsatzseuer - Rundschar2002，253。

③ 这个步骤的细节在 2008 年《德国增值税法案》行政纲领中有具体说明；参看 Stadie，载 Rau/Dürrwächter：《德国增值税法案——活页式评论》，§13b（2009 年 6 月）第 116et seq 段。

第13b部分中明确提出了，但是也可以从《德国增值税法案》第13b（4）部分中看出。这也是均衡性原则的要求。

4.7.2.2 跨国服务供货

《德国增值税法案》第13b（1）部分第1（2）条包含的针对非居民建筑工程供货方的同样的反向征税规则也适用于任何由非居民纳税人提供的服务，因此也适用于与房地产有关的服务。这里再次说明，除了对供货方的非居民要求之外，决定性的标准是消费者中应纳税人或者公共部门单位。

例如，如果一个在法国成立的建筑师为一个也在法国成立的纳税人绘制了一张建筑平面图，后者打算用这张图纸开发德国斯图加特市的一片土地，根据《德国增值税法案》第1（1）3a部分第1条的规定，这个法国建筑师就完成了一个与德国房地产直接相关的应纳税供货，因此在德国应纳税。因为这个供货不属于《德国增值税法案》第4部分第9（a）到第12条中规定的免税范围，所以会按照19%的标准税率征税。根据《德国增值税法案》第13b（1）、（2）、（4）部分，法国客户将有义务支付增值税，尽管事实上他并不是在德国成立的。

德国税务局和大部分的德国学者认为，租赁和出租德国房地产常常意味着有一个国内居住的房东或出租人[①]。因而，一个澳大利亚居民也成为纳税人，仅仅是

① 引自2008年《德国增值税法案》行政纲领第182a（29）部分；参看Scholosser-Zeuner，载Bunjes/Geist：《德国增值税法案》第9版，§13b第25段；Stadie，载Rau/Dürrwächter，《德国增值税法案——活页式评论》，§13b（2009年6月）第107段。

因为她出租在德国城市斯图加特的办公室给一家法律事务所，从而根据《德国增值税法案》第 1（1）：3a（3）部分规定，如果该纳税人选择放弃《德国增值税法案》第 4 部分第 12 条中规定的免税，则有义务缴纳德国增值税。《德国增值税法案》第 13b 部分中要求的反向征税要求就没有被满足。其他人反对这个结果，因为他们认为，税务局的解释与《德国增值税法案》第 13b（4）部分和《增值税指令》第 196 条的措辞不一致①。

我们的观点是，条款的“最终相关的”措辞，即《增值税指令》第 196 条，事实上是很模糊的，因为它只指“没有成立在”供货发生的成员国的应纳税人，而没有进一步澄清成立的概念。然而，假定它与“应纳税人为从事经营活动而成立的地方”和“固定地址”相关似乎是合理的，两者常被用来作为决定《增值税指令》第 44 部分中的供货地点的默认概念。根据已经很完善的欧洲法院在增值税领域的判例法，“固定地址”这个术语意味着提供既有服务的必要的人力和技术资源存在永久存在的稳定性②。因此要求人力和技术资源方面，满足一定程度的不变和合适的结构，从而能在独立基础上提供上述服务③。

欧洲法院已经说明（特别是关于运输服务），这至

① 引自 Montfort，Umsatzseuer－Rundschar2002，245（255）。

② 参看欧洲法院 1985 年 7 月 4 日，判例法 168/84，Berkholz，［1985］ECR 2251，第 18 段；欧洲法院 1997 年 2 月 20 日，判例法 C－260/95，DFDS，［1997］ECR I－1005，第 20 段；欧洲法院 1997 年 7 月 17 日，判例法 C－190/95，ARO Lease，［1997］ECR I－4383，第 15 段。

③ 引自欧洲法院 1997 年 7 月 17 日，判例法 C－190/95，ARO Lease，［1997］ECR I－4383，第 16 段。

少意味着一个可能签署合同和每日管理的办公室[①]。显然，被租赁或出租给另一个纳税人的开发房地产并不意味着，属于纳税人的经营的人力资源和办公室的存在。法院认为，纳税人的经营机构所在地与其应税活动实际发生的地点是不一致的，而更倾向于基本管理决策被采用的地点，和业务核心管理机构的所在地[②]。在租赁和出租情况下，这通常会是应纳税人作为居民或者公司实际所在地的地点。因此，从欧洲法院法律的角度看，德国税务法庭采取的立场是很有问题的。

然而，还必须知道的是这种方法有如下好的理由：由于消费者纳税人在税务机关有管辖区划分，因而，反向征税制度可以确保税务机关通过必要情况下抵押消费者纳税人的国内财产，保证实施其征税行动。对于供货方，反过来，不需要面对税务机关和他并不熟悉的申报条件。然而，在租赁或出让国内房地产的情况中，供货方通常需要在不动产所在地报税[③]，并且与促进增值税征收的税务管理机关紧密联系。最终，欧洲法院因此必须在这件事情上提供指导。同时，由于反向征税的采用可能意味着严重的与可行的增值税进项税抵扣制度相关的不利条件，因此任何房东都应该仔细的考虑挑战管理机关观点的利弊。

① 引自欧洲法院 1997 年 7 月 17 日，判例法 C－190/95，ARO Lease，［1997］ECR I－4383，第 19 和 27 段；欧洲法院 1998 年 5 月 7 日，判例法 C－390/96，租赁计划，［1998］ECR I－2553，第 26 段；欧洲法院 2007 年 6 月 28 日，判例法 C－73/06，Planzer Luxembourg，［2007］ECR I－5655，第 55 段。

② 引自欧洲法院 2007 年 6 月 28 日，判例法 C－73/06，Planzer Luxembourg，［2007］ECR I－5655，第 59et seq 段。

③ 引自 2008 年《德国增值税法案》行政纲领第 182a（5）条。

4.7.2.3 建筑工程和类似服务的国内供给行为

即使当供货方是在德国成立的情况下，根据《德国增值税法案》第13b（1）部分第4条，如果消费者委托合同中构成商品供给行为的建筑作业或者类似的建筑服务，那么消费者可能个人需要代替前者缴纳增值税。此外，正如《德国增值税法案》第13b（2）部分要求的，消费者一定是应纳税人，且使用她在建筑部门类似产出交易的供货。这个反向征税的特别类型因此被限制在建筑部门的再就业活动；它要求追踪之前在建筑行业高频发生的贸易滥用。

《德国增值税法案》第13b（1）部分第4条详细说明了类似的服务那些与建筑、重建、修缮或拆除相关的。税务管理部门进一步说明了服务必须对建筑结构或者它的组成部分有一个直接的物理影响①。策划和现场监理已经从《德国增值税法案》第13b（1）部分第4部分的法律条款中排除了。相关的管理规定提供了一个详细的被认定或者不认定是类似建筑服务的清单②。

4.7.2.4 房地产转让

如果一个应纳税人影响了房地产供货或其他被《德国房地产转让税法案》第1部分和第2部分规定是转让房地产所有权的供货，并且如果房东进一步放弃《德国增值税法案》第4部分第12条中规定的免税，那么买家就应当支付相应的增值税，正如《德国增值税法案》第13b（1）部分第3，（2）条规定的一样。

① 引自2008年《德国增值税法案》行政纲领第182a（5）条。
② 分别引自2008年《德国增值税法案》行政纲领第182a（7）和（9）条。

这个确切的反向征收规定已经被作为频繁回应银行部门的策划实施，并且被税务机关认为是滥用。在条款成为法律之前，面临破产威胁和向机构借款人贷款的应纳税个人，通常会向债主变卖掉经营不动资产，并选择征税供应。后者可以随后申报增值税进项税额，而税务局通常不能对同时破产的供货商追偿相应的税款。

4.8
进项税抵减或退回

4.8.1　一般观察

一个接受房地产或房地产相关的征税供货的纳税人，为了提供应税服务而使用供货商品或服务，根据《德国增值税法案》第 15（1）部分第 1 条的规定，可以申请进项税额抵扣或者税收返还①。根据《德国增值税法案》第 14 部分的规定，履行进项税额抵扣的权利要求有一张由供货商用合适的形式开具的发票。这说明消费者有这个义务，基于他自己的利益，他会仔细地核查发票是否完整，并采取一切合理的预防措施来确保发票是正确的②。为确保正确，任何发票错误都必须在付账前由供货商调整。为了缓和最终的争议，预扣增值税发票上标明的增值税额也是有效的。

① 根据《德国增值税法案》第 18（3）部分，在一个既定的纳税期间，抵扣总额超过总的应纳增值税额时，应纳税人有权得到税收返还。

② 引自 2008 年《德国增值税法案》行政纲领第 192（3）条。

根据《德国增值税法案》第 15（1）部分第 4 条，如果根据《德国增值税法案》第 13b 部分中的反向征税机制，消费者本身有义务支付增值税，那么同样地要求适用于增值税进项税，除了没有进项发票的情况。

4.8.2 混合使用商品的可自由支配的业务集成

4.8.2.1 判例法和国内标准

正如上文已经提到的，只有在供货被用于应纳税人从事的应税经济活动时，房地产有关的进项税额抵扣才能被申报①。这通常应该由供货发生的时间决定②；如果进项供货没有被立即用完，应纳税人必须把它的税收抵免申报建立在对未来交易的最终使用的合理估计的基础上③。根据欧洲法院已有的（虽然不能令人信服）判例法，抵扣的权利应该出现并且只能根据实际或计划的资产或服务在当前时点使用的情况下进行抵扣；根据后续的改变申报进项税抵扣不太可能，因为“在共同体立法条件下没有针对那种效应的调整机制”④。

特别与资本商品相关的类似土地或建筑物，这意味着如果资产最初是被提供给私人或应纳税人的其他非应税活动，那么不允许抵扣进项税，并且只能向后结转到整个经营业务中，或者如果一个适用于应税经营的和私人目的的混合使用的资产只能部分的结转到业务中，但是稍后会被使用于更高程度的经营目的。这与持续调整

① 参看 BFH 1984 年 12 月 20 日，判例法 V R25/76，BStB1. 1985II，176；BFH 1985 年 7 月 4 日，判例法 V R82/77，BStB1. II 1985，538；参看 BFH 1986 年 12 月 18 日，判例法 V R176/75，BStB1. II 1987，350。

② 参看 BFH 1993 年 5 月 6 日，判例法 V R45/88，BStB1. II 1993，564。

③ 参看 2008 年《德国增值税法案》行政纲领第 206（1）部分。

④ 参看 BFH 2009 年 4 月 23 日，判例法 C－460/07，Puffer，［2009］OJ，C141/13，第 44 段。

以改变用于免税不能抵扣进项税或纳税的经营资产的用途是极端矛盾的，这一点包含在《增值税指令》第184et sq. 条和《德国增值税法案》第15a部分[1]。

为了补偿明显的由僵化解读《增值税指令》导致的税收中性缺失，欧洲法院坚持认为，为了实施增值税准则，应纳税人可以选择是否要完全的或部分的把一个混合使用的资产投入自己的经营中。选择必须在当资产的进项供货完成的时点做出。下面将最近确定的Puffer判例法整理如下[2]：

> 资本商品被同时用于经营和私人目的时，基于增值税目的，纳税人有如下选择权：(i) 把那些商品完全地划为经营资产；(ii) 将它们全部划为私人财产，从而把他们完全地从增值税制度中排除；(iii) 或者按照它们实际用于经营目的的部分把它们整合进生意中[3]。如果纳税人选择把资本商品作为经营资产既用于经营目的又用于私人目的，那么在原则上，购买那些商品的增值税进项税就立刻可以完全抵扣[4]。然而，根据《增值税指令》第16条和《德国增值税法案》第3（9a）部

① 参看4.8.4获取更多关于调节机制的细节。

② 参看欧洲法院2009年4月23日，判例法C-460/07，Puffer，[2009] OJ，C141/13，第39et seq段。

③ 参看欧洲法院2001年3月8日，判例法C-415/98，Bakcsi，[2001] ECR I-1831，第25et seq段；欧洲法院2005年7月14日，判例法C-434/03，Charles and Charles-Tijmens，[2005] ECR I-7037，第23段及引用的判例法；欧洲法院2006年9月14日，判例法C-72/05，Wollny，[2006] ECR I-8297，第22段。

④ 参看欧洲法院2005年7月14日，判例法C-434/03，Charles and Charles-Tijmens，[2005] ECR I-7037，第24段；欧洲法院2006年9月14日，判例法C-72/05，Wollny，[2006] ECR I-8297，第22段。

分第 1 条的规定，当购进资本商品被用于纳税人或其员工的私人目的或者其他不是出于经营的应税服务供应时，支付在商品上的进项税组成商业资产的一部分，可以全额或部分抵扣。用途，因此可以被称为“应税交易”，是在提供服务的支出基础上征收的①。因而，当一个纳税人选择把整个建筑物当做他的商业资产的组成部分并使用一部分建筑物用于私人目的时，他既有权抵扣所有与建筑物有关的建设费用的进项税额，又有义务支付用于私人用途的那部分增值税②。与之相比，当购进资本商品时，如果应纳税人选择把那些商品完全当做自己的私人资产或者把它们的一部分用于自己的商业活动，那么他就没有权利抵扣属于私人资产的那部分进项税额③。

选择完全把混合使用不动产当做商业资产，至少能为把房地产的一部分用于应税经营的纳税人带来现金流上的好处④，因为他们可以最初完全抵扣用于私人目的的那部分建筑物的进项税，当相应的与接下来的应税自我供给活动相关的增值税义务只在 10 年内按比例产生。

---

① 参看欧洲法院 2005 年 7 月 14 日，判例法 C－434/03，Charles and Charles－Tijmens，［2005］ ECR I－7037，第 25 段；欧洲法院 2006 年 9 月 14 日，判例法 C－72/05，Wollny，［2006］ ECR I－8297，第 23 段。

② 参看欧洲法院 2006 年 9 月 14 日，判例法 C－72/05，Wollny，［2006］ ECR I－8297，第 25 段；欧洲法院 2003 年 5 月 8 日，判例法 C－269/00，Seeling，［2003］ ECR I－4101，第 43 和 54 段。

③ 参看欧洲法院 1991 年 7 月 11 日，判例法 C－97/90，Lennartz，［1991］ ECR I－3795，第 8 和 9 段；欧洲法院 2005 年 4 月 21 日，判例法 C－460/07，HE，［2005］ ECR I－3123，第 43 段。

④ 参看欧洲法院 2009 年 4 月 23 日，判例法 C－460 /07，Puffer，［2009］ OJ，C141/13，第 55 段；Terra/Kajus，欧洲增值税介绍，2009，992。

这说明，与不能用为他们自己的私人住宅抵减任何增值税进项税额从而获益的私人消费者相比，这是一个税收优惠。而且，这种纳税人相对于其他只有免税交易（特别的，免税租赁或出租）而不能抵扣进项税额，也不能申报与私人目的有关的混合使用商品的抵扣的纳税人而言，有更多的税收优惠①。欧洲法院关注到了这个效果，但是它规定的公平原则最终没有被伤害②。

但是，从这一点看，我们十分恭敬地宣布，法院的解释是有瑕疵的③。这种方法的严重的缺陷可以从最近的欧洲法院的 VNLTO 规则中看到。在这个决议中，法院把先前的安排选择的影响限制在被部分用于严格私人目的的资本物上，然而它认为非私人但是非应税活动的部分使用（例如不以获得对价为目的的慈善活动）无权抵扣进项税额④。这个限制对于把房地产部分用于应税经济活动和公共机构活动的公共部门单位特别重要。

最后应该提到的是德国已经引进一些特别的特征到它的增值税法案中，以获得欧洲法院给予的选择权，这一点得到了委员会和法院的认可。根据《德国增值税法案》第 15（1）部分的规定，如果混合使用的资产用于应税交易的比例低于 10%，那么所有混合使用的资产都会被强制的作为一个基于增值税目的的完全私人的、非经营的资产。对收购价或可以被归类为一个建筑

① 参看欧洲法院 2009 年 4 月 23 日，判例法 C－460/07，Puffer，［2009］OJ，C141/13，第 49 段。

② 参看欧洲法院 2009 年 4 月 23 日，判例法 C－460/07，Puffer，［2009］OJ，C141/13，第 52et seq 段。

③ 参看 J. Englisch，增值税和欧洲共同体法律的一般准则，传统和新型视角解读欧洲税收一体化，ed. Weber（阿姆斯特丹：IBFD，2010）。

④ 参看欧洲法院 2009 年 2 月 12 日，判例法 C－515/07，VNLTO，［2009］OJ，C82/6，第 40 段。

物的私人使用部分的建筑费费用的增值税进项税额，将在10年之内作为随即发生的应纳税自我住宿供给的税基中进行摊销。相应的《德国增值税法案》第10（4）部分第2条的修正案，其规定的比例已经被欧洲法院接受并认为是适当的①。法院还澄清说《德国增值税法案》第4部分第12条中的免税不适用于这个应税的自我供给②。

4.8.2.2 实践

一般认为，混合使用的房地产会被视为完全保留在纳税人的收购或建设的私人财产内③。纳税人对这种房地产的部分或全部的安排意愿，应该是在不动产被收购或建设的纳税期间（预缴）被税务机关认证的④。这可以通过直接向税务局明细申报增值税估值额来实现。如果纳税人的选择能根据间接证据清晰地判断出来，那么税务局没有必要要求纳税人明细申报⑤。

混合使用的最重要的证据通常是在相关的税收申报期内，全部或部分的抵减扣与房地产相关的增值税进项税额，进项税额抵扣的减少通常会被认为是房地产用于

---

① 参看欧洲法院2006年9月14日，判例法 C－72/05，Wollny，［2006］ECR I－8297。

② 参看欧洲法院2003年5月8日，判例法 C－269/00，Seeling，［2003］ECR I－4101，第56段。

③ 参看 BFH 2002年2月28日，判例法 V R25/96，BStB1. II 2003，815；2008年《德国增值税法案》行政纲领第192（21）部分第2条。

④ 参看 J. Kraeusel，in *Umsatzsteuer in Europäischen Binnenmarkt*，ed. Seer（2009），409（444et seq）和文中引用的判例法。

⑤ 参看 BFH 2002年1月31日，判例法 V R61/96，BStB1. II 2003，813；BFH 2002年2月28日，判例法 V R25/96，BStB1. II 2003，815。税务机关的立场更加局限。如果应纳税人无权抵扣进项税，那么就需要一个与最高税务法院的更加宽大的方法相反的直率的申报，引自2008年《德国增值税法案》行政纲领第192（21）部分第2条。

私人用途的信号[①]。如果纳税人因为从事免税供货，例如租赁和出租不动产给不能放弃免税的承租人，因此而没有或只有有限的权利来抵扣增值税进项税[②]，税务机关就必须寻找其他证据[③]。如果纳税人确保新收购或新建设的房地产是商业资产，或者如果纳税人在协商和签订供货协议的时候使用其注册公司的名字，就是商业活动的信号[④]。这不一定真实，但是，如果纳税人在会计账簿中为所得税目的而计入了房地产，如果她根据所得税法有这么做的义务，那么最高税务法院就不能确认入账的价值[⑤]。

4.8.2.3 未来立法修正

2009 年 12 月，为了抑制把混合使用房地产完全纳入经营活动中以获取税收抵扣优惠的行为，欧盟委员会修订了重新制订的《增值税指令》[⑥]。2011 年 1 月 1 日，与纳税人在收购或建造一个混合使用资产时可以完全把后者作为一项经营资产的选择导致的影响的判例法出台以后，这种行为将从此被废弃。

根据《增值税指令》修订后的第 168a 条款，纳税人基于经营和非应税活动目的构成商业资产一部分

---

① 参看 BFH 2002 年 1 月 31 日，判例法 V R61/96，BStB1. II 2003，813；BFH 2002 年 2 月 28 日，判例法 V R25/96，BStB1. II 2003，815；2008 年《德国增值税法案》行政纲领第 192（21）部分第 2 条。

② 参看 5. 4. 3. 1 节。

③ 行政规定要求在这些情况下直接申报（引自第 139 条）。因此环境证据可能只能通过向税务法庭上诉才能被知道。

④ 引自 BFH 2002 年 1 月 31 日，判例法 V R61/96，BStB1. II 2003，813。

⑤ 引自 BFH 2002 年 2 月 28 日，判例法 V R25/96，BStB1. II 2003，815。

⑥ 引自《欧盟指令 2009 年第 162 号，重新修订《增值税指令》，欧盟 2010 年 1 月 15 日 OJ L20/14 出版。

的不动产，初始扣除将被限制在被实际运用于经营的房地产中。后续的使用这种房地产的变化，将会通过类似于已经实施的针对应税或免税交易的调整机制而被考虑。这种调整机制将运用于商业地产运用经营活动部分的调增和调减。因而，私人用途将不再被当做《德国增值税法案》第3（9a）部分第1条中的应税供货。虽然新制度还没有被德国立法机关转换成国家法，根据《增值税指令》（和原始的提议有很大不同）第168a条的表述中看出，新的制度仍会要求纳税人的明确的选择，即是否完全把混合使用房地产纳入经营范围中。

4.8.3 比例低扣法

一个纳税人可以把房地产部分用于免税，部分用于应税交易。比如说如果建筑物的一楼被出让给药店，并且《德国增值税法案》第4部分第12条中应免税的待遇根据《德国增值税法案》第9部分被弃权了，同时第二层被出让给医师（不能放弃免税权，因为承租人供货对医疗服务免税）。

在上述安排中，必须首先决定有进项税抵扣的进货，能直接和排他的应用于应税外销供给（比如上面的例子中，只为一楼进行的修理服务）或者反之，应用于免税外销商品的供给。在前一个例子中，根据《德国增值税法案》第15（1）部分第1条，是可以完全抵扣的，然而在后一个例子中，根据一般准则，参照《德国增值税法案》i15（2）部分，将不允许抵扣。

如果没有直接分配于两种类型的应税活动，那么只有用于应税交易的进项税额部分可以抵扣。在租赁给有不同增值税身份的租客的建筑物的典型案例中[①]，这会特别的影响适用于租客使用的建筑部分、机械和安装的进项供货，比如楼梯、电梯、加热系统、烟囱等。正如《德国增值税法案》第15（4）部分规定的，原则上，根据经济上合理的估计，抵扣的比例被确定。可以根据单位成本账户估计，也可以根据充分反应经济实质的收入来估计。税务机关通常会接受根据每个公寓或办公室单元的面积功能划分的分配比例[②]。然而，如果私人单元的装修变化非常大，就需要一个建立在支出分配基础上的更加复杂的标准。

在任何情况下，德国立法机关规定了一个分配比例，如果没有其他可行的或者其他参考标准的情况下，这个比例根据纳税人年度免税交易总值和应税交易的比例确定。这与《增值税指令》第173et seq条完全形成对比，因为根据这些条款，之前提到的营业率实际上是决定增值税进项税抵扣率的标准方法。在德国法律体系和理论中，《德国增值税法案》第15（4）部分是否与共同体一致是存在争议的，根据《增值税指令》第173（2）条规定，标准处理方法的可选择减损[③]。这件事目前对德国最高税务法院是悬而未决的[④]，最终要由欧洲法院决定。

---

① 参看4.4.3.1节以了解与独立选择租赁和出让服务的税收选择的增值税地位细节。

② 结合BFH 1992年3月12日，判例法V R70/87，BStB1.II 1992，755参看2008年《德国增值税法案》第208（2）部分。

③ 地区税收法庭在2009年12月8日判例法15K 1271/06U，Betriebs - Berater2010，214中侧面回应了；正面回应是在2009年《德国增值税法案》第15部分第285段，Stadie中。

④ BFH，悬而未决的案例V R19/09。

4.8.4 抵扣调整

如果决定填报税收申报表后，决定税收抵扣额的因素发生变化，例如获得价格折扣，根据《德国增值税法案》第17（1）部分，初始进项税抵扣将重新计算。根据《德国增值税法案》第17（2）部分，这同样适用于，尤其是如果购买被取消或者如果仍然保持着一直没有付款或者如果预付的供货没有发生。所有的这些情况都可能发生，当然，还是与房地产有关的供货相关，但是他们总是相当不同寻常。唯一的共同的因素是允许承包人和从事如建筑和维护工作的工匠的提前支付折扣。

然而，除了在原始基础上抵扣权利的影响条件的调节机制外，还存在着另外一个描述进项供货的使用期间变化的调整制度，这对由不动产组成或与之相关的进项供货有很重要的意义。根据《德国增值税法案》第15a（1）部分规定，如果一个商业资产被用于的应税交易的部分不断变化或者如果这导致了决定初始增值税进项税抵扣的条件改变，那么初始的增值税进项税抵扣将会被调整。特别是如果资产一开始就被用于或计划用于免税供货并且后来被用于应税供货，或反之亦然，或者如果资产用于各种类型的应税产出供货是变化的，这样的变化会发生。《德国增值税法案》第15a（1）的调整机制因此在租赁或出租办公空间的领域有着重要影响，因为在时间过程中交换租期可能会影响到《德国增值税法案》第4部分第12条中包含的放弃免税权的可行性。根据《德国增值税法案》第15a（3）部分，增值税进项税的强制调整范围扩展到永久地融入建筑物中并因此不能再构成一个个人资产的材料或安装，也扩展到了影响用于应税交易的房地产实质的服务供货。后一个理论上包括类似油漆工作或维修（故障检修），但不包括清洁服务或日常预防性维护的服务①。

为了与可移动的固定资产的典型折旧期呼应，法律提供了一个5年的调整期。对于由不动产组成或与之相关的供货，调整期被设为10年。时期从最开始起，到供货初次开始筹备使用或用于应税交易的那个月的月末为止。最终的调整按照一般准则，会在每月基础上，通过在初始增值税进项税额的不同比例进行调整，该比例为增值税潜在进项税额的1/120。如果不动产在调整期结束前被销售，根据所有权转移的增值税待遇，它会被认定全部用于免税或应税交易调整的残留期，抵扣增值税进项税额的初始权利将依此进行调整。要进一步提到的是存在广泛的最低标准排除项，这与少数作业和服务的供货相关②。

① 参看2008年《德国增值税法案》行政纲领第217b（5）到（7）部分了解更多细节。

② 参看《联邦增值税管理》第44et seq部分了解更多细节。

第5章 日　本

渡边智之

这一章中的第一部分描述了日本现行的增值税[①]制度以及对不动产征收增值税的情况。第二部分与第三部分则探讨了不动产增值税的政策问题和一些案例，第四部分是对全章的总结。

① 在日本，增值税被称为消费税。因此，在本节中，消费税和增值税是同一概念。

5.1
现行税制综述

5.1.1　日本的消费税

在探讨不动产税收政策之前，我们先简单描述一下日本的增值税制度。日本的增值税被称为“消费税”，所以“消费税”在本章中就是指日本的增值税。消费税与所得税、法人税、财产税一样，均为日本的主要税种。日本的税收收入结构（国家和地方）见表5－1。

表5－1　各税种收入占税收总收入的比重
（依据2009财政年度初步预算）

税种	占税收总收入的比重
个人所得税（国家和地方）	33.6%
法人税（国家和地方）	20.9%
消费税（包括地方消费税[①]）	15.0%
特别消费税（对石油、酒等征税）	14.6%
财产税（由地方政府征收的一种地方税）	10.6%
其他（遗产税等）	5.4%
总计	100.0%

来源：日本财政部网站。

① 地方消费税于1997年引入，是年消费税税率也从3%增至5%。5%的消费税涵盖了4%的国家消费税以及1%的地方消费税。国家消费税与地方消费税的区别仅仅与税收收入在国家与地方之间的分配有关。国家和地方消费税均由国家税务总局征收，在纳税人的眼里，国家和地方消费税是一个税种。故在本章节中我们提到的”消费税”包括了国家消费税和地方消费税。

消费税于1989年引入日本，属于一个相对较新的税种。在此之前，日本的间接税制度是特定商品税，但是这种特定商品税有几个缺陷。首先，该税种不能征收足够的税收收入。其次，特定商品税不能在应税商品和非税商品中保持税收中性。在该税收制度下，对应税商品征税是在商品离开工厂之后向生产者征收，没有涵盖劳务消费。最后，该税制日趋复杂。应税商品的范围不够清晰，有时会产生争议。每当有新的商品（如个人电脑）问世时，都会就是否将其纳入征税范围产生激烈争论。因此，日本迫切需要改革早已过时的特定商品税并建立一个宽税基的间接税制度，消费税就是在这种背景下应运而生的。然而，与欧盟国家用增值税取代累积性的，但属于宽税基的交易税不同，对货物和劳务普遍征收的消费税对日本来说是一个全新的税种，它的引入在政治层面上是非常有争议的①。

1989年消费税刚刚引进的时候，税率是3%。1997年税率由3%增至5%（其中包括了4%的国家消费税以及1%的地方消费税）。消费税的课税对象包括大部分的货物和劳务，只有很少的货物或劳务被排除在外。由于日本的消费税税基宽，所以尽管税率很低，税收收入仍旧很可观。根据OECD的数据统计②，2005年日本

---

① 事实上日本消费税的引进是及其困难的。无论是1979年大平内阁还是1987年中曾根内阁都曾尝试引进一种增值税式的宽税基间接税，但由于新税种受到了强烈反对，最终他们都失败了。最终由竹下内阁向国会提交了消费税法案并于1988年通过，于1989年4月正式实施。

② 表3-14 OECD国家2008年消费税趋势：VAT/GST及消费税的税率、趋势及管理问题。

增值税的实际征收率[①]为0.72，实际上这个比重要高于OECD国家的平均值0.58[②]。

消费税的免税交易情况较少。后面还将详细论述，土地转让及租赁和住宅租赁是免税的。其他免税交易，包括有价证券交易、金融保险交易、公共医疗机构提供的医疗服务、社会福利服务、教育、国家或地方政府征收的注册及许可费。税制结构简单、只有单一税率和为数不多的税收豁免是现代消费税制度的理想特征。然而，如果将标准税率提高至10%，就有必要对诸如食品等货物实行一个较低的优惠税率。

消费税的征税对象是境内交易以及进口交易。“境内交易”是指“企业在日本国内进行资产等交易”[③]，“资产等交易”是指“转让或租赁资产和提供服务，属于有偿经营活动”[④]。境内交易的纳税人是指“转让应税财产等的企业”[⑤]，“企业”是指“个体经营者或法人”[⑥]，其中“法人”不仅包括商业企业，还包括公共部门以及慈善机构。“进口交易”是指自境外获取外国的货物[⑦]，进口交易的纳税人是“从保税区接收应税货

---

① 增值税实际征收率 = 增值税收入 ÷（潜在的增值税税基（consumption VAT revenue）×标准税率）。译者注：OECD使用的公式是：增值税征收率 = 增值税实际收入 ÷（潜在的增值税税基（Potential tax base）×标准税率）。

② 在OECD国家中，新西兰、卢森堡、瑞士的增值税征收率高于日本。

③ 《消费税法（CTL）》，第4－1章。

④ 《消费税法》，第2－1－8章。

⑤ 《消费税法》，第5－1章。

⑥ 《消费税法》，第2－1－4章。

⑦ 《消费税法》，第4－2章。

物的人"[①]，他还包括进口货物的最终消费者[②]。

2004年消费税的起征点（满足消费税免税条件的纳税义务人的最大年应税销售额[③]）从3000万日元降至1000万日元。这一起征点与英法两国的水平相当，但要比德国和意大利高[④]。日本消费税有特定的简易征收制度。消费税应纳税额为销项税额与进项税额之差。当符合条件的纳税人选择了简易征收制度时，进项税额就按照销项税额的特定比例来计算。该比例在各行业中有所不同，在50%—90%之间不等[⑤]。纳税义务人只有在年应税销售额不超过5000万日元的情况下才有权选择适用简易征收制度。

在增值税体系的国际比较中，与大部分国家采用的"凭票抵扣型增值税"相比，日本消费税采用了"减法型增值税"[⑥]。日本消费税并不需要提供购进货物增值税发票中所示的具体税额来作为进项税额的抵扣凭证。应纳税额是以销项税额与进项税额之差简易计算的。要想有抵扣进项税额的资格，纳税义务人通常要将以下文件保管七年以上：

（1）记录纳税义务人交易事项（项目、价格、数量）的账簿。

---

① 《消费税法》，第5－2章。

② 由于我们关注的是不动产问题，故本章中不再赘述有关进口交易的消费税问题。本章中的应税交易是指消费税法定义的"国内交易"，载渡边智之："日本国际交易的增值税"，《国际税收公告61辑》，第9/10期（2007）：第379—386页。

③ 《消费税法》，第9－1章。

④ OECD国家2008年消费税趋势，表3－9。

⑤ 固定的进项税额抵扣比例：制造业70%、批发业90%、零售业80%、服务业50%、其他60%。混合经营采用特殊规则。（《消费税法》，第37章以及《消费税征管条例》，第57章）。

⑥ 见罗伯特·F. 范布莱德罗德：《一般销售税制度：理论，政策以及实践》，奥斯汀：威科集团2009年版，第7章。

（2）报表、票据等。

这些文件被称作“日本式发票”，根据日本税法，这些文件可以在税收管理中合理替代增值税发票。

“减法型增值税”存在的问题与起征点存在的问题有关。尽管销售额少于1000万日元的企业有权选择登记成为纳税人，但这些企业是无需缴纳消费税的。在“凭票抵扣型增值税”模式下，如果免税企业处于增值税交易链条的中间环节，由于它无法开具增值税发票，它的客户就不能凭票抵扣进项税额，这就产生了过度征税。而在日本的“减法型增值税”模式下，即使买方与免税企业进行交易也可以抵扣进项税额，这就容易导致企业过度抵扣进项税。然而我们已经知道要想在日本推行“凭票抵扣型增值税”有诸多的政治性困难，这种增值税模式要么会使免税企业无法正常与其他纳税义务人进行交易活动，要么会增加它们的税收负担。

5.1.1 关于不动产的消费税

5.1.2.1 不动产和交易的类型：一般规定

土地及土地相关权利[①]的出售是不征收消费税的，但是建筑物的销售并不免税。出售城市内的空地免税，但是假如企业将土地连同土地上的建筑物一起出售，则需要就建筑物缴纳消费税。比如，如果一个人以9000万日元的价格购买了一栋房屋，其中土地价格是5000万日元，建筑物的价格是4000万日元，那么他需要就建筑物买卖缴纳200万日元的消费税（4000万日元×5%）。

---

① 土地上权利包括地上权利和出租权。

土地及土地相关权利的租赁也属于免税交易事项[①]。但是当租赁期小于一个月或是租赁的土地作为停车场用地等，就需要缴纳消费税。因此，停车场用地的租金需要纳税，体育活动用地的租金也要纳税。当一个建筑物（住宅除外）与土地一起出租时，全部的租金都要缴纳消费税。

房屋租金是免税的[②]。然而，如果房屋租期小于一个月，则需要缴纳消费税。为了免税，该建筑物必须用于居住。如果一建筑物商住两用，则用于居住的租金免税，用于其他用途的部分（商业用途）不免税。如果随建筑物一同出租的还有停车位，且无论承租人是否使用停车位房屋租金都不变，则全部租金仍旧免税（表5－2）。

表5－2　　　　不动产征税情况表

当地产类型	出售	出租
土地	免税	免税
土地（短期出租）	—	征税
房屋	征税	免税
房屋（短期出租）	—	征税
房屋（商业用途出租）	—	征税

从经济学角度来看，如何在对源于不动产（土地及地上建筑物）的服务征收消费税的同时而不过度扭

① 《消费税法》，第6章和《消费税法》附录1；《消费税内阁令》的第8章。
② 《消费税法》，第6章和《消费税法》附录1。

曲经济活动[1]是需要考虑的问题。增值税作为一种对消费课税的税种，应当对所有最终消费课税，包括由最终消费者享有的居住服务。在理论上，房屋土地交易以及房屋租金均应征收增值税。然而，无论是在实践层面还是在政治层面，要对业主自有房屋[2]租金征收增值税是很困难的。因此，在日本现行消费税制度下，为有效解决这个问题，税务局只对新建房的交易征税，同时对土地交易和房屋租金免税[3]。对于商业用途不动产服务征收的增值税，可以抵扣出售产品和劳务缴纳的增值税。这样，从买方的角度来看，对商用土地交易免收增值税的政策最大限度地保持了税收的中性化，因为后面链条上的交易者无法抵扣相关进项税额。企业以自有不动产提供商业服务是不征税的。这不会导致任何的扭曲，因为企业提供服务应当缴纳的税款肯定会与抵扣的税款相互抵销[4]。

由于土地的卖方一般来说是个人，他们往往不会登记为消费税的纳税人，这就使得对土地交易征收消费税在实践中变得极其困难。这也引发了另一个关于土地交易免税的争论。尽管对销售住宅的资本利得有着较为充分的税收减免以及其他一些特定安排，个人销售不动产所获得的资本利得仍须缴纳所得税。在日本，不动产交易除了要缴纳消费税之外还要缴纳其他税种，比如印花

---

① 根据 Sijibren Cnossen：“关于不动产的增值税处理”，税法设计与拟定。Victor Thuronyi（华盛顿：国际货币基金组织，1996 年），231—245；Robert F. van Brederode，一般销售税体系，Ch. 8。

② 日本地方市政当局征收的财产税可能被看做是房主在销售住宅服务时缴纳的额外的税款，尽管公司未启用的土地和不动产也要缴纳房产税。

③ 新建房需要缴纳的全部或部分增值税很有可能会被转嫁到房屋销售价款或者房屋租金中。

④ Liam Ebrill：《现代增值税》（华盛顿：国际货币基金组织，2001 年），第 98 页。

税和土地购置税。但是这些税种税负有限，无法替代消费税的作用和地位，甚至还会扭曲和减少土地交易数量。

消费税的征收对象是企业转让应税资产等。由于企业的定义是“个体经营者或公司”，而个人不是企业，所以个人销售住宅就不用缴纳消费税[①]。同样，个体经营者在销售自己的住宅时，只要该交易不被认定为商业活动[②]，就不用缴纳消费税。作为一般性规定，房主自用的房屋交易不属于免税交易，如何征税取决于卖房子的人是谁。

如果从事住房供给业务，且被视为是企业并成为消费税纳税人的住房开发公司或者个体经营者出售居住性房地产，只要其出售建筑物部分的年销售额超过1000万日元，就必须就出售建筑物部分的销售额缴纳消费税。那么，这些企业在向个人购买建筑物时可以抵扣进项税款吗？答案是肯定的。因为这些交易属于消费税的应税交易，只要建筑物买方是消费税纳税人，那么就可以抵扣进项税额[③]。

我们都知道日本的消费税是“减法型增值税”，应纳税款是销项税额与进项税额之差。而在“凭票抵扣型增值税”模式下，由于购买方无法从个人那里取得增值税发票，就无法抵扣进项税额。由于从个人处购买的房屋价款中一般会包括之前已经缴纳过的税款，那么税负累积几乎是无法避免的。一般而言，税负累积是自

---

① 《消费税法》，第2－1－4章。

② 《消费税法》，第2－1－8章。

③ 然而，如果这些企业购买住宅是出于再租赁的目的，那么由于进项税额与房屋租赁的免税销项税额相一致，企业就不能抵扣进项税额。

用住房二手交易免税的根本原因[①]。但是，日本的“减法型增值税”制度由于不需要凭票抵扣而避免了税负累积，也就无需对二手房交易免征消费税。尽管日本的“减法型增值税”有这些优点，但是在另一方面，它也导致了过度抵扣以及其他的扭曲效应。第四部分将继续探讨不动产交易情况下“减法型增值税”的其他问题。

5.1.2.2 免税交易与应税交易的区别

如上文中所说，日本消费税尽管规定包括房屋在内的建筑物销售属于应税交易，但土地（包括土地相关权利）的出售和租赁、房屋出租是免税的。一旦税制体系中规定了免税政策，那么如何区分免税交易与应税交易就会变得非常困难。在日本，税法只是规定了不动产交易免税范围的一般准则，关于不动产免税交易的更多具体解释则体现在国家税务局发布的规章中[②]。这些规章的简要内容如下：

1. “土地”的范围[③]

“土地”不包括地上可独立交易的固定资产。因此，房屋以及其他建筑物或是地上设备并不是“土地”的一部分。地下的矿产资源也不是“土地”的一部分。但是，如果该土地是居住用地，并且随土地一起进行交易的还有地上的树木、岩石等，则将其视为土地的一部分。如果地上的树木、岩石等与土地分开出售，则该交易就不能免税。

---

① Liam Ebrill，supra，99。

② 税法相关规章制度统一解释了税务局的税收法规但并未与纳税义务人的解释相结合。然而，这些规章制度的推出一般都是为了提高有关税法应用的可预测性。

③ 《消费税基本规章》，第6－1－1章。

2. “土地相关权利”的范围①

“土地相关权利”包括土地的使用权，比如地上权、租赁权，还包括地上权的续租权。但是“土地相关权利”不包括从土地中获取矿产资源权、温泉使用权、土地抵押权，因为这些都不属于土地使用的权利。

3. “土地租赁期限”

一般而言，土地租赁是免税的，除非租赁期限小于一个月②。判断租赁期限的方法不是看实际租赁的时间，而是要看租赁合同③。

4. “地上设施的租赁”

对“土地租赁”免税并不包括供承租人使用的地上设施④。这些设施包括停车位、房屋、棒球场、游泳池、网球场地等。如果要租赁的土地不含任何地上设施，就算将其用于停车，土地的租赁也是免税的⑤。

5. “房屋租赁”的范围⑥

即使房屋在租赁的同时还提供了花园、家具、空调设备等，仍将之看作是“房屋租赁”。然而，假如对使用这些设备单独收取使用费，这些费用就不是“房屋租金”的一部分，从而需要对其征税。在一些情况下，诸如为老年人提供生活协助等，尽管这些附加的服务是含在租金中的，但它们仍要缴税。

6. 宾馆的范围⑦

宾馆的住宿费不属于房屋租金，需要缴税。如若出

① 《消费税基本规章》，第6-1-2章。
② 《消费税法》，第6章；《消费税附录1》，内阁令，第8章。
③ 《消费税基本规章》，第6-1-4章。
④ 《消费税法》，第6章；《消费税附录1》，内阁令，第8章。
⑤ 《消费税基本规章》，第6-1-5章。
⑥ 同上，第6-13-1章。
⑦ 同上，第6-13-4章。

租物就是宾馆、小旅馆、度假屋，根据日本的《宾馆商业法》（Inn Keeping Business Law），即使租期超过了一个月，该租金也不能免税。

7. “改变建筑物的用途”[①]

如果对租赁合同进行修改，建筑物不再用于居住目的，那么租金就需要缴税。如果承租人签署了租住合同但事实上将之用于商业目的，那么该承租人就不能抵扣租金的进项税。

5.1.3 附有建筑物或其他设施的土地交易

由于日本消费税对建筑物征税但对土地交易不征税，这样，就产生了有地上建筑物的土地交易的税收问题。比如，当一个消费者从房地产公司购买了土地和地上附着的房屋时，土地的价格与房屋的价格在合同上是分开标示的，对于房地产公司来说，房屋的价格就是消费税的税基。然而，由于在实践上很难准确的估计土地和房屋的价格，无论是房地产公司还是消费者都会试图通过操纵房屋和土地的价格比例来少缴税款。尽管关于附有房屋的土地交易的一般规定要求对土地与房屋之间的价格应合理划分[②]，但在实践中通常很难判定如何分配是合理的。

当销售一块附带房屋以及停车场的土地时，停车场的销售价格应包括在土地价格之内，也就是包括停车场在内的土地价格都是免税的（当然，房屋部分的价款还是要征税的）。但是，如果房屋下面建有车库，这个车库就不能看做是土地的一部分的，还要对车库进行合

① 《消费税基本规章》，第6－13－8章。

② 《消费税基本规章》，第10－1－5章。

理估价并征收消费税。

那么，对不动产交换该如何征收消费税呢？假定ABC公司要将自有的一块土地连同建筑物与XYZ公司所有的一块土地连同建筑物进行交换。我们假设ABC公司的土地和建筑物的市场价格分别是3.7亿日元和3000万日元，XYZ公司的土地和建筑物的市场价格分别为4亿日元和1亿日元，在交换不动产时，为了弥补市场价差，ABC公司要付给XYZ公司1亿现金作为补偿。当应税不动产发生交换时，税基是获得的不动产的市场价格以及随不动产交换而发生的现金转移①。在这个案例中，ABC公司在不动产交换中获得了4亿日元，其中，3000万×100÷105=28571000日元是需要征税的，应当支付税款1429000日元。对于XYZ公司而言，不动产交换获得了5亿日元。应税销售额是1亿日元，税基是1亿日元×100÷105=95238000日元，应当支付税款4762000日元。以后，如果ABC公司和XYZ公司利用这些不动产生产应税产品，就可以抵扣这些进项税款。

5.2 现行消费税制度中的政治问题

5.2.1 对公寓楼所有者税收筹划的限制

5.2.1.1 问题的背景

尽管房屋出租是免税的，但是公寓所有者还是能够

① 《消费税内阁令》，第45章。

通过利用所谓的95%规则[①]，使用欺骗性手段来获取消费税的巨额退税。为了堵塞这个漏洞，2010财政年度的税改法案[②]进行了一些必要的调整。

下面描述一个典型的滥用规则进行税收筹划的例子[③]。假定一个纳税人（一个名叫Y先生的个人）从X年开始出租一套公寓：

（1）X-1年：当年，Y先生的应税销售额小于起征点，因此他就不是消费税的纳税人。在X年，他向税务局递交相关材料，登记注册消费税纳税人身份，并从下一年开始成为消费税纳税人。

（2）第X年：Y先生花了2.1亿日元（其中包括1000万日元的消费税）建造了一栋公寓，该楼于X年年底竣工，并从第X+1年开始对外出租。在第X年期间，Y先生在公寓楼前面安置了一台销售饮料的投币式自动售货机。第X年的饮料销售额是63000日元，与其相关的购进金额是42000日元。假设第X年Y先生的全部销售额就是出售饮料的金额。这个案例中，消费税的应税销售额占总销售额的100%。

（3）第X+1年：Y先生要抵扣第X年的进项税额。在第X年，总销售额是63000日元，而总的购进金额为2.1亿日元加上42000日元。Y先生获得了共计9999000日元的退税，也就是销售额与购入额之差的5/105。假设X+1年购进金额不再上涨，且于X+1年收到相关的免税房屋租金。那么Y先生就可以向税务局

---

① 应税销售额占总销售额的比例超过95%的纳税义务人可以抵扣所有的进项税额。（CTL，Art.30-2）。

② 日本的财政年从每年的4月开始，而2010财政年度税改法案于2010年4月1日生效。

③ 佐藤晃大："消费税进项税额限制"，《国家税务学院》2008年第8期。

提供材料申请从第 X +2 年开始获得免税资格[①]。

（4）第 X +2 年：Y 先生成为消费税免税企业。

上述情况就是“95% 准则”赋予小规模企业[②]有权选择成为消费税纳税人或免税企业而直接带来的骗税后果[③]。而“95% 准则”原来的目的是为了减轻纳税人的负担。通常来说，如果纳税人既有免税销售额也有应税销售额，可以抵扣的进项税额只能是与应税销售额相对应的那一部分，而且抵扣的进项税额也应是按照项目或比例来确定的。但是如果纳税人只有一小部分免税销售额，比如取得的存款利息收入，那么严格执行“95% 准则”会使得纳税人负担加重。因此，应税销售额占总销售额 95% 以上的纳税人是可以全额抵扣进项税额的[④]。而在这个例子中，尽管房屋租金是免税的，公寓房所有者仍滥用该准则，抵扣了建筑物成本的进项税额。

由于应税销售额占总销售额比例的计算以年度为单位，所以纳税人就极有可能滥用“95% 准则”。消费税法规定，当应税销售额占总销售额的比例出现较大变动时[⑤]，可以启动税收负担调整机制。这就是，如果纳税人购买了一台价值 100 万日元且至少要使用三年的固定

① Y 先生能够免税是因为他的应税销售额小于 1000 万日元（他的大部分销售额都是免税的房屋租金，饮料的应税销售额很小，可以忽略不计）。另外，由于从他 X 年选择成为纳税义务人算起已经过了两年，所以他有资格选择成为免税企业。（《消费税法》，第 9 -6 章）

② 1000 万日元的免征额是以应税销售额（不是总销售额）进行测算的，而房屋租金是不征税的。

③ 这种行为潜在的其他原因是基本准则规定房屋销售是要征税的，而房屋租金是免征消费税的。

④ 《消费税法》，第 30 -2 章。

⑤ 假如比例的变化大于 50%，并且购入年份的比例与三年间的比例之差大于 5%。《内阁令消费税法》，第 53 章）则我们称应税销售额的比例有很大浮动。

资产，则要在第三年调整抵扣的进项税额，这样购入的固定资产进项税额就能以三年间应税销售额占总销售额的平均比例进行计算[①]。若这个调整机制适用于前面公寓楼的案例，由于从第 X 年到第 X+2 年这三年的应税销售额与免税销售额的比例很低，就可以在第 X+2 年对这一高额进项税额抵扣进行调整。例如，若纳税人可抵扣的进项税额是根据应税销售额占总销售额的比例计算的，第 X 年应税销售额占总销售额的比率为 100%，之后三年这一比率为 5%，那么在第 X 年抵扣的 1000 万日元进项税额中的大部分将在第 X+2 年进行调整，并且税务机关会要求纳税人返还 950 万日元的抵扣税款。但是，由于房主在第 X+2 年获得免税资格，这个调整机制就不在起作用。假如房主在第 X+2 年选择简易征收制度，他仍可以享受到类似的税收优惠[②]。

5.2.1.2 2010 财政年度税收改革的措施

为了杜绝上述税收筹划行为，2010 年 4 月日本实施了一个新的措施。新措施规定，如果一个小规模企业选择成为消费税纳税人，并且购入的固定资产需要抵扣进项税，那么该企业三年内不得成为免税企业，且该企业在这三年内也不得选择简易征收制度。这样，通过限制纳税人征税资格或免税资格的选择权，税务机构将重新收回被超额抵扣的进项税款。

2010 财政年度税收改革实施的这一措施可以杜绝上述消费税制度中存在的漏洞。然而“95% 准则”[③]

① 《消费税法》，第 33 章。

② 如果企业选择使用简易征税制度，那么消费税以应税销售额的固定比例计算，此时《消费税法》，第 33 章是不适用的。

③ 《消费税法》，第 33 章。

并未随着2010财政年度税收改革而修改。尽管"95%准则"是为了减少纳税人的遵从成本，但它未免过于优惠了。该准则看起来导致了大量的收入流失，因为只要纳税人，即使是个大公司，它的非税销售额比例小于5%，不仅免税项目的销售额的免缴税款，还可以全额抵扣进项税额。因此，有必要对"95%准则"进行细致考察，至少也要在未来几年内提高95%的比例。

5.2.2 提高房屋建造税率可能带来的影响

随着财政赤字的扩大以及人口老龄化的速度加快①，日本在未来几年迫切需要提高消费税税率（目前是5%）来为社会保障提供足够的资金。由于消费税只对出售新建房屋征税而对销售因房屋所有权获得的住宅服务免税，税率的上涨会对建筑业产生很大的影响。如果也对上述住宅服务征收消费税，那么税率上涨将会对建筑业的影响就变得温和。几年后可能会同时对新建房和存量房的住宅服务提高税率，但是新房的购买者可以通过抵扣进项税额来消除增加的税收负担。然而，这些处理方式在实践中和政治上未必行得通。因此，消费税实际的征收对象其实是新建住房交易，提高税率肯定会立刻增加新建房屋购买者的税收负担，使得对房屋建筑业的需求下降。

一般来说，对房主在购买自用房产时征收的消费税也包括了对房主因购买房产而获得的相关服务的征税，因为房产的购买价格被认为是包含了来源于拥有

① 2008年65岁以上人口占总人口的比例是22%。根据日本政府官方的估计，这个比例在2025年可能会达到30%，2050可能会达到40%。

房产的未来服务的现值。这种内涵式的计税方法有时会被称为“预付款”方法[①]。只要消费税税率保持不变，那么这种“预付款”方法就是合理的。然而，在“预付款”制度下若消费税税率上涨，那么只有那些在税率上涨之后购买新房的人会增加税收负担。因此，在“预付款”制度下，建筑业会因税率提高而遭受更大的负面影响。

日本经济学家研究认为，消费税对房屋建造将会造成非常大的影响[②]。在有关理论文献中，他们首先提出了一个理论模型来证明增税会立即降低房屋扣除税额之后的价格并减小供给。之后，房屋的价格和供给会逐渐恢复，但是价格会低于增税前的价格而供给能恢复原来的水平。房屋供给的减少，使得房屋租金上涨。专家认为，通常情况下实际税负的增加发生在相关部门宣布消费税上涨之后，所以在宣布税率上涨与具体实施的时段内，房屋的价格与供给会发生短暂的上涨，而在税率上涨以后会下降。在理论分析之后，他们利用一个经济学模型来评估消费税上涨带来的影响，并分析了 1989 年至 1999 年的数据。专家的结论是，消费税税率提高对房屋建造的影响在 10% 到 30% 之间，税率上涨之前会增加房屋建造上涨之后会降低房屋建造。他们估计这种负面影响会持续七八年之久，并强调政策的制定应当谨慎考虑宏观经济的稳定性。

---

① 《消费税》，Liam Ebrill：《现代增值税》（华盛顿：国际货币基金组织，2001 年），第 98 页。

② 山崎福寿和贺寿浅田：“对住宅建筑动工数量征收消费税的影响”，《住宅及土地经济季刊》，2003 年冬。

5.3
不动产交易的案例

在这一部分，我们将简要谈论两个与不动产交易相关的案例；一个是关于增值税（消费税）的销项税额，一个是关于增值税（消费税）的进项税额。

5.3.1 应税交易案例

这个案例中涉及的问题是消费税的征税范围。纳税人X先生以实物支付的方式缴纳遗产税。他从事的业务包括农业和出租不动产，是属于个体经营者的消费税纳税人。X先生被迫出售他的公寓来履行缴纳遗产税的义务。税务机关认为，X先生通过出售应税资产来缴纳遗产税，要对其房屋的转让征收消费税。X先生不同意这一处理，并正式向国家税务特别法庭[①]提出申述，但随后被法庭驳回[②]。

X先生提出了三点主要理由：

（1）以实物支付的方式缴纳遗产税不是一种经营活动性质的资产转让。

（2）由于出租公寓楼相关的进项税额不允许抵扣，那么转让公寓楼也不能被看作是应税交易。

（3）由于以实物支付的方式缴纳税款而出售不动

① 国家税务特别法庭是国家税务总局内的独立部门，它的职责是对纳税人提出的诉讼进行调查，从而保护纳税人的权利。如果特别法庭不受理纳税人的案件，则纳税人可以转而向法院提起诉讼。

② 国家税务特别法庭的判决，2000年10月11日。

产，其资本利得不征收所得税，那么也不应对该行为征收消费税。

国家税务特别法庭的判决如下：

（1）资产等的转让，包括实物替代支付[①]，因此实物支付[②]遗产税属于替代支付。另外，由于公寓楼在 X 先生经营期间被使用，所以公寓楼的转让也就属于商业资产的转让[③]。这样，在消费税制度[④]的理念中，实物支付就属于"资产等的转让"。（土地转让属于免税交易，仅对建筑物的转让征税。）

（2）只要不属于免税范围，企业资产等的转让就要缴纳消费税[⑤]。《消费税法》第 35 章对购入资产改变用途规定了一个调整规则，即购进的用于非应税项目的资产在三年之内转而用于应税项目的，可以抵扣进项税额。但是这个规则并不适用于本案。

（3）与所得税制度不同[⑥]，消费税并没有规定实物支付可以免税。

5.3.2 进项税额案例

这个案例与进项税的抵扣范围有关。X 公司是一个制造业公司，该公司决定新建楼房并给予提前终止租房合同的老楼房租户一定的补偿。之后，X 公司向税务部门提出了就支付的补偿费用抵扣相关进项税额的申请。税务部门并未接受该申请，认为终止合同以及进行相关

① 见《消费税法》，第 2－1－8 章。

② 见《遗产税法》，第 41 章。

③ 见《消费税相关内阁令》，第 2－3 章。

④ 《消费税法》，第 4－1 章。

⑤ 《消费税法》，第 6－1 章。

⑥ 《特别税收法》，第 40－3 章。

的补偿并不属于“资产等的转让”，因此，X公司无权抵扣相关的进项税额①。法院也驳回了X公司的诉讼。

X公司坚持认为他们用补偿款购买了租户租住房子的权利，这就是可以抵扣相关进项税额的理由。X公司还认为，公司向租户付的补偿款即为租户获得的收入，应缴纳所得税，这一规定同样也应适用于消费税。

法庭认为提前终止租房合同的补偿款并不能看作是资产的转让。资产的转让是从一个人手中转移到另一个人手中，但在这一案例中，当付给租户补偿款时，他们的租赁权利是消失而不是转移了。因此，即使补偿款可以被看作是购进项，也很难确认X公司产生的与之对应的产出。X公司虽与其租户达成一致决定终止租户的租赁权利但不能将其视为租户向X公司销售租赁权利。对资产转让的资本利得征收所得税与对资产转让征收消费税是两个不同的概念，两种税在处理方式上也是不可比的②。

5.4 小结

日本消费税制度的管理是非常顺畅的，到目前为止，简易的减法方法没有出现大的问题。然而，未出现问题可能仅仅是因为消费税税率还保持在一个较低的水平上。从中长期来看，日本或许只能通过提高消费税税

① 《消费税法》，第30－1章。

② 1997年8月8日日本区域法院判决书。

率来满足巨额的财政需求。未来在提高税率之后，是否要用发票抵扣型增值税代替减法型增值税肯定会引发激烈的政治讨论。下面，我们通过对不动产征税的情况来讨论。

在凭票抵扣的制度下，纳税人需要注册登记并对所有的销售开具增值税发票。没有取得增值税发票，消费者就不得抵扣相关的进项税额。正是这个原因，如果销售方不给购买企业开具增值税发票，则该企业不会签订购买合同。这通常被称作是增值税的自我管理效应。同时，增值税发票的开具还可以用来区分应税交易和免税交易。日本现行的减法型增值税制度是没有自我管理效应的，因为即使他们从免税交易中购进的货物仍可以抵扣进项税额。现行的减法型增值税制度不仅导致了过度的退税，还会导致纳税人与非纳税人之间界限模糊。没有增值税发票会让纳税人必须确定一项交易是否应当征税，在一些案例中，纳税人需要根据交易的特点来确定该交易是否属于“资产等的转让”①。

不动产交易通常是在经营活动范围之外进行的。尤其是在一些住宅及建筑用地的交易中，至少有一方是个人，而个人并不是消费税纳税人。当个人购房自住时，他将会负担相关的税收。这与经济学理论是一致的，因为消费税的目的就是要向最终消费征收，尽管税款并不是直接从房产所有者手中征收而是从最初购买房产的人征收。如果最初的购房者后来又将房子卖给了别人，由于个人并非“企业”，故该交易是不征税的。尽管个人是没有资格抵扣进项税的，但是他可以将税款包含在销

① Robert F. van Brederode, supra, 109. 中有更多细节。

售价格中从而转嫁给购买方[①]。如果个人出租房产给其他人，该项交易是免税的，这不仅是因为个人不是企业，而且还因为住房出租本身就是免税的。在这种情况下，出租人虽不能抵扣进项税额，但他可以通过将税款加在房屋租金中从而将部分甚至全部的税负转嫁给承租人。

只要个人有应税销售额，那么他就可以有权选择登记成为消费税纳税人。要想行使这个选择权，他的销售额必须低于起征点，但是对于应税销售额而言并不存在一个最小值准则。由于每过两年个人即可在纳税人或非纳税人身份之间选择是否转换，那么第二部分中讨论过的滥用税收筹划的行为就可能发生。这就使得个人可以在享受房屋出租免税优惠的同时又作为纳税人来抵扣进项税额。我们应当重新审视是否应该限制纳税人利用“95%准则”获得的纳税人身份的选择权。

由于日本消费税并不是以票扣税型增值税，这就需要根据交易的特点来区分应税交易与免税交易。在第三部分讨论的案例中，实物支付遗产税是应税交易，而为提前终止租赁合同付出的补偿款就不能进行抵扣，这些在税收政策层面上是很有争议的。这样的判决与日本所得税也不一致。通常在所得税与消费税上对某一交易有不同的处理方式是可以接受的，但是由于所得税与消费税有很多相似之处，日本的纳税人难免困惑。这两种税收的税基也都是根据经营活动的会计记录进行计算的。

---

① 在一个案例中，个人将他的房产卖给了房地产经纪公司，尽管交易本身是不征税的，公司仍能抵扣进项税额。若个人将房产卖给了企业，之后企业又转而将房产转租给了其他人，由于进项与免税销项相关，故企业不能抵扣销项税额。

这一章节考察了日本对不动产征收消费税的情况。日本采用减法型增值税的方法来确定增值额。减法型增值税的优点是它的税收遵从成本低、管理便捷。但是由于增值税发票的缺失，也使得不能明确辨别纳税人和应税交易。与不动产税收相关的几个问题还需要进一步研究。

第6章 墨西哥

卡洛斯·马丁尼斯

6.1 导言

墨西哥近年来房地产投资持续增长，尤其是对诸如大型商店、购物中心、酒店、办公楼以及住宅性房地产等设施的投资。

由于人们对安全性、稳定性的追求以及当前对住房的需求高于社会实际提供的水平，因此，墨西哥房地产部门在国民经济中起到了重要作用。此外，值得正视的一点是，许多国外退休人员决定重新回到墨西哥，不仅因为居住环境宁静，而且当地的生活成本较低。这给当地政府创造了一系列为上述人群建造服务设施的必要性，比如建造医院、居民住宅、交通设施等等。

墨西哥房地产部门的成功还源于旅游房地产业的发展，旅游房地产业主要来源于分时服务的销售和新景点的开发。对于国外投资者而言，墨西哥旅游业市场因该国拥有很多自然风景区和高质量的服务而具有很强的吸引力。

与此同时，世界范围内的经济衰退对美国、欧洲以及其他许多国家的房地产业造成了影响，并且削减了相当大规模的投资项目。然而，经济衰退不仅没有给墨西哥房地产业带来负担，反而使其成为经济增长的内驱动力。

墨西哥的房地产业非常重要，它创造了就业、吸引了投资并且得到政府支持和利息上的优惠扶持。

鉴于上述情况，墨西哥对房地产投资者具有吸引力，因此，对国外投资者而言，深入墨西哥经济部门了解房地产业应当遵守的税收法规以及财政收益和激励措施非常重要。

本章主要讨论有关房地产业增值税的处理，主要包括：墨西哥增值税介绍、增值税综合评价、包括特殊事项在内的房地产业增值税处理以及房地产业所涉及的其他税种概述。

6.2
背　　景

6.2.1　墨西哥引入增值税的时间和原因

墨西哥增值税法①于1978年12月29日颁布，1979年正式实施。增值税法取代了之前对商品收入征收的联邦税（Federal Tax on Mercantile Revenues，‘FTMR’）法。

对商品收入征收联邦税持续了大约30年，期间允许废除过时的征税，如对发票征收的印花税。然而，由于经济的发展和生产、分配过程的复杂化，该税法的缺陷逐渐显现出来。因此，有必要实行新的税种。

作为总的收入税，对商品收入征收的联邦税的主要缺陷是生产和分配链条上的每一环节引发的税收前置导致税收积累。因为每一个环节均产生税收，消费者承担的总的税收负担取决于分配链条的长度。同样，由于供给链条长度和相关税收金字塔的不同，不同的消费者会面临同种产品不同的价格。为了消除这种经济的扭曲，大多数国家采用增值税替代总收入税，从而保持税收中性。

增值税情形下，企业会获得一张在采购时用于缴纳税款的信用卡，从而消除税收积累的影响。企业销售需缴纳增值税，对税务当局而言，需要区分对销售征税和

① 官方税收公告上公布的增值税法。

对购买征税（销项税额 - 进项税额 = 应纳增值税税额）。

1978年法令规定，居民打算居住或者已经居住使用的土地和建筑物免征增值税。

6.2.2 增值税综述

增值税属于一次性征税，由几乎所有类型的商品和服务的最终消费者缴纳。然而，每个商业实体（包括个人或者企业）在从原材料销售到提供给最终消费者的产品的生产和分配过程中，都需要从购买商品和服务的消费者身上收取税款（销项税额），并抵扣生产者购买商品和服务所缴纳的税款（进项税额）。增值税最重要的特点就是它的进项税抵扣制度，它保证了消费者最终税收负担与法定税率一致。

增值税在运用上存在一些例外，并且进项税额也可退回。特别是，当纳税人从事免征增值税的活动，如从金融机构获得一定的利息收入或者销售土地时，纳税人作为最终消费者，在其购买时销售方缴纳的增值税可退回。某些情况下，增值税进项税额可在公司所得税中抵扣。此外，某些机构从事适用零税率的活动，增值税进项税额可作退税申请或者将超过进项税额的部分在其他联邦税中抵消，比如：所得税或者统一税。

墨西哥增值税在现金基础上计算，这表明只有和应税销售相关的征税才会产生销项税额。同样地，当纳税人真正向供货方缴纳税款时，才能要求抵扣其进项税额。

因此，每个纳税人由于销项税额和进项税额不同而导致应纳净税额不同。

6.2.3 应纳税交易

增值税法规定，墨西哥境内个人和企业从事以下经济活动将产生增值税[①]。

（1）销售（转让）商品。

（2）提供独立服务。

（3）出租（商品的授予（granting）或租赁）。

（4）进口商品和服务。

税法中规定了许多特殊情况以及某些特定经济活动适用零税率。

6.2.4 税率

增值税法规定了三种不同税率：基本税率为16%；边境地区税率为11%；某些特定经济活动适用零税率[②]。

销售商品、提供服务以及不适用于特别税收免除或者零税率的租赁和进口业务——适用16%的税率。

边境地区居民进口在该地区销售或者供给的商品和服务，适用11%的税率。居住在边境地区的纳税人销售在该地区供应的商品和服务同样适用11%的税率。但该地区销售不动产（土地之外）适用16%的税率，销售土地免征增值税。边境地区是指墨西哥北部和南部边境20公里以内的地区即巴哈加利福尼亚州、下加利福尼亚州和金塔奥罗奥州、卡沃尔卡市、迦南以及其他指定地区。

某些交易免征增值税，比如销售土地、股票以及住

① 《墨西哥增值税法》第1条。

② 《墨西哥增值税法》第2条。

宅性建筑物，银行支付的利息、医疗服务、教育以及出租住宅性房产，还包括在满足某些需求的情况下，出售房地产投资信托未分期分享股权的证书[1]。另外，除了上述免税事项外，大量商品和服务依据其经济效应适用零税率，实质上也就是免税，例如几乎所有食品、药品的销售和出口。

6.2.5 应纳税交易类型

6.2.5.1 商品销售（转让）

就税收而言，转让主要考虑以下几个方面：

（1）任何财产转让，即便转让人保留了被转让财产的权利，亦如此[2]；

（2）商品分配，甚至当分配有利于债权人，亦如此；

（3）对企业或者协会的资本捐赠；

（4）金融租赁下发生的转让；

（5）信托下发生的转让，当：（a）受托人指定或者承诺指定一个非本人的受益人，在无权从受托人处再次获得财产的情况下；（b）受托人放弃重新获得信托财产的权利，如果保留这种权利；（c）受托人收到信托资产的参与证书（participation certificates），除非资产通过股份形式构建。

（6）信托资产权利分配，当：（a）受益人分配权利或者指示受托人将资产过户给第三方。在这些情况下，可视为受益人在指定时获得资产以及在分配权利或者作出任何指示时转让资产。（b）如果受托人有转让

---

① 《墨西哥增值税法》第9、15、20、25条。

② 《联邦税法》第14条。

资产的权利，则在其分配权利时。

(7) 有形资产权利的转让或者获得有形资产的权利转让，是通过有价证券转让或者标的证券权的分配来执行的。但这不适用于股票或者所有权权益的情况。

(8) 与商品、服务销售相关的应收账款的转让，或者在执行金融保理协议下销售商品服务应收账款的转让。

(9) 公司合并、分拆情况下发生的交易，其中，遵照某种特定要求的除外。

在联邦税法典和增值税法下，以下情况视作转让在墨西哥境内发生：当商品运至购买方时商品位于墨西哥境内；转让方在墨西哥境内实施商品交付或者商品交付被认为在该国发生①。

对于“交付”一词的定义非常重要，因为它是判定增值税应税交易的关键要素。

此外，墨西哥民法典对商品的真实交付、法定交付以及虚拟交付进行了区分②。

真实交付是指已售商品的实际交货，或者正确票据和证券的交付。

当法律上认定购买方已收到商品时，则法定交付即发生，即使商品并没有实物交易。

一旦购买方认为已售商品任由其支配时，虚拟交付就发生了，虽然，销售方只是将商品放在仓库中。因此，只有同时拥有权利和义务才是真正意义上拥有资产。

基于以上几点，只有真实的商品交付才会引发增值

① 《墨西哥增值税法》第 10 条。

② 《墨西哥民法》第 2062 条和第 2096 条。

税。因此，原则上讲，法定交易或者虚拟交易不应当产生增值税，除非现货交易已完成。

当与上述情况相符时，转让交易发生，购买方应当缴纳增值税。

增值税税基包括销售价格和向购买方征收的其他税、利息或者其他性质费用的总额。

6.2.5.2 服务

应税服务指在墨西哥境内由一个人向另一个人独立提供的服务，比如乘客和商品的运输、保险、技术支持以及技术转让[①]。

服务的定义非常宽泛，包括做某事支持某一特定的人、阻止做某事或者允许其他人做某事的义务。民法或者其他法律对服务的定义或者分类与增值税的处理无关。

雇员或者其他人提供服务取得的薪酬不缴纳增值税，因为这些服务并不是靠独立提供得以实现的。

服务的税基不仅包括服务的价格，还包括对消费者征收的其他税收、生活补助、费用、报销、利息等等[②]。

当某项服务部分或全部由墨西哥居民提供，则认为是在墨西哥境内提供[③]。

6.2.5.3 商品租赁

就税收而言，有形资产使用权的转让属于应税行

① 《墨西哥增值税法》第14条。
② 《墨西哥增值税法》第18条。
③ 《墨西哥增值税法》第16条。

为。它包括使用权和租赁权，通常定义为由拥有房产的一方暂时让渡给另一方享有的权利[①]。

增值税的租赁行为还包括分时服务。分时服务指一个人或者一群人直接或间接拥有协议中规定的，通过支付一定的货币量获得在特定安排好的时间内，使用或者利用资产或者特定类别中可变单元的任何部分的权利，或者在没有资产转移的情况下获得分时服务或者参与权[②]。

当商品交付承租人时位于墨西哥，则认为租赁行为在墨西哥境内发生。

租赁行为的税基不仅包括租赁价格，还包括对承租人收取的其他税收、维修费用、报销和利息等等。

6.2.5.4 进口

除了正常的进口关税外，海关当局还对所有的进口商品征收增值税[③]。对进口有形资产征收的增值税是按照海关法确定的关税完税价格加上关税以及其他所有税收（如，对进口征收的消费税）计算所得[④]。

任何进口增值税完全由进口者缴纳，并且增值税必须在货物报关清关前缴纳。

进口无形资产和服务，虽然不需要实际缴纳增值税，但是无形资产和服务的接收人应当承担税收责任，每月进行增值税纳税申报并且扣除与申报相同的税额作为抵扣额[⑤]。

---

① 《墨西哥增值税法》第 19 条。
② 《墨西哥增值税法》第 19 条。
③ 《墨西哥增值税法》第 24 条。
④ 《墨西哥增值税法》第 27 条。
⑤ 《墨西哥增值税法》第 50 条。

非居民纳税人在墨西哥境外提供服务，且不在墨西哥境内使用，不征收增值税。

当资产临时出口后回到墨西哥，其价值在国外增加，增加值将会征收进口增值税[①]。

以下进口商品免征增值税[②]：

——某些临时进口；

——墨西哥海关法中规定的行李和家具；

——不征收增值税的某些资产的销售或者服务；

——外国居民捐赠给墨西哥政府的商品；

——永久性公共展出的公认艺术品；

——墨西哥公认的由创作者进口的艺术品；

——含金量在80%以上的黄金；

——海关法、财政和公共信贷部批准的车辆。

6.2.5.5　出口

出口商品和部分服务适用零税率，因此不用缴纳增值税[③]。

虽然在零税率情况下，出口商不用缴纳增值税，但是当其购买相关商品和服务时需缴纳增值税，但可作抵扣或者退税。出口商品免征增值税。

6.2.6　税款

增值税销项税额的净增加值是指供应商从消费者身上征收的销项税额经由税务局减除后，从而确定增值税每月应纳税额[④]。

---

① 《墨西哥增值税法》第24条。

② 《墨西哥增值税法》第25条。

③ 《墨西哥增值税法》第29条。

④ 《墨西哥增值税法》第5条D。

增值税进项税额在购买商品、服务和租赁时产生，每月增值税进项税额总和可以抵扣销项税额。增值税进项税额超过销项税额的部分可以退回。

当纳税人涉及应税和免税的混合行为，消费者应当有效确定应税行为以及哪些行为可抵扣增值税。但是，免征增值税的商品和服务则不能退税。

既涉及应税也涉及免税的商品和服务的进项税额，可以按照应税商品和服务的货币价值占应税、免税商品和服务总价值的比例，按月退税①。纳税人可以在上一财政年度税额抵扣比例的基础上选择确定当年的税额抵扣比率②。

6.2.7 增值税的抵扣

增值税进项税额可在计算所得税时作为基本费用抵扣③，但增值税应当在发票上清楚注明。增值税与所得税的相互关系是墨西哥增值税的重要部分。增值税中某些特定成本进项税额不能作抵扣，例如购买商誉所缴纳的增值税不能作抵扣，计算所得税时，也不能抵扣。

当一个企业的部分经济行为免征增值税时，只有应税行为所缴增值税才能够抵扣，《墨西哥增值税法》第5条规定，纳税人依据下列规定计算增值税抵扣额：

（1）当纳税人购进的商品和服务（包括租赁）仅仅用于增值税应税行为时，缴纳的增值税全额抵扣；

（2）当纳税人购进的商品和服务（包括租赁）仅仅用于免税行为时，进项税额不能抵扣；

---

① 《墨西哥增值税法》第5条A。

② 《墨西哥增值税法》第5条B。

③ 《墨西哥增值税法》第5条C。

(3) 当纳税人承担的经济活动既有应税项目又有免税项目，已纳增值税额可以按照比例抵扣。

抵扣率由当月总的应税行为占某时间段应税行为总和的比值而定。该计算方法，不包括以下项目①：

(1) 进口商品和服务；

(2) 销售固定资产，延期成本和费用以及土地；但土地成为纳税人存货的一部分时除外；

(3) 红利，其中主要所得为红利的公司收到的红利除外；

(4) 出售股票和大多数其他证券，包括应收账款；

(5) 销售货币、金币、金条以及银币、银条；

(6) 利息和货币兑换保证金；

(7) 金融租赁；

(8) 销售特定情况下通过法律程序购进的商品；

(9) 金融衍生工具交易；

(10) 出售非分期偿还的不动产证书。

信用社，银行，保险公司，退休金管理公司，金融租赁公司，储蓄和贷款协会，融资保理公司，证券交易所，有限金融公司以及债券存款公司在计算时必须包括以上 (4)、(5)、(6) 和 (9) 项。

6.2.8　增值税代扣代缴纳税人

许多交易需要商品和服务的购买者代扣代缴增值税②，如：

(1) 墨西哥企业支付给墨西哥个人，涉及商品租

① 《墨西哥增值税法》第5条C。

② 《墨西哥增值税法》第1条A。

赁，佣金或者个人提供独立服务所得报酬。

（2）提供地面交通服务所得报酬。

（3）海外居民支付墨西哥境内商品或者有形资产租赁费用。在这种情况下，由代扣代缴人承担卖方或者服务提供方的纳税义务。

6.2.9 增值税退税和多付税款的认证流程

每月纳税申报中公布未抵扣的增值税进项税额，可在以后月份抵扣销项税额，也可对多缴税款提出退税[①]。但用作抵扣下一纳税期税款的部分不再允许退税。

当独立审计师证明纳税人整体上实现了税收遵从后，可对多缴的税款进行免除认证，此举会加快退税流程。

多缴税款可用于抵消其他联邦税收，比如，所得税或者现金存款税。但该过程需要重要的证据支持，这对企业而言相对繁杂。

税务机关的另一个义务是退还纳税人填报纳税申报表后5年内仍未作抵扣的增值税进项税额。

6.2.10 纳税义务

增值税纳税人必须遵从增值税相关规定。具体包括：

（1）在会计制度下，确定不同应税行为适用的税率，以及税收免除。

（2）确保发票中包含以下具体信息[②]：

① 《墨西哥增值税法》第6条。

② 《联邦税法》第29、32条以及《联邦税收监管法》第39条。

(a) 发票发行方的名称，财政住所，联邦纳税人注册号；

(b) 发票编号；

(c) 发票发行日期和地点；

(d) 收票方的联邦纳税人注册号码；

(e) 商品的特征和数量或者对所提供服务进行描述；

(f) 商品单价和总额，以及每个项目的增值税；

(g) 海关确定为有效的进口行为，对进口货物直接销售，须提供海关文件编号及日期；

(h) 经批准的专门打印机打印的日期及识别数据；

(i) 注明销售价格是分期付款还是一次付清；

如果采用分期付款，则需提供包括以下信息在内的额外发票：

(a) 发票发行方的名称，纳税人识别号；

(b) 印刷文件的编号；

(c) 发行日期以及地点；

(d) 发票接受方的纳税人识别号；

(e) 分期付款金额；

(f) 支付方式（如：现金、支票、转账）；

(g) 分期付款中增值税部分；

(h) 增值税代扣代缴；

(i) 初始发票的数量和日期。

当纳税人为下列事项发行电子发票时，需要更新如下规定[①]：

(3) 每月向税务机关填报纳税申报表；

---

① 《联邦税法》第29条。

（4）发行增值税代扣代缴证书；

（5）商品和服务的供应商填写缴税信息以及每月代扣代缴增值税。

墨西哥居民企业能够获得纳税人识别号，该号码适用于包括增值税在内的所有联邦税收。

非居民企业如果在墨西哥建立永久性公司或者通过非永久性公司开展经济活动，则必须登记注册①。否则，墨西哥非居民纳税人只能办理税务登记，却不能抵扣支付给供应商的增值税进项税额。

纳税人如果不按要求税务登记，税务当局可能会对其处以2440比索至7340比索（约合188美元至565美元）的罚款。1年内未按要求税务登记则会处以3个月至3年的监禁②。

6.3 房地产投资增值税

从事房地产经营的企业通常要缴纳增值税。但是，下列交易有特殊的增值税处理办法：

（1）销售住宅性建筑物；

（2）销售土地；

（3）农业用房地产的租赁；

（4）住宅性房地产的租赁；

（5）与房地产开发有关的服务。

① 《联邦税法》第27条。

② 《联邦税法》第110条。

6.3.1 房地产销售

如上所述，联邦税法把销售定义为无形或有形商品所有权的转让，包括房地产的金融租赁、在一定条件下销售或者通过不可撤销信托进行销售。

如果满足下列条件之一，则认为销售在墨西哥境内发生：（1）当商品运至购买方时，位于墨西哥境内；（2）物料配送在墨西哥境内发生。因此，位于墨西哥境内的不动产的任何销售行为均需缴纳增值税。

作为例外，遗产继承或者捐赠所发生的财产转让不视作转让，因此不缴纳增值税。

6.3.2 土地和住宅性建筑

根据增值税法，销售土地及住宅性建筑免征增值税①。因此，卖方提供与上述销售有关的业务（如公证费、材料费等）而收取的增值税不能作抵扣。增值税进项税额作为成本，包含在不动产销售价格中，由最终消费者承担。

如果建筑物中仅一部分用于居住，则居住部分免税。

酒店不属于住宅性建筑，则销售提供酒店服务的建筑物要征收增值税，税率为16%。另外，值得注意的是，养老院和孤儿院视作住宅性建筑②。

6.3.3 商业房地产的销售

销售商业建筑物适用16%的增值税普通税率，即

① 《墨西哥增值税法》第9条。

② 《墨西哥增值税监管法》第28条。

使交易发生在边界地区，也按16%的税率征收增值税。

6.3.4 凭证出售

当非摊销不动产证书在股票市场交易且在国家证券登记部门正式注册的，销售该证书免征增值税①。

6.3.5 销售商业房地产的增值税计算方法

销售不动产的税基是约定销售价格减去土地价值，然后加上所有额外对买方征收的费用，比如，其他税收，费用，正常利息或者罚息、常规罚款或者其他项目②。

如上所述，如果交易既包括商业建筑物，又包括住宅性建筑物，则增值税只对与商业建筑物有关的售价征收。例如，A公司以大约10000000美元的价格购得一处建筑，增值税计算如表6－1所示。

表6－1

建筑物类型	占总付款的比重	增值税税率	可抵扣税额
商业	40%	16%	640000 = （10000000 ×40% ×16%）
住宅	60%	免税	0

6.3.6 销售在公众部门注册的房地产

通常在墨西哥销售包括土地、住宅性建筑、商业建筑在内的所有房地产，必须有公证人或者其他法定认证官员在场。销售行为必须在国家财产登记部门注册。

① 《墨西哥增值税法》第9条。

② 《墨西哥增值税法》第12条。

公证人、经纪人、法官或者其他法律承认的官员必须计算房地产交易增值税，并且在交易行为发生后的15天之内向税务部门代扣代缴增值税[①]。

但是，如果销售方是已登记过且按月填报纳税申报表的纳税人，并且如果该销售方向税务部门寄送了最近三次增值税申报表的盖印副本（sealed copy），则公证人将不再履行代扣代缴增值税义务[②]。

6.3.7 房地产的租赁或使用权

正如前文所述，墨西哥境内有形不动产的任何一种形式的租赁，包括赋予墨西哥境内的土地或者建筑物使用权，均应缴纳增值税[③]。

6.3.8 住宅性建筑物的租赁

住宅性建筑物的租赁，比如住房或者寓所（不含旅馆或者寄宿公寓）免征增值税[④]。但是对于有家具的住宅性建筑的租赁则要征收增值税，税率为16%[⑤]。这里所指的家具不包括厨房、浴室、地毯、挂毯、灯具、煤气罐、衣柜、窗帘、电话、通讯设备、空调、空气或水净化器以及壁炉等设施[⑥]。

6.3.9 农业房地产的租赁或使用权

根据增值税法，农业用房地产的租赁免征增

① 《墨西哥增值税法》第33条。
② 《墨西哥增值税监管法》第78条。
③ 《墨西哥增值税法》第19条。
④ 《墨西哥增值税法》第20条。
⑤ 《墨西哥增值税监管法》第45条。
⑥ 这种行为得到登记的164195号合法案例的支持。

值税[①]。

6.3.10 商业房地产的租赁

商业房地产的租赁要缴纳增值税。税基是租金本身加上对承租人收取的其他金额的总和，如其他税收、费用、维修费用、改善成本、报销费用、正常利息或者罚息、常规罚款或者其他项目[②]。

6.3.11 房地产租赁公司增值税的抵扣

继续使用之前的案例，A公司一月份的租赁所得为1000000美元。该公司40%的租赁所得与商业建筑物的租赁相关，需要缴纳增值税，其他非商业建筑物租赁所得免税。在这个例子里，该公司只需缴纳64000美元的增值税（16% ×（40% × USD1000000））。

在同一个月，A公司的如表6－2所示的支出需缴纳增值税。

表6－2

项目	支出金额（美元）	增值税税率	增值税（美元）
建筑材料	200000	16%	32000
服务	300000	16%	48000
广告	100000	16%	16000
支付给供应商的增值税总额			96000

由于A公司既有需缴纳增值税的交易，又有免税交易，因此，必须确定它的抵扣系数：

① 《墨西哥增值税法》第20条。
② 《墨西哥增值税法》第23条。

需缴纳增值税的交易金额：A＝40% ×1000000

400000

交易总所得： B 1000000

系数： C＝A/B 40%

因此，A公司只能抵扣支付给供应商增值税40%的部分，缴纳给政府的税款如下：

商业建筑租赁所得应缴增值税

64000 美元

抵扣税额：增值税进项税额的40%

38400 美元

向政府缴纳的净增值税 25600 美元

A公司必须向墨西哥税务部门缴纳25600美元的增值税，这不同于从消费者身上征收的64000美元增值税和支付给供应商但可抵扣的38400美元增值税。

6.3.12 房地产的发展

住宅性房地产的销售和租赁免征增值税。增值税法规定：住宅性房地产的建造和预制房屋的安装过程中，如果建造和安装服务提供商既提供劳动力又提供材料，则该服务免征增值税①。

然而，与城市项目有关的建筑和安装，比如市场、学校、以商业用途为前提的建筑，均征收增值税，税率为16%。

墨西哥税务当局申明②：与房地产开发商签订任何

① 这种行为得到登记的164195号合法案例的支持。

② 墨西哥税务机关的内部标准。

形式的建筑或者安装服务合同的承包人（如木匠、水管工和电工）从事上述服务，按照增值税标准税率16%征税，因为这些服务不属于土地上的建筑物或者住宅性建筑物的组成部分。

另外，房地产开发商有权根据不动产的具体情况来区分其建筑物的用途，通过取得建筑许可证注明建筑物是用于居住的，从而免征增值税。

如果一栋建筑物没有用于居住就出售，则销售收入不能免征增值税。如果房产权契约中注明随后将用于居住，则需要向税务机关提供有关增值税的保证金或者其他形式的授权担保①。

房产从获得之日起用于居住超过6个月，则允许取消保证金②。

自建居住用房地产，劳动成本免征增值税，但对材料成本要征收增值税，如果承包人建造居民楼，征税情况同上。承包人如果既提供劳务又提供材料，则免征增值税，但是承包人会将购买材料时缴纳且不可抵扣的增值税包含在价格中。

在房地产建造之初，基于经营中应税活动与免税活动的比例，对前期运营费用所征增值税可以退回。另外，必须在实际使用的基础上作调整并且增值税应缴数额与退回数额的差额是固定的。当差额超过固定数额的10%时，需征收附加费。但是，增值税法中没有定义可比较的实际阶段，因此上述方法的明确申请尚不清晰。

当免税活动与应税活动的比例随着时间有所改变

① 《墨西哥增值税监管法》第28条。

② 《墨西哥增值税监管法》第28条。

时，相应期间内扣除通胀因素后多缴或者少缴的增值税，应当退回或者补缴。上述调整仅适用于购买固定资产所缴纳的进项税额，并且根据墨西哥所得税法，相关类型资产的调整数额是在扣除折旧期内计算所得。

6.3.13 房地产的融资

总的来说，来自或者支付给墨西哥银行的利息免征增值税。此外，在对土地和住宅免税的情况下，墨西哥增值税法规定，居民为购买、扩建、修建或者维修建筑物而发生抵押行为所产生的利息也免征增值税①。

另外，杂项税决议（Miscellaneous Tax Resolutions）也规定，居民用于购买、扩建、修建或者维修建筑物所作抵押而产生的利息免征增值税②。

其他与房地产相关的免征增值税的服务还包括：债务方通过抵押获得资金购买、扩建、修建或者维修居住性建筑物所支付的佣金以及这类房产涉及的保险服务③。

外国企业授权的贷款作为进口服务，按照16%的税率征税。如前所述，进口服务增值税一般可在同一项纳税申报上作为进项税额扣除，因此不会对借款人带来任何负面经济影响。但是，如果进口融资与增值税的免税活动相关，则该项进口不缴纳增值税。

---

① 《墨西哥增值税法》第15条。
② 《墨西哥增值税法》第15条。
③ 《墨西哥增值税法》第15条。

6.4 墨西哥房地产的其他税收

虽然增值税是本章内容的重点，但与房地产相关的其他税收也值得一提。

6.4.1 房地产转让税

房地产转让税是在取得房地产时征收，转让税通过房产价值以及该房产所在州的税率计算所得，最高税率在3%左右。

6.4.2 房地产财产税

政府根据房产所在州的普遍水平以及确定的会计价值，每年向房产所有人征收。

6.5 总结和结论

与日俱增的退休人员选择回墨西哥定居以及其他人员将该国作为第二个家，促进了墨西哥房地产市场的发展。本章已经介绍了墨西哥自1978年引入增值税法以来房地产市场增值税的处理方法。主要特点汇总如下：

墨西哥增值税通常适用于商品、服务、租赁以及进口。纳税人按月以现金方式向税务机关缴纳税款，应缴税款为销项税额超过进项税额的部分。

目前，增值税标准税率为16%，边境地区税率为11%，某些特殊情况适用零税率，比如出口。

针对房地产的免税项目包括：土地和住宅性建筑物的出售，支付给银行的利息，居民房产租赁，农业用房产租赁，继承或者捐赠的房产，贷款购买、扩建、修建或者维修居民房产所涉及的利息或者佣金以及房地产开发服务等。免税活动严格控制退税，计算所得税时增值税可以抵扣。增值税还可抵扣其他税收，比如，所得税、单一税或者现金存款税。

增值税抵扣或者返还的计算：通过纳税人免税活动与应税活动的比率来确定每月应缴纳的增值税。

某些特殊情况下，某些交易的增值税可以代扣代缴（尤其适用于墨西哥非居民纳税人），代扣代缴人承担卖方或者服务提供商的纳税义务。

墨西哥增值税纳税遵从包括：正确计算增值税，开具带有必填信息的发票，以及每月填写包含有供货方提供的支付信息的纳税申报表。

墨西哥与房地产有关的其他税收包括：所得税（还有对房地产开发商、分时服务投资商、建筑公司、房地产公司和信托公司的激励措施）、房产转让税（税率在3%左右）和每年向房产所有人征收的财产税。

第7章 英　国

马丁·思佳木迈尔

7.1 简介和适用地域范围

增值税（VAT）是一种对消费者支出征收的宽税基的税，英国在1973年4月1日开始征收，共有三档税率——标准税率17.5%，低税率5%和零税率。

英国增值税标准税率自1991来以来基本保持在17.5%，尽管为了刺激消费支出曾短暂地降低至15%。2010年1月1日税率又调回到17.5%，目前计划在

2011年1月4日提高至20%[①]。

这一章重点考察英国增值税管辖区内对房地产和建筑的增值税处理方法及其相关问题。英国增值税管辖区包括英国自身（英格兰、苏格兰、威尔士和北爱尔兰）以及根据单独立法征税的英国属地曼岛。但是，这些地域的增值税制度存在一些小的差异，土地法则存在重大差异。泽西岛和根西岛的海峡群岛不属于英国增值税管辖区。

增值税由英国税务海关总署和曼岛税务海关总署管理。

本章于2010年4月1日更新，但立法及其解释有频繁的变更。

7.1.1 概述

房地产交易基本上是免税的，但是不包括以下情形：

（1）自动适用于标准税率的。

（2）在很多情况下，存在纳税的选择权，允许卖主或房主收取增值税并抵扣相关成本的增值税。

（3）根据继续经营转让（TOGC）的相关规定，出售作为企业一部分的房地产应该不属于增值税征税范围。出售、出租用的投资性房地产也不属于增值税征税范围。非经营性质的交易和增值税集团注册成员间的交易也不属于增值税征税范围。

（4）一些交易适用零税率，尤其是住宅开发商的销售行为。

房地产成本通常适用于标准税率，但是，在特殊情

① 英国2014年增值税标准税率为20%，低税率为5%。——译者注。

况下，一些建筑工程适用于零税率或可按5%的低税率征收，这主要与住宅房地产相关。

这一章也提到了一些特定问题：

（1）是否存在供应（supply）。

（2）供应发生的时间。

（3）发生供应的主体。

（4）部分免税和对资本支出的调节。

（5）增值税避税。

7.1.2 立法和案例法

英国增值税以欧盟指令为准，尤其是理事会指令2006/112 / EC（以下简称“指令”）。但是，在房地产增值税处理上该指令赋予欧盟成员国相当大的灵活性，现实中每个国家都有不同的法规。

英国主要的法规包含在每年修订的《增值税法案（1994）》中（以下简称增值税法案或者VATA）。其他法规包括条例以及在某些情况下英国税务海关总署发布的具有法律效力的指导性文件。英国法规不适用于属地曼岛，曼岛有自己的《增值税法案（1996）》和条例，但是这些法规和条例大部分复制了英国的法规并且依赖于英国的解释。

英国税务海关总署的决定通常可以被上诉到民事审判庭[①]，然后该民事审判庭的决定通过法院系统能够被上诉至另一个民事审判庭，最终上诉至最高法院（进入上议院之前）。在任一阶段，案件都可以提交欧洲法院以获得对相关指令的解释。欧洲法院的作用，

① 英文表述为Tribunal，指解决民事诉讼和民事纠纷的地方，以调解为主，但不能像法官一样直接做出判决，也不能强制执行。——译者注。

严格来说不是作出判决，而是回答各国法院向它提出的问题。

英国现有众多的增值税案例法——超过2万例已判决的案例。英国的立法解释很大程度上依赖于判决先例，并且法院[①]判决对增值税立法的使用有非常重要的作用。民事审判庭的决定没有同等的地位，但仍具有说服力。

7.1.3　政策背景

英国对商业房地产的法规倾向于有利于所有者而非占有者，但具有复杂、不灵活和关注增值税避税的特征。英国政府以“简化税收”（尽管在这方面“便利”是一个更准确的描述）的名义已经作出了一些努力去改变这些。

在英国，对于居住性房地产，尤其是新开发的居住性房地产，有很有利的法规。特别体现在英国在这一领域实行零税率，允许开发商和承包商抵扣增值税进项税，同时不对消费者征收增值税。对新开发住宅型房地产的这种偏向反映了20世纪70年代早期开始征收增值税时优先考虑的问题，对此现存争议。工党政府做了一些努力去纠正这点，规定其他各种建筑业适用5%的税率。但是，英国无法完全消除这种偏向，一方面不能扩大零税率的适用范围，因为欧盟法律不允许扩大零税率的适用范围；另一方面，对新房屋征收增值税则可能会导致政治上的危险。

---

① 英文表述为Court，指针对严重案件、刑事诉讼之类案件进行判决，以司法审判判决为主的法院。——译者注。

7.1.4 信息的更多来源

英国立法能够在 www. opsi. gov. uk/legislation 找到。网站的使用要求细心，因为大部分资料都是以其原件形式呈现。比如增值税法案自 1994 年颁布以来被修订了很多次。立法的现行文本可以通过购买得到。

这一章引用的大部分案例法在 www. bailii. org，或者在欧洲法院的网站 www. curia. eu. int 上可以找到。进一步的资料可以通过购买得到。

本章涉及的大部分英国税务海关总署资料见 www. hmrc. gov. uk/library，针对于曼岛的资料见 www. gov. im/treasury/customs/。

为了对本章所涉及问题进行更详细的研究，读者应查阅由马丁·思佳木迈尔编著、彭博专业出版社（Bloomsbury Professional）出版的《建筑业、土地和房地产的增值税》。

7.2 房地产交易：免税

这部分分析了房地产交易的免税范围。这些内容受制于 7.3—7.6 部分所涉及的各种例外规定——交易的性质和标的物决定其适用标准税率、零税率或者不在增值税征税范围内。

7.2.1 指令

指令规定下列三种情况免税：

(1) 不动产的出租 (leasing or letting)[①]。其含义见7.2.5。免税不能扩大至旅馆、度假住宿、停车场、固定安装的设备和机械的出租、保险柜租用，而且允许成员国扩大不能免税的范围。7.3部分有更多关于不能免税的情况。

(2) 建筑物及其构件以及所在土地的供应[②]。供应包括完全的处置权和由成员国[③]定义的其他房地产权益。新建筑物被排除在免税范围之外，也适用过渡性规则[④]。

(3) 未施工土地的供应[⑤]。正在建筑的土地被排除在免税范围之外，适用过渡性规则[⑥]。

7.2.2 英国法律

英国有关免税的大部分规定是根据英国土地法起草的，但它应与指令相一致，并且根据指令解释。

《增值税法案》[⑦] 规定的免税如下：

土地权益或权利、土地占有许可权的转让，有关苏格兰的土地，要求获得或者被授予这些权益或权利的任何个人权利的转让。

7.2.4中解释了这些术语。

《增值税法案》接着列出了相关例外规定：

(1) 新建建筑物和土木工程（见7.3.2）；

---

① 《指令》Directive Art 第135条 (1) (l)。

② 《指令》第135条 (1) (j)。

③ 《指令》第15条 (2)。

④ 《指令》第371条和附加条款X Part B (9)。

⑤ 《指令》第135条 (1) (k) Directive, Art. 135 (1) (k)。

⑥ 《指令》第371条和附加条款X Part B (9) Directive, Art. 371 和 Annex X Part B (9)。

⑦ 《增值税法案》Sch. 9 Group 1 item 1。

（2）旅馆，度假住宿等（见7.3.3—7.3.5）；

（3）停车场等（见7.3.6—7.37）；

（4）体育场和娱乐设施（见7.3.8—7.3.9）；

（5）将土地用于比赛，捕鱼或伐木的权利（见7.3.9）；

（6）取得上述任意一项的权利；

（7）1997年3月1日之前授予开发商的某些租赁权。

对于适用零税率的建筑物的交易也有例外规定（见7.6.3.1）。

一些与房地产相关的其他免税在7.2.8中有解释。

7.2.3 不动产的定义

如7.2.1所释，指令中的不动产在出租的情况下指的是使用“不动产”（immoveable property）一词，而在其他条款中则使用指的是“土地”（land）或“建筑物”（building）。在提到新建建筑物时，它把“建筑物”定义为“固定于地面或土地中的任何构造物”①。

英国法律中不动产只简单地使用指的是“土地”一词。但是，英国在土地法中规定，土地包括河流、湖泊、树木、矿产等自然地貌以及诸如建筑物、桥梁、墙壁或者固定安装在这些建筑上的物体等固定在土地上的构造物。

这一般是比较明确的。存在的主要问题是：

（1）能够与地面分离并移动的物体。欧洲法院案例法指出不动产包括可拆卸的建筑物②，系泊船位和储

① 《指令》第15条（2）Directive, Art. 15（2）。

② 欧洲法院案例（Maierhofer C－60/96）。

存船只的托架[①]，但是不包括可移动的住宅，帐篷或轻型结构的休闲住宅[②]。这里主要的问题是物体被移动的难易程度。英国案例法[③]采取了同样的方法。

（2）土地要素可以被视为其他设施的附属物的情况。以录音棚的出租为例，法院采用这一方法，把此供应视为应征税行为，将商业房产的空间出让给个体经营的美发师[④]和按摩师，也属于增值税应税行为[⑤]。在某些情况下可能也适用于办公设备[⑥]。

7.2.4　交易的类型

免税包括处置、出租和其他房地产交易类型。

如7.2.1所示，指令中的免税是指不动产的出租（leasing or letting），土地或建筑物的供应，每种情况下都有例外。而英国《增值税法案》有关免税的规定如下：土地权益或权利、土地占有许可权的转让，有关苏格兰的土地，要求获得或者被授予这些权益或权利的任何个人权利的转让。其要点如下：

（1）按照《增值税法案》[⑦]的解释，“转让（grant）”包括转让（assignment）或放弃（surrender）。放弃（苏格兰使用renunciation）是指对租赁等的处置，将租赁物返还给房东，这样租赁权一般就消失了。转让

---

① 欧洲法院案例（Fonden Marselisborg Lystbadehavn C－428/02）。

② 欧洲法院案例（Commission v. France C－60/96）。

③ 水族馆娱乐有限公司Aquarium Entertainments Ltd（VTD 11845）；肯特大学University of Kent（VTD 18625）；银色托儿所有限公司Argents Nurseries Ltd（VTD 20045）。

④ Denyer（［2007］ALL ER（D）362（Nov））；维格多有限公司和荷兰Vigdor Ltd and Holland（［2008］All ER（D）302（Oct））。

⑤ Byrom and other（t/a Salon 24）（［2006］EWHC 111（Ch），［2006］STC 992）.

⑥ Pethericks & Gillard Ltd（VTD 20564）.

⑦ 《增值税法案》Sch. 9 Group 1 n.1。

(苏格兰使用 assignation）是承租人对租赁权的彻底处置等。

（2）根据英国土地法，“土地权益或权利”包括合法的、受益的和公平的权益以及取利权、地役权、通行权和准入权。提到苏格兰个人权利是为了在苏格兰土地法下赋予免税相同的范围。在实践中，英国免税项目包括：

（3）无条件继承的不动产、不动产所有权及等价物。实际上是指完全的所有权。

（4）租赁。

（5）获得房地产的权利，如果获取行为本身是免税的，包括看涨期权或优先购买权（而不是看跌期权）。

（6）从房地产获得收入的权利。但是，租金流的出售通常被视为免税的金融供应，而不是房地产交易[①]。

（7）取消限制性立约，比如限制使用附近土地的权利。

（8）从土地收割农产品的特定权利。获取矿物、石油或泥炭的权利能够免税。

（9）使用附近土地的特定权利，如通行权。

（10）进入土地并进行专项工作的特定权利。

与《指令》的严格规定相比，《增值税法案》似乎赋予了免税更宽泛的范围。

（11）《增值税法案》[②] 明确地将免税权扩展至

---

① 这与欧洲第二大银行有限公司相一致（［2006］ EWHC2326(Ch)），但与 John Lewis 地产有限公司不同 John Lewis Properties Ltd（［2001］ STTC 1118 and［2002］ EWCA Civ 1869）。

② 《增值税法案》Sch. 9 Group 1 n.1。

“反向放弃”。在承租人就终止租赁的权利支付了费用的情况下，由房东最终作出的终止租赁的行为是免税的。根据《指令》这种做法是否正确是不确定的。相似的供应如租赁权的转让适用标准税率[①]，而由房东就租赁权转让支付的“反向附加费用”（reverse premium）则不涉及应税行为（见7.7.7）。

（12）免税不包括虚拟租赁，双方已经达成“虚拟转让”，如此一来，他们可以模拟还未实际发生的房地产交易的经济后果[②]。

（13）占有许可权是一项未达成租赁契约的占有权，并且是按照《指令》中的“出租与出让”加以解释的，论述见7.2.5。

（14）价格是否是资本总额或租金额并不重要。

7.2.5 出租（leasing or letting）

欧洲法院多次研究关于“出租不动产”的定义。在强调有必要保持一致性的同时，欧洲法院自身对出租的解释也不总是一致的。在多次判决中重复使用的一段话中，出租的特征被描述如下：

授予相关的人，在商定期间内，以付款方式获得的占有房地产的权利，好像此人就是所有者并且不准许其他任何人享受这种权利[③]。

但是在其他情况下，欧洲法院已经对上述几点进行了修正，认为实际上独占性可以共享[④]，并且解释它之

① Cantor Fitzgerald International（ECJ Case C－108/99）.

② 阿比国民银行 Abbey National plc（［2006］EWCA Civ 886，［2006］STC 1961）。

③ Stichting Goed Wonen（ECJ Case C－326/99）.

④ Temco Europe SA（ECJ Case C－284/03）；Fonden Marselisborg Lystbadehavn（ECJ Case C－428/02）.

前坚持的商定的期间也不是绝对的，只是为了阐明“出租”是指：其本质目的在于以消极的方式提供房屋或建筑物的部分，并随着时间的推移获取付款。

出租也可以被认为是：

（1）包括转让仓库特许权①；

（2）包括放弃租赁权②获得的款项，但是不包括取得租赁权③支付的款项；

（3）包括非独占性的办公室场所④或船只停泊区⑤的出租（尽管这些因其他原因需要征税——见7.3.6），但是不包括转让非独占性的捕鱼权利⑥；

（4）不包括通过支付通行费使用道路等⑦以及提供高尔夫场地⑧或自动售烟机⑨所占空间；

（5）不适用于个体经营者私下自给自用的行为，这要求有两个当事人（parties）⑩。

英国也有很多案例法对“占有许可权”进行定义——实际上是同样的问题。特别是，英国上议院法庭（最高法院）认为应定义如下：

占有某物而不一定是独自占有的许可权，或者能进

---

① CO. GE. P. Srl（ECJ Case C－174/06）.

② Lubbock Fine&Co（ECJ Case C－63/92）－现在是有争议的。

③ Cantor Fitzgerald International（ECJ Case C－108/99）；Mirror Group plc（ECJ Case C－409/98）.

④ Temco Europe SA（ECJ Case C－284/03）.

⑤ Fonden Marselisborg Lystbadehavn（ECJ Case C－428/02）.

⑥ 瓦尔特多弗 Walderdorff（ECJ Case C－451/06）。

⑦ 爱尔兰 Commission v. Ireland（ECJ Case C－358/97）；英国 Commission v. United Kingdom（ECJ Case C－359/97）。

⑧ 斯德哥尔摩 Stockholm Lindopark（ECJ Case C－150/99）。

⑨ 辛克莱科利斯有限公司 Sinclair Collis Ltd（ECJ Case C－275/01）。

⑩ 泽林 Seeling（ECJ Case C－269/00）。

入土地并在某种程度上取得对其的控制[①]。

免税一般适用于特定办公室、零售或存储场所的提供，安装巨幅广告牌的权利，大厅或会议场所的租用，但不适用于非特定场所的提供。据7.2.3部分所述，如果土地要素是设施附带的，该供应也不能被免税。

7.2.6 其他付款

免税包括任何售价、租赁的租金收入（即一次性给付（capital payment））、租赁或许可权的租金以及其他免税供应的价格（consideration）。承租人向房东支付的款项，一般包括以下内容：

（1）取得租赁时的额外支付，比如对房东合法成本的补偿；

（2）承租人因房东同意变更租赁，或者同意承租人可以转让、转租、改建等而支付的款项。但是，某些租赁的更改严格意义上包括租赁的放弃——见7.7.4。如果承租人因房东同意终止租赁而付款，这就是一种不同的供应行为，可能作为“反向放弃”而免税——见7.2.4。

从历史上看，因租赁而支付的大多数应付服务费是一样的，这也保留了英国税务海关总署的观点，但不明确是否正确——见7.2.8。

其他支付也可能不在增值税征收范围内。就房东和承租人而言，以下支付不在增值税征收范围内：

（1）承租人根据租赁契约行使现有权利时对房东合法成本的补偿；

（2）终止租赁时支付的破损费（Dilapidation pay-

---

① 辛克莱科利斯（英国上议院报告［2001］30）Sinclair Collis（［2001］UKHL 30）。

ment)。这是承租人因没有按照租赁契约保管好房地产而支付的赔偿。

(3) 承租人没有按时终止租赁而支付的租值补偿金。这也是一种赔偿。

(4) 房东为终止租赁被要求[①]支付的赔偿。但是，其他对承租人的支付可能是放弃租赁权的对价——也可能是承租人的一项免税行为[②]。

在某些情况下，对支付款项的增值税处理办法在一段租赁期内是会改变的，特别是在房东选择纳税时——见7.4.1。

7.2.7 服务费

租赁契约可能要求承租人支付服务费，来负担房东的维修及类似成本。这在建筑物中有多个承租人或房东应对房地产基础设施负有责任时是常见的。

在某些情况下，这些收费一直被视为就单独的应税行为而支付的费用，而这种应税行为有其自身的增值税处理方法；或者被视为房东作为承租人的代理人，因而承租人应支付的费用。但通常来说，从历史上看这些费用都被视为租赁的附加付款，和租金的处理相同。笔者写作之时，英国税务海关总署保持了这一观点，但是，按照欧洲法院对 RLRE Tellmer Property sro[③] 的审判，这一观点是否正确还不清楚，英国很有可能发生就这一问题提起的诉讼。

同时，英国对有关租赁的支付的一般处理方法

① 根据《房东和承租人法案》或《农业租赁发案》Under the Landlord and Tenant Act or the Agricultural Tenancies Act。

② J E Greves & Son (VTD 9777).

③ RLRE Tellmer Property sro (ECJ Case C－572/07).

如下：

（1）如果承租人选择不接受额外服务并不为此支付，则是一项单独的有纳税义务的增值税应税行为[①]。

（2）水、电、气的计量供应属于单独的行为。冷水一般适用零税率，但是如果实质上是供应给重工业则适用标准税率[②]。供应给住宅区使用或其他用途的电、气和热水应按低税率征收，除此以外则适用标准税率[③]。如果是不按计量收费，而是固定的收费，则该项收费被视为租赁的附加付款[④]。

（3）公用区域的维护，窗户清洗等收费被视为附加的租金。然而在 Tellmer 案例中，对位于捷克共和国公寓楼公用区域的清洁收费被判定为单独的应税行为。

（4）如果房东因为要缴纳地方房地产税等其他税，而向承租人收取的相当于上述税种的款项，这些款项被视为租赁的附加付款；如果是承租人应缴纳、且房东代承租人缴纳的税款，则是一项支出，不发生应税行为。

（5）同样如果投保人是房东，房东向承租人收取的保险成本就被视为租赁的附加付款；如果投保人是承租人，保险成本则被视为支出。

（6）就办公服务或者类似的服务而言，如果承租人就获得这些服务单独签订合同，或者仅仅根据使用服务的情况支付服务费，那么，因使用这些服务而支付费用就可能被视为单独的应税行为，否则就不是[⑤]。但

① AC J 亚当斯，AC Woskett &Partner（VTD 9647）。

② 《增值税法案》Sch. 8 Group 2 item 2。

③ 《增值税法案》Sch. 7A Group 1 item 1。

④ 黑泽伍尔—卡勒瓦恩小屋酒店有限公司（VTD 1923）。

⑤ 陶尔哈姆莱茨住房行为信托（VTD 17308）。

是，根据早期的欧洲法院案例法[①]，需要考虑的另外一个因素是，如果服务过于特别[②]或者数量太大，那么，这些服务就可能被视为单独的应税行为。另外，据7.2.3所释，在某些情况下，设施基本部分的供应实际上是不属于免税行为的，而是应纳税行为[③]。

上述内容仅适用于房东和承租人之间的情况。有明确规定，房地产终身保有者支付的服务费以及承租人经营的管理公司收取的服务费不能计入房地产免税范围，而应视为单独的应税行为[④]，一般适用标准税率，但下列情况除外：

(1) 代占有者支付的成本补偿金在某些情况下可能是一项支出款（可以计入免税范围——译者注），以便任何供应都直接由第三方提供给占有者[⑤]。对成本不征收增值税则更合理，诸如房地产税等税收和保险费也是这样的例子。

(2) 根据减免规定[⑥]，英国税务海关总署目前同意对大部分与居住房地产相关的服务费免税。

7.2.8 其他免税

其他与房地产相关的免税如下：

(1) 由在购买时缴纳了增值税且不能抵扣的纳税

---

① 卡片保护计划（欧洲法院案例 C－349/96）；Levob Verzekeringen 进口商（欧洲法院案例 C－41/04）。

② 伦敦哈林盖区委员（［1995］STC 830，QB）。

③ 佩勒瑞克—吉拉德有限公司（VTD 20564）。

④ 卡纳里码头有限公司（VTD 145130；内尔格温维修基金的受托人（［1999］STC 79）。

⑤ 克劳伦斯车主俱乐部有限公司（VTD 18787）。

⑥ 英国税务海关总署增值税公告 48。

人提供货物是免税[1]的。如果在持续经营前提下的企业转让之前，前一个所有者手上的增值税不可抵扣，那么，前一个所有者的这种转让货物也是免税的（见7.5）。免税还包括有永久地权的房地产、超过21年（苏格兰至少是20年）的租赁，但是如果选择被征税或者适用零税率该免税规定就失效了（见7.4和7.6部分）。上述规定只适用于没有增值税可抵扣的情况——在进项税被部分抵扣的情况下，销项税不能得到同比例的降低（即需要全额纳税——译者注）。

（2）提供教育是免税的[2]，而且免税范围扩展至相关的货物和服务。比如，一所大学为学生提供住宿或停车场所（根据7.3.3和7.3.6部分的规定，有可能是应征税的）或慈善机构为学校提供的体育设施。

（3）由非营利机构提供的体育场地是免税的[3]。相关案例认为，免税还应包括[4]为船只所有者提供停泊地和存放地（有关其他应税行为的规定见7.3.7）。

7.3
房地产交易：不适用免税的情况

7.2部分阐述了房地产的免税范围。但是，即使一项房地产交易在免税范围之内，在实际中也可能得不到免税。房地产交易可能因为选择被征税（见7.4部

① 《增值税法案》Sch.9 Group 14。
② 《增值税法案》Sch.9 Group 6。
③ 《增值税法案》Sch.9 Group 10。
④ 斯温西游艇潜水俱乐部Swansea Yacht & Sub Aqua Club（VTD13938）。

分)、适用零税率（见7.6部分）或者不属于增值税的征税范围而有可能被征税，例如，继续经营前提下的企业转让（TOGC）就属于这种情况。也有可能是被排除在免税范围之外的。本部分将主要关注于这些特殊的被排除在免税范围之外的情况。

7.3.1 概述

以下是欧盟增值税指令和英国法律规定的被排除在免税范围之外的情况：

(1) 根据《指令》[①] 提供建筑物适用免税（见7.2.1部分)，但是不包括提供新建筑物以及其他固定于地面或土地中的新的构建物。英国法律已经部分实施了该指令的规定（见7.3.2)[②]。

(2) 同样是根据该《指令》[③] 提供土地适用免税(见7.2.1部分)，但是不包括提供建筑用地。英国充分利用了过渡性规则[④]，该过渡性规则允许英国不实施指令中的相关规定。因此，在英国销售建筑用地可以免税。

(3)《指令》[⑤] 规定四种类型的交易被排除在“不动产出租”的免税范围之外（见7.2.1部分)：

a. 旅馆和类似旅馆的住所；

b. 出租用于停放交通工具的房屋和场所；

c. 出租不可拆卸的机器、设备；

d. 租用保险箱。

① 《指令》第135（1)（j）和12条。

② 《增值税法案》Sch. 9 Group 1 item 1 para.（a)。

③ 《指令》第135（1)（j）和12条。

④ 《指令》第371条。

⑤ 《指令》第135（2）条。

在上述四个条款中，英国已经对旅馆等[1]、度假住宿[2]、居住性拖车（caravan pitch）[3]和露营设施[4]（camping facilities）执行了（a）规定（见 7.3.5 部分）。英国也执行了（b）规定[5]（见 7.3.6 部分）。由于英国税法规定（c）和（d）项行为都不实行免税，所以英国不需要立法对（c）或（d）事项进行规定。这种做法也许不合适，但是民事审判庭[6]已经认可对（c）事项不实行免税有直接的法律效力。

（4）最后，《指令》[7]允许成员国"进一步扩大对出租行为免税的排除范围"。英国法律规定以下领域排除在免税范围之外：

a. 飞机和轮船的存放和停泊场所[8]（见 7.3.7 部分）；

b. 运动和体育锻炼的场所（见 7.3.8 部分）[9]；

c. 运动场、剧院等的座位等（见 7.3.9）[10]；

d. 比赛和捕鱼的权利（见 7.3.9 部分）[11]；

e. 移除未伐倒的树木（活立木）的权利（见 7.3.9 部分）[12]；

---

① 《增值税法案》Sch. 9 Group 1 item 1 para.（d）。

② 《增值税法案》Sch. 9 Group 1 item 1 para.（e）。

③ 《增值税法案》Sch. 9 Group 1 item 1 para.（f）。

④ 《增值税法案》Sch. 9 Group 1 item 1 para.（g）。

⑤ 《增值税法案》Sch. 9 Group 1 item 1 para.（h）。

⑥ 水族娱乐馆有限责任公司（VTD 11845）；银色托儿所有限责任公司（VTD 20045）。

⑦ 《指令》第 135（2）条。

⑧ 《增值税法案》Sch. 9 Group 1 item 1 para.（k）。

⑨ 《增值税法案》Sch. 9 Group 1 item 1 para.（m）。

⑩ 《增值税法案》Sch. 9 Group 1 item 1 para.（i）。

⑪ 《增值税法案》Sch. 9 Group 1 item 1 para.（c）。

⑫ 《增值税法案》Sch. 9 Group 1 item 1 para.（j）。

f. 获取根据上述条款应该被征税的土地的相关权益的权利（包含期权或者优先认购权）[①]。

g. 在 1997 年 3 月 1 日之前，转让给开发商的某些租赁权[②]。

h. 以前适用零税率，但销售或转让后用于不适用零税率[③]方面的建筑物（见 7.6.3.1 部分）。

7.3.2 新建筑物

出售新建或未完工的建筑物或土木工程适用标准税率[④]。建筑物或相关工程在完全占用和使用，或者颁发完工证书之后三年内，都被视为新建建筑物或工程[⑤]。在此期间，建筑物或相关工程无论销售多少次都适用标准税率。

但是，上述规定不适用于“设计为居民住宅或者居民住宅楼群”（相关解释见 7.6.2.1）的建筑物或者建筑物的部分，也不适用于“打算专门用于与居民居住相关目的或与慈善相关目的”（解释见 7.6.3.1）的建筑物或建筑物的部分。销售这类房地产适用零税率或者实行免税。

购买这类房地产的权利也适用标准税率。对于这种情况，上述“3 年的标准”应从购买权被授予的时间算起，而不是从执行购买权的时间算起。

根据案例法[⑥]，英国税务海关总署认为这些规定不

① 《增值税法案》Sch. 9 Group 1 item 1 para. (n)。
② 《增值税法案》Sch. 9 Group 1 item 1 para. (b)。
③ 《增值税法案》Sch. 10 para. 3b。
④ 《增值税法案》Sch. 9 Group 1 item 1 para. (a)。
⑤ 《增值税法案》Sch. 9 Group 1 nn. 2 and 4。
⑥ Virtue (t/a Lammermuir Game Services) (VTD 20259)。

适用于出售服务建筑用地（a serviced building lot）①。

7.3.3 旅馆及其类似住所

《指令》② 规定被排除在免税范围之外的情况如下：

提供成员国法律规定的、在旅馆或者具有相似功能的地方的住宿，包括在度假露营地或者开发用作露营场所提供的住宿。

因此，这些住宿都应缴纳增值税。尽管成员国在征税范围上有一定的自主权，但是欧洲法院③表明这种自主权应该从“使排除范围更加宽泛的角度来理解”，从而使征税范围覆盖到所有能与旅馆相竞争的部门。

同时，《指令》④ 也允许成员国对旅馆和度假住宿采用低税率，而且大多数成员国已经实施了相关政策，例如曼岛实行了5%的低税率⑤。英国自身并没有使用低税率，而是使用的标准税率。

英国法律规定的征税对象如下⑥：

提供旅馆（hotel）、小旅店（inn）、有膳食的私人住宅（boarding house），有寝具的类似设施（similar establishment），有寝具的房间或者提供膳食的住宿房间。

由此可见，这个规定并不包含提供会议设施、零售店面等，也不包括销售或者出租整个旅馆等，因为这不

---

① 英国税务海关总署收入和海关简讯第7卷第64页。

② 《指令》第135（2）（a）条。

③ 布拉西（欧洲法院案例C-346/95）。

④ 《指令》第98条和并购法第3条。

⑤ （英国属地曼岛）《增值税法令》1996年，Sch. 1 Group 8；<www.gov.im/lib/docs/treasury/customs/forms/accmweb.pdf>。

⑥ 《增值税法案》Sch. 9 Group 1 item 1 para.（d）。

属于在旅馆中提供住宿[①]。

英国法律[②]对“类似设施”的解释如下：

类似设施包括提供配置了寝具的房屋，但是不管是否有可供游客或旅行者做饭的设施。

英国税务海关总署倾向于更广泛的解释这一法律条款[③]。但是，一些领域在实施这一条款时出现了问题，比如学生住宿（通常不征税，除非以获取利润为目的）[④]，提供长期居住的小型家庭旅馆或宾馆（通常应纳税）[⑤] 以及酒店式公寓（如果主要经营短期住宿，可能是应纳税的）[⑥] 等领域。

案例法认为“类似设施”应该是：

（1）主要是与提供住宿有关，而不包括与福利、教育等相关的住宿[⑦]；

（2）不力图组织居住者的相关活动[⑧]（does not seek to organize the activities of its occupants）；

（3）可能是为获取利润而经营[⑨]；

（4）为人们提供短期居住的设施，即使实际上，

---

① Acrylux 有限责任公司（TC 00173）。

② 《增值税法案》Sch. 9 Group 1 n. 9。

③ 英国税务海关总署增值税公告 709/3。

④ 麦克默里（VTD 39），国际学生之家（VTD 14420），松子管理服务有限责任公司（VTD 17338）。

⑤ Namencourt（VTD 1560）；威斯敏斯特（VTD 3367）；麦格拉思（QB ［1992］ STC 371）。

⑥ Mill（VTD 1686）；北京集团（VTD 18234）。

⑦ 麦格拉思（VTD 39）；威斯敏斯特（VTD 3367）；英国国际创价学会（VTD 14175）；国际学生之家（VTD 14420）；Macmillan Cancer Trust（VTD 15603）。

⑧ 麦格拉思（VTD 39）；国际学生之家（VTD 14420）；Dinaro（VTD 17148）；松子管理服务有限责任公司（VTD 17338）。

⑨ 威斯敏斯特 er（VTD 3367）；国际学生之家（VTD 14420）；松子管理服务有限责任公司（VTD 17338）。

所有居住者都长期居住在此[①]。

但是，超过28天的住宿要适用“折价规定”（reduced value rule）[②]。其意图就是要使长期居住在旅馆的人受益，这与适用税率为标准税率五分之一的低税率有着同样的效果。

7.3.4 度假住宿

度假住宿通常是要纳税的。英国实施标准税率，但是在曼岛，税率为5%（见7.3.3部分）。

《增值税法案》[③] 规定的征税对象如下：

转让度假住宿的权益、权利或者居住许可证（licence to occupy）。包括[④]根据租赁期限（tenancy）、租约或许可证所进行的转让，按照上述租赁期限、租约或许可，允许受让人建造和占用度假住房。

这一条款同时也表明[⑤]：

“度假住宿”包括了大楼、小屋（包括海滩小屋或者小型别墅）、旅行拖车、房船或帐篷等住宿，这种住宿以假日度假或者适于休闲使用的名义对外进行广告。

这些规定涵盖了广义的出让范围。如果这项房产以度假住宿的名义进行广告[⑥]，那么有无人在此度假不是必须的。该度假住宿甚至不必是提供睡觉的住宿地点[⑦]。英国税务海关总署也倾向于认为，在禁止全年占

---

① Namecourt（VTD 1560）；Mills（VTD 1686）；麦格拉思（QB［1992］STC 371）；北京集团（VTD 18234）；霍尔丁（VTD 19573）。

② 《增值税法案》Sch. 6 para 9。

③ 《增值税法案》Sch. 9 Group 1 item 1 para.（e）。

④ 《增值税法案》Sch. 9 Group 1 n. 11（b）。

⑤ 《增值税法案》Sch. 9 Group 1 n. 13。

⑥ 谢泼德（VTD 481）。

⑦ 普尔区委员会（VTD 7180）。

用某些地区（例如伦敦西区）的情况下，上述规定适用于所有短期出租。

在对出租征税的情况下，也应对相关服务费征税，尽管选择性或计量供应电、天然气或水可能适用零税率或者5%的税率，参见7.2.7。《增值税法案》[①] 也明确规定获得此类住宿的权利或期权适用标准税率。

但是，在通常要对出租征税的同时，对长期租赁或者不动产销售却不征税，因为针对度假使用的家庭住房（holiday home）有进一步的条款规定。

增值税法案针对建筑物的相关规定如下：

（1）出售或者出租建筑物要纳税[②]。一般适用零税率，但是禁止全年占用或者不允许作为私人主要居住地的建筑物不适用零税率[③]。有关这一条款的解释见7.6.2.3。

（2）作为度假住宿的不动产，在销售、出租或者其他一次性付款的交易无需纳税，而且一般实行免税，但是“新”建筑物除外，具体解释见7.3.2[④]。

人们很难完全理解度假住宿概念的各种差异，英国税务海关总署也不例外。

这还与度假房分时使用相关。持续性收费一般都应纳税（见7.2.7），但是初始购买分时使用的度假房可以免税，寿命低于三年以下的分时使用的度假房除外。分时使用的旅馆住宿不适用该规定，而是应该按照7.3.3部分的相关规定纳税。有关不涉及特定房地产的

① 《增值税法案》Sch. 9 Group 1 item 1 para.（n）。
② 《增值税法案》Sch. 9 Group 1 n. 11（a）。
③ 《增值税法案》Sch. 8 Group 5 n. 13。
④ 《增值税法案》Sch. 9 Group 1 n. 12。

分时使用还存在一些更困难的问题[①]。

7.3.5　露营、旅行拖车和房船

帐篷、旅行拖车或者房船提供的度假住宿应该作为 7.3.4 部分规定的度假住宿，适用标准税率。其他相关规定如下：

（1）英国税务海关总署认定[②]出租不用于度假住宿的旅行拖车或者房船，可以获得免税。但是，也许这种做法并不适当[③]。

（2）旅行拖车、房船的销售或租赁适用零税率[④]。

（3）为旅行拖车提供季节性场地应纳税[⑤]。

（4）旅行拖车的备用存放地（off - site storage）通常视为停车场所纳税（见 7.3.6 部分）。

（5）英国税务海关总署认为用于房船的停泊权可以免税[⑥]。

（6）“提供帐篷用地或者露营设施”应纳税[⑦]。

7.3.6　交通工具停放场地

《指令》[⑧] 规定的征税对象如下：

出让（letting）停放交通工具的房屋（premises）和场地（sites，室外场地）。

---

① 麦克唐纳度假村有限责任公司（VTD 19599 和 欧洲法院法案 C - 270/09（未决））。

② 英国税务海关总署公告 701/20。

③ 见欧洲委员会诉法国（欧洲法院法案 C - 60/96）。

④《增值税法案》Sch. 8 Group 9。

⑤《增值税法案》Sch. 9 Group 1 para.（f）和 n. 14。

⑥ 英国税务海关总署公告第 701/20。

⑦《增值税法案》Sch. 9 Group 1 para.（g）。

⑧《指令》第 135（2）（b）条。

英国法律[①]执行该项指令，对以下事项征税：

转让停放交通工具场所。

条款没有对此进行详细说明，但是主张以下观点：

（1）案例法规定，“交通工具”包括各种类型的交通工具，例如轮船或者旅行拖车[②]。

（2）英国税务海关总署认为转让场地包括除房地产销售之外的任何形式的交易，而且无论该场地是否是转让给最终使用者。但是这一做法也许并不完全正确。

（3）额外费用和罚款不属于征税范围[③]。

（4）被设计作为停车场的房屋通常被视为停车场所征税，但是禁止停放交通工具的除外[④]，例如，对出让汽车停车场用于举办集市也应征税。然而，英国税务海关总署并不认同这种观点，因为如果荒地等提供了类似的停车服务，就被视为停车场所[⑤]。

（5）停车场不包括存放地。存放地是交通工具因短期不使用而存放或者被汽车经销商或类似机构存放的地点[⑥]。

（6）欧洲法院[⑦]认为，如果停车场所与其他免税出让紧密相连时，例如与出让公寓紧密相连时，停车设施不应该按照本条款纳税。英国在下列情况下认可这种做法，即停车场由同一房东出让给同一租用者，且该停车场位于房屋附近时，不按照本条款纳税。这种出让不必

① 《增值税法案》，Sch. 9 Group 1 item 1 para.（h）。

② Fonden Marselisborg Lystbadehavn（欧洲法院法案 C－428/02）；D H Commercials（VTD 14115）；Newall（VTD 18074）；霍普克拉夫特（YTD 18590）。

③ 英国税务海关总署收入和海关简报 57/08。

④ 三位一体的保理服务有限责任公司（［1994］STC 504，CS）。

⑤ 劳特利奇出版社（VTD 18395）。

⑥ 霍普克拉夫特（VTD 18590）。

⑦ 亨里克森（欧洲法院法案 173/88）。

包含在同一协定或类似条款中，尽管随着案例法的发展，在撰写此文之时[①]，英国税务海关总署正在重新审视他们的在这一领域的实施方法。

（7）由地方政府提供的街区停车场被视为非经营性行为，不缴纳增值税。英国地方政府正在寻求他们的汽车停车场获得同样的待遇[②]。此外，公共部门收取的过路费和拥堵费也被认为是非经营性的。

7.3.7 停泊场地和飞机停放场地

英国[③]规定适用标准税率的情况如下：

转让安置（housing）、存放（storage）飞机或者停泊（包括抛锚或者系泊）、存放大船（ship）、小船（boat）或其他船舶的场地。

案例法[④]认为这一条款不必要，因为这些都属于交通工具。在任何情况下，相关解释与交通工具停车场的解释很相似（见7.3.6部分）。但是，在认可的港口或飞机场[⑤]，上述转让可以适用零税率；或者，非营利欧共体[⑥]体育俱乐部提供的房船[⑦]或停泊处，可以获得免税（见7.2.8部分）。

---

① RLRE Tellmer Property sro（欧洲法院法案 C－572/07）；Civilscent 有限责任公司（TC 00070）。

② 怀特岛委员会（欧洲法院案例 C－288/07）。

③ 《增值税法案》Sch. 9 Group 1 item 1 para.（k）。

④ Fonden Marselisborg Lystbadehavn（欧洲法院法案 C－428/02）。

⑤ 《增值税法案》，Sch. 8 Group 8。

⑥ 《增值税法案》，Sch. 9 Group 10。

⑦ 英国税务海关总署公告 701/20。

7.3.8 运动设施

增值税指令[①]下列事项排除在免税范围之外：

用于任何体育运动或者参加任何身体娱乐的场地的转让。

但是，这一条款不适用于超过24小时的出让（letting）[②]，也不适用于向学校或俱乐部等进行的一系列出让[③]。

英国税务海关总署认为[④]，这些规定涵盖了所有被设计用于或被改建用于任何体育运动或参加任何身体娱乐的场所，但是不包括偶尔用于体育运动的多功能大厅。案例法[⑤]有关把设施转让给中介、中介再将其转让给其他人的处理办法是不一致。

其他免税规定可能优先于上述规定，例如当运动设施由非营利机构[⑥]提供（见7.2.8）或提供的运动设施与教育相关[⑦]时，适用免税。（见7.2.8）

7.3.9 其他被排除在免税范围之外的规定

其他被排除在免税范围之外的规定有：

（1）转让在运动场、剧院、音乐厅或其他娱乐场所占有包厢、座位或其他设施（accommodation）的

---

① 《增值税法案》，Sch. 9 Group 1 item 1 para.（m）。

② 《增值税法案》Sch. 9 Group 1 n. 16（a）。

③ 《增值税法案》Sch. 9 Group 1 n. 16（b）。

④ 英国税务海关总署公告742。

⑤ 女王公园足球俱乐部有限责任公司（VTD 2776）；阿博特斯里高尔夫和壁球俱乐部有限责任公司（VTD 15042）。

⑥ 《增值税法案》，Sch. 9 Group 10。

⑦ 《增值税法案》，Sch. 9 Group 6。

权力[①]。

（2）转让任何权益、权利或者许可权，包括举行比赛或钓鱼的权利[②]。如果租赁或许可权包含此类有价值的权利，此类有价值的权利仍然要纳税。但是，欧洲法院案例法[③]认为，实际上钓鱼权适用标准税率，因此英国上述条款是多余的。

（3）转让砍伐或者转移活立木的权利[④]。这一规定不适用于拥有宝贵木材的土地的交易。

（4）一些物主先前已经享受了零税率的某些情况（见7.6.3.1）。

7.4
房地产交易：纳税选择权

纳税选择权允许物主对可以享受免税的房地产交易放弃免税，以便可以抵扣相关进项税额。这一规定对纳税人是有利的，尤其是当购买者或者承租人是增值税应税企业并且能够抵扣缴纳的增值税额。

7.4.1　概述

根据《指令》[⑤]，成员国有权选择是否实行纳税选

① 《增值税法案》，Sch. 9 Group 1 item 1 para.（i）。
② 《增值税法案》，Sch. 9 Group 1 item 1 para.（c）。
③ 瓦尔多夫（欧洲法院案例C－451/06）。
④ 《增值税法案》，Sch. 9 Group 1 item 1 para.（j）。
⑤ 《指令》，第137条。

择，并拥有确定其范围和适用条件的自主权。增值税法案[①]对此制定了详细的规定。这种选择权有时被称为“放弃免税的选择”。

以下将介绍英国相关规定的主要内容，其中有关一些规定的更为具体的细节见后续部分。

（1）这种选择权是单边的且属于物主个人——不限制其他任何人。但是，通常情况下，选择权适用于增值税纳税集团的成员（见7.9.1），并且即使该增值税纳税团体解散[②]选择权仍然能够继续实行。房地产的共同所有者一般需要进行共同选择（见7.9.2）。

（2）原则上，选择纳税意味着所有有关房地产的未来交易都要缴纳增值税，包括根据现行租约和合同进行的交易。一般而言，除特别说明外双方共同商定的价格中包含了增值税额。但是，对于选择纳税而言[③]有一些特殊的规定，在大多数情况下，增值税可以被附加在双方协定的价格或租金上。

（3）一般而言，物主可以自由选择对什么样的土地实行选择纳税。但是，物主不能选择仅以建筑物的一部分[④]选择纳税，以作为封闭式零售商业区（enclosed retail precincts）等目的[⑤]建立的、多栋相互连接的建筑物[⑥]应视为一栋独立的建筑物来处理。关于什么是相互连接以及后续连接（subsequent linkage）有进一步的规定[⑦]。一般而言，针对一个场所的纳税选择权不受拆除

---

① 《增值税法案》，Sch. 10 para. 1。

② 《增值税法案》，Sch. 10 para. 3。

③ 《增值税法案》，S. 89。

④ 《增值税法案》，Sch. 10 para. 18（2）。

⑤ 《增值税法案》，Sch. 10 para. 18（4）。

⑥ 《增值税法案》，Sch. 10 para. 18（5）和7。

⑦ 《增值税法案》，Sch. 10 para. 18（3）。

或建造位于这个场所的建筑物的影响，但是，在某些情况下，发生上述情况时，纳税选择权就会被取消①。对 1995 年 3 月 1 日之前实行的纳税选择权适用不同的规定。

（4）一些类型的土地和建筑物不适用纳税选择权，例如住宅——见 11.4.2。

（5）纳税选择权适用于现在或者未来，但不能溯及以往。实施选择权时，应当在 30 天内告知英国税务海关总署②，但是，英国税务海关总署经常也接受迟到的告知。选择权实施者可以使用规定的表格告知英国税务海关总署，但是并不强制使用该表格。一旦选择权没有正确告知英国税务海关总署，那么结果可能是该纳税选择权无效，除非物主能够提供其他证据③。纳税选择权可以包含一系列房地产，甚至包括位于英国的全部房地产，但是对以后撤销纳税选择权的范围也进行了限制。英国还有一种称之为“房地产选择纳税”（real estate election）④ 的安排，根据该安排，一些新购买的房地产自动选择纳税，但是保存记录的工作十分繁重，因此很少有企业使用这一安排。

（6）如果所有者已经就房地产进行了免税供应，例如在过去 10 年出让房地产，那么他只能在获得英国税务海关总署批准后才能选择纳税⑤。如果所有者想在选择权生效之前进行纳税供应，那么，也必须获得英国

---

① 《增值税法案》，Sch. 10 para. 27。英国税务海关总署公告 742。

② 《增值税法案》，Sch. 10 para. 20。

③ 布莱丝有限责任合伙企业（VTD 16011）；Rathbone Community Industry（VTD 18200）和其他情况。

④ 《增值税法案》，Sch. 10 para. 21 和 22。

⑤ 《增值税法案》，Sch. 10 para. 28。

税务海关总署的批准。这一规定是为了防止所有者利用纳税选择权大量抵扣进项税额。当满足一定的条件时[①]，所有者可以自动获得纳税选择，但是，在其他情况下，所有者必须进行专门申请才能获得选择纳税权。英国税务海关总署有专门用于这种类型的申请表格。英国税务海关总署一般不拒绝这种申请，但是会对进项税额的抵扣设置条件。一旦英国税务海关总署批准了申请，所有者即被视为拥有了纳税选择权，选择权生效的日期可以是获得批准当日或者获得批准之后的某日开始。如果所有者没有按照进项抵扣条件进行抵扣，英国税务海关总署也可以废除所有者获得的纳税选择权[②]。

（7）选择权被取消之前，所有者可以实施纳税选择权——见 7.4.4 部分。

（8）实行纳税选择权后，所有者可以抵扣过去和未来发生的进项税额——见 7.4.3 部分。

（9）在预期居住者（anticipated occupier）不是完全纳税的情况下（见 7.11 部分），无论其是否涉及避税，要适用反避税条款——见 7.4.6 部分。

7.4.2 不能使用纳税选择权的情况

对于特定类型的土地和建筑物，纳税选择权无效。这些情况有：

（1）将一栋建筑物或者建筑物的一部分，设计、改造且将要作为一栋居住楼或居住楼群使用，或者仅与居民居住目的相关的使用[③]。对于这一情况有进一步的

① 英国税务海关总署公告 742A。
② 《增值税法案》，Sch. 10 para. 30。
③ 《增值税法案》：1994 年，Sch. 10 para. 5。

条款规定。（“与居住相关目的”的例子有：疗养院和学生住宿——见 7.6.3.1）

（2）购买方和承租方“证明建筑物或建筑物的一部分，将要作为一栋居住楼或居住楼群使用，或者仅使用于与居民居住目的相关的方面。”[①] 这种证明主要适用于一些房产从其他方面的使用转变为居民居住使用。此类证明必须填写在一个特定的表格中，有关在什么的情况下可以出具此类证明有详细的规定。

（3）购买方或者承租人将把一栋建筑物或者建筑物的一部分“仅用于慈善相关的目的，而不是作为办公室使用。”[②]（具体含义见 7.6.3.1）

（4）将土地出售或出租给社会福利住房[③]提供者或个人用于住宅开发使用。社会福利住房提供者必须证明其目的。实践中，属于上述情况的供应商通常都会着手开始修建相关建筑物，从而根据 7.6.2 的规定，使其销售适用零税率：这又被称为“金砖”交易，用于形容所铺设砖块的价值。

（5）“旅行拖车停放场地”[④] 或者“居住性房船停泊的场所”[⑤]。

（6）反避税规定包括的其他情况（见 7.4.6）。

纳税选择权在适用零税率、7.2.8 部分提及的教育、体育场所免税以及例如持续经营的企业转让等非应税行为等情况下无效（见 7.5 部分）

① 《增值税法案》，Sch. 10 para. 6。

② 《增值税法案》，Sch. 10 para. 7。

③ 《增值税法案》，Sch. 10 para. 10；《增值税法案》，Sch. 10 para. 11。

④ 《增值税法案》，Sch. 10 para. 8。

⑤ 《增值税法案》，Sch. 10 para. 9。

7.4.3 进项税额抵扣

选择纳税经常意味着未来所有的房地产供应都要纳税，而且未来产生的与房地产完全相关进项税额可以全部抵扣。

过去产生的进项税额有一个可抵扣的范围。关于这点，有以下各种不同的观点：

（1）在所有者进行纳税选择的唯一意图是获得进项税额抵扣的情况下，英国税务海关总署通常不同意所有者进行进项税额抵扣，尽管案例法并没有完全赞同英国税务海关总署的观点①。

（2）一旦所有者选择纳税。所有者在下列情况下可以抵扣以前发生的进项税额。

（3）根据英国税务海关总署对纳税选择权的特别批准。

（4）符合有关增值税登记之前的特殊规定，在这种情况下，增值税已经产生之时，所有者尚未进行增值税登记。但是，特别需要说明的是，上述规定允许抵扣的进项税额只包括在增值税登记之前六个月内提供的诸如建筑工程等劳务而产生的增值税额②英国税务海关总署有时允许的期限更长③。

（5）部分免税的年度调整④（见7.11部分）。

---

① 莱登玛登退休金计划（VTD 10231）；Beaverbank（VTD 18099）；英国税务海关总署商务简报14/04。

② 《增值税条例》，第111条，雷纳和凯乐有限责任公司（[1994] STC 724）；派克大街卫理公会（VTD 177443）和其他案例。

③ 英国税务海关总署公告742A；阿盖尔房产开发有限责任公司（2009 Scot9（D）2/10）。

④ 《增值税条例》，第107条。

(6) 符合被称之为109条例的规定[①](见7.11部分),该规定以所有者意图从提供免税供应到提供纳税供应的转变为基础。

(7) 符合资本货物制度[②](详见7.12部分),以前免税使用相关房地产。

(8) 109号条例是一种常用的机制,在这种机制下,如果房地产在进项税额发生和纳税选择权实行的期间没有被使用,那么,该进项税额可以抵扣。但是,如果房地产在上述期间被占用,那么至少不会允许抵扣在上述期间耗费的成本(例如,持续租金(ongoing rent))产生的增值税额。

(9) 如果此时仍占用房产,不允许把房产增值税视作在收入期间例如持续的租金的损耗而弥补成本[③]。

(10) 如果房地产自增值税进项税额发生以来一直被使用,那么,可以推定该增值税与使用房地产相关,而且,选择纳税也不能使上述增值税进项税额得到抵扣。但是,有一些增值税可以得到抵扣,因为该增值税与选择纳税之后的使用相关(也许是计划的再开发项目相关的专业费用),或者通过使用资本货物安排,过去发生的一定比例的增值税能够得到抵扣。例如在选择纳税之前,所有者对建筑物进行了五年的翻修,其间产生的增值税以前完全不能抵扣,而现在通过资本货物制度允许所有者抵扣50%的增值税(见7.12)。但是,上述做法在获取纳税选择权批准期间需要得到英国税务海关总署的同意。

---

① 《增值税条例》,第109条。

② 《增值税条例》,第XV部分。

③ 皇家和太阳联盟保险([2003] STC 832)——但是菲尼公司反映的是相反的观点(欧洲法院法案C-32/03)。

（11）在某些情况下，所有者通过选择纳税已经抵扣了增值税额，但是，可能是因为根据7.4.2的规定纳税选择权不予适应，所有者仍然在继续进行免税供应。在这种情况下，根据108号规定（见7.11部分——这一条款规定了与109号规定内容相反的情况）或者资本货物安排，按照部分免税年度调整，所有者必须把所有或者部分已经抵扣的增值税税款偿还给英国税务海关总署。

7.4.4 纳税选择实施时间和废除

在纳税选择被废除或者失效前，纳税选择一直适用。纳税选择仅仅在特殊情况下，才被废除或失效。

在下列情况发生时，纳税选择自动被废除或失效：

（1）没有就纳税选择告知英国税务海关总署（详见7.4.1.部分）。

（2）房地产六年内没有获取收益等[①]。

（3）房地产目前没有收益并且实施了房地产选择（a real estate election）（见7.4.1部分）。

在下列情况下，所有者也可以选择取消选择纳税：

（1）建筑物被重建或者毁坏（见7.4.1部分）。

（2）自生效之日算起6个月内[②]。对此有一些限制条件，而且所有者必须告知英国税务海关总署。在某些情况下，需要获得英国税务海关总署的同意。在上述情况下，纳税选择被视为从未生效，所有者必须把已经抵扣的增值税额退还给英国税务海关总署。

① 《增值税法案》，Sch. 10 para. 24。

② 《增值税法案》，Sch. 10 para. 23。

（3）自生效之日算起超过了20年[①]。所有者必须在至少20年前就房地产进行了选择纳税并且持有其权益，并且对过去发生的资本支出还有一些其他的要求。同样的，取消选择纳税必须告知英国税务海关总署，并且在有些情况下需要获得他们的批准。类似的规定适用于没有进行纳税选择，但与其属于同一个增值税集团的其他人进行了纳税选择的某些人。（见7.4.1部分）。

7.4.5 潜在的弊端

选择纳税允许进项税额抵扣，通常认为是有利的。但是选择纳税将适用于整栋建筑物，而且通常将持续至少20年，对此期间所有的交易都会产生影响。所以，所有者需要考虑其潜在的弊端：

（1）如果有现有的承租人，租赁的条款有时需要表明租金将包含增值税税额。虽然这种情况不常见，但是一些承租人可能会坚持这么做。

（2）不是所有的承租人和购买方都能够抵扣已经缴纳的增值税，这可能会影响能够达成的租金和价格。即使目前的承租人能够抵扣增值税额，未来的承租人也许就不能抵扣增值税额。这尤其与金融部门和保险部门相关，在诸如伦敦市等金融区，大多数潜在的房地产居住者因此而成为增值税的反对者。甚至在零售业发展地区，很多承租人仍不能够完全抵扣增值税额——例如，银行分支机构、眼镜商店、赛马场外的彩票销售部、殡仪馆和邮局等。

（3）在一项销售中，即使购买者能够从英国税务海关总署得到增值税额抵扣，但是购买者也不能立即实

① 《增值税法案》，Sch. 10 para. 25。

现抵扣，而是需要在此期间把增值税积存起来。购买者有时不得不撤销交易，因为他们不愿意这么做。

(4) 购买者和承租者必须缴纳税基为包含增值税额在内的租金或价格的土地印花税。在增值税率为17.5%情况下，选择纳税往往会使土地印花税的实际税率从4%提高至4.7%，而且购买者也会寻求降低价格从而弥补增加的土地印花税款。

(5) 选择纳税会导致额外的会计和发票需求。海外投资者可能还会担心纳税选择和增值税登记会要求投资者在英国停留更长时间（more of a presence and visibility）。

基于上述各点，不建议仅仅为了抵扣专业费用产生的增值税额而进行选择纳税。

增值税筹划可以使用各种不同方式来帮助处理这些问题。例如，一些所有者在不同的公司中拥有可供发展的零售房地产和办公室，那么，他们可以就零售房地产选择纳税，同时免税出租办公室。

7.4.6 反避税规则

英国实施的反避税规则[①]主要是为了抵制增值税筹划，尤其是将资本支出中产生的增值税转变为租金产生的增值税的增值税筹划。无论是否涉及增值税筹划，反避税规则都适用。反避税规则的结果就是要使选择纳税“不予适用”（disapplied）：对销售或者出租正常情况下获得免税，与之相关的进项税不能抵扣不产生任何影响。

在“转让”之时——主要是在销售之时，或新租

① 《增值税法案》，Sch. 10 para. 12 至 17。

赁、许可权转让之时应考虑反避税规则。就租赁等而言，租赁位置通常不需要再次查看——在整个租赁期内，无论情况发生任何变化，选择纳税都一直不予适用，或者一直适用。但是，如果房东仅仅选择现在实行选择纳税，或者房东发生变化，那么，就存在不同于上述情况以及视同新“转让”的例外情况。

转让之时如果满足下列三个条件，就适用反避税规则：

第一个条件[①]涉及资本货物安排。大体上，如果纳税人在最近9年到10年之内有超过250000英镑（含）的资本支出发生了增值税额，那么该房地产属于资本货物安排的范畴。在7.12将会更详细的介绍这一内容。

如果房地产在所有者手中属于资本货物安排范畴，或者，如果房地产无论是在所有者手中还是在被转让的其他人手中，所有者或者“开发筹资者（development financier）”（见7.4.7）都倾向或者期望该房地产属于资本货物安排范畴，那么这一条件适用。这也许是因为一些建筑物工程被设想在以后日期进行，或者是因为，如果可以适用选择纳税，购买者在购买建筑物时将缴纳增值税。这一规定也适用于新房东“转让”（grant），但是由于所有权发生了转移，所以资本货物安排失效。

第二个条件[②]是所有者或者开发筹资者倾向或期望房地产被他们自己所占有，或者被与他们之一相关联的人占有，这里有一些例外情况。该条款一般都适用，即使他们只占有部分房地产，即使同时有其他方面的使用，尽管开发筹资者较小部分的占有有时可能会被忽略

① 《增值税法案》，Sch. 10 para. 13。

② 《增值税法案》，Sch. 10 para. 15。

不计[1]。英国税务海关总署试图从广泛意义上解释“占有”，但是案例法[2]指出，解读“占有”应该和解读“占用许可”的方式相同（见7.2.4和7.2.5部分）。

接着第三个条件[3]考虑的是一个占有者或者任何占有者对房地产的使用。如果所有者或者开发筹资者出于合理的目的，倾向或者期望占有房地产低于80%[4]，那么这一条款适用。合理的目的包括：被已经进行增值税登记的企业在其应税经营活动过程中占用，或者大部分被中央或地方政府控制占用；不包括非经营活动过程中的占用（也许是慈善机构的占用）或者免税活动，例如金融或者保险过程中的占用。但是，特殊条款规定纯粹基于ATM的占用被视为是“合理的”。

当房地产将被纳入资本货物安排范畴内时，需要考虑房地产整个时期内的位置。即使以“不合理的”目的占用房地产时间短暂，或者占用房产年限较短，仍需要满足这一条件。

通常情况下，该条款能够有效地防止目的性较强的增值税筹划。但是，如下文所述，这些条款也应用于很多正常的商业情况。具有讽刺意味的是，这些条款有时也用作增值税筹划的方法，用来消除带来弊端的选择纳税的影响。

7.4.7 “开发筹资者”（development financier）

有关“开发筹资者”的反避税条款有各种各样的

---

① 《增值税法案》，Sch. 10 para. 15（3A）和15A。

② 布拉姆布雷泰学院信托有限责任公司（VTD 17688）；剑桥大学纽纳姆学院（[2008] All ER（d）210（Apr））。

③ 《增值税法案》，Sch. 10 para. 16。

④ 英国税务海关总署公告742A，具有法律效力。

条件。法律对开发筹资者进行了定义①，基本是指为房地产支出提供筹资，或者是倾向或期望把房地产在转让者手中纳入资本货物安排范畴的人，包括不仅仅投资于房地产开发的筹资者，也包括比如购置或者翻新房地产的筹资者。他们不需要筹集所有支出。另外，筹资方式不但包括直接贷款或者支付，筹资还包括提供担保、获得其他人的资金供应、合理安排债务的清偿，或者同意做上述事项中的任意一项——所定义的内容很宽泛。

从某种程度将，英国税务海关总署对“开发筹资者”的解释可能比立法方面的解释要窄。例如：

（1）英国税务海关总署不认为正常支付租金的承租人是开发筹资者，即使在房东获取或者开发房地产的过程中，承租人用租金的形式贷款给房东，承租人也不属于开发筹资者。

（2）如果开发者已经获得了充足的资金，那么，英国税务海关总署并不把未来承租人支付的租金视作融资来源，即使允许投资者挪用原来规定用于开发或者归还借款的资金。

（3）英国税务海关总署把提供资金视为一次性行为而不是持续不断的行为。所以，他们关注筹资者在第一次承诺提供资金时的情况，或者如果预计在那时不予适用的其他条件满足，他们就把选择视为无效（disapplied）。如果此后达成了进一步筹资的协议，他们将重新考虑这些问题。

（4）英国税务海关总署声称他们忽略“一些附带的或者琐碎的”支付。

但是，一些共同的问题仍然存在。在下列例子中，

① 《增值税法案》，Sch. 10 para. 14。

承租人常常被视为开发筹资者，而且，如果承租人的经营可以获得部分免税，那么开发者可能就不能适用纳税选择：

（1）开发者与未来的承租人签订租赁协议，根据该协议，承租人将为租赁而一次性支付资金（a capital sum of the lease），开发者用这笔预计的支付作为保证金，筹集用于开发的资金。

（2）开发者装修建筑物，承租人对此支付一笔资金总额。当承租人要求按照其要求对建筑物进行改变时，经常会发生这种情况。这种问题可以避免，例如，承租人可以直接雇佣承包商。

（3）承租人已经拥有该场所，但是以低于市价的价格出售给开发者。开发者实施开发并回租给承租人。

（4）一家银行计划承租房地产的10%以上。当时，银行或者银行集团的其他成员同意为房地产的开发提供资金（即使这种情况出于偶然，或者银行内部的两个不同的部门不知道这件事，该条款仍适用。但是，英国税务海关总署认为，如果在银行倾向于或打算成为承租人之前，融资协议就已经达成，那么，这一条款就不适用）。

7.5 房地产交易：继续经营前提下的业务转让（TOGC）

在继续经营前提下转让一项经营业务或经营业务独立运营的一部分一般不被视为增值税应税行为，不征收增值税。这可能涉及处置房地产的占有者和房地产的所有者——房地产开发、投资等被视为上述经营业务。

上述情况不缴纳增值税是强制适用的。如果增值税被误征，购买方没有合法权利从英国税务海关总署获得抵扣，那么，购买方就应该向销售方寻求赔偿。但是，英国税务海关总署的态度很大程度上取决于销售方是否向其申报缴纳了增值税。

针对继续经营前提下的业务转让的处理办法通常是有利的——一方面，使购买者无需垫付尚不能从英国税务海关总署得到抵扣的增值税额；另一方面，避免了在增值税额最大时缴纳土地印花税（见7.4.5）。但是，上述处理办法也适用于免税或零税率交易。

这可能是一个难点。销售方需要依赖于购买者的意愿，销售合同需要处理这些问题及其他问题。在阐释上述规则时有很多问题，英国税务海关总署常常因为其指南的质量以及拒绝对特别交易提出看法而广受诟病。

7.5.1　一般条件

指令①规定：

在转让全部资产或部分资产时，无论有无支付款，或者是作为对一个公司的捐赠，成员国都可以将其视为非增值税应税行为，并将受让方视为转让方的接替者。

在受让方不是完全负有纳税义务的情况下，成员国需采取必要措施防止竞争的扭曲。成员国也可以运用本条款采取任何必要的措施防止偷税或避税。

成员国未被要求必须应用本规定，但是如果应用的话，他们不能设置指令未考虑的其他限制②。

① 《指令》第19条。

② 思·莫德有限责任公司（欧洲法院案例C-496/01）。

英国相关条款[①]规定如下，这些规定还要受制于有关纳税选择的进一步规定：

一个人（person）就其企业资产提供的下列供给行为，既不应视为增值税应税货物供给，也不应被视为增值税应税劳务供给：

(a) 在继续经营前提下的业务转让行为

(i) 受让方将资产用于继续从事与出让方相同的经营活动，不管该经营活动是否是目前经营活动的一部分，并且

(ii) 如果出让方是增值税纳税人，转让发生后，受让方应已成为或马上成为增值税纳税人，有关纳税人或人（person）的定义见Manx《增值税法案》3（1）部分。

这一规定也适用于继续经营前提下的部分经营业务的转让，附加条件是所转让的部分业务能够独立运营。通常是指被出售的部分业务与销售方和购买方的其他业务活动是相对独立的。这并不是要求任意一方在实际中是独立运营这部分业务。投资组合中一项投资性房地产的出售，或者连锁店中一家分店的出售，通常被视为能够独立的运营。

因此，需要判断以下几个要点：

(1) 资产是否是作为继续经营前提下被转让的经营资产。

(2) 购买方是否是将资产使用在从事相同的经营活动。

(3) 双方是否都是增值税纳税人。

下面将对这些要点进行阐述，关于纳税选择的其他

---

① 《增值税（特殊条款）法令》1995 第 5 条。

条件将在11.5.5中探讨。

7.5.2 继续经营前提下的营业资产转让

这里有几点要作说明：

(1) 有关继续经营前提下的转让规则不适用于非营业资产①。

(2) 企业需要处于经营状态②，或只是暂时停业，尽管不要求企业盈利或者企业处于破产管理状态。英国税务海关总署的观点③是应该“正常交易在转让后与转让前相比无重大破坏”，但这点需视情况而定。英国税务海关总署没有把季节性停业以及为了重新装修发生的暂时性停业等作为不能适用有关继续经营前提下的转让规则的障碍。

(3) 英国税务海关总署认为应是买断式的资产转让，因此，租赁不属于继续经营前提下的转让。

(4) 英国税务海关总署还认为资产必须在转让之后继续存在，因此，与房东权益相结合的租赁的放弃(surrender of a lease)不属于继续经营前提下的转让。

(5) 如果企业还没有发生增值税应税行为，仍存在继续经营前提下的转让。案例法④主要建议这点取决于为应税供应所做的准备。

针对房地产出租(letting)活动的其他要点如下：

(1) 出售租用的房地产属于继续经营前提下的转

① 派德式住房协会(VTD 12663)。

② 国际供应商审计有限公司(VTD 18111)；巴克利(珠宝)有限公司(VTD 18178)。

③ 英国税务海关总署公告700/9。

④ 金橡树合伙企业(VTD 7212)；海湾贸易和管理有限公司(VTD 16847)；达特区委员会(VTD 20423)，也可见于贺登(VTD 8941)和Faxworld(ECJ Case C-137/02)。

让，即使该房地产只是投资组合中的一项房地产。英国税务海关总署认为这包括房地产仅仅是被部分租用，一旦租赁协议被签订，无论租赁权是否转让，或是否收到款项，则构成了符合继续经营前提下的转让规则的业务。

（2）有时若干房地产被一起出售。如果这些房地产位于同一地点，构成一个整体组合或构成整体组合的独立部分，通常这组房地产可视为一个整体一起考虑——只要其中一部分被租用，即可将全部销售作为继续经营前提下的转让来处理，尽管像纳税选择权等其他条件仍需逐个房地产区别看待。

（3）英国税务海关总署认为，如果A向B出租，B向C出租，且在A向D出售之前，B立即向A放弃租赁，则对D的出售不属于继续经营前提下的转让，即使C自始至终保有占有权。这似乎是基于对案例法[①]错误的诠释上。

（4）有时房地产由名义上的法定所有者受受益人等其他人委托代为持有。在某些情况下，受益人被视为向承租人提供了应税供给（supply）（见7.9.4）。继续经营前提下的转让规则不能妥善处理购买方是名义持有人的情况，因为它要求购买方是从事经营的。针对这一情况有特殊的处理程序[②]，并且允许适用继续经营前提下的转让规则，但是由于要求出售方、名义上的购买方和受益人进行联合声明，所以不利于达到信托是为了隐瞒受益人身份的目的。

---

① 莫兰有限公司（VTD 8869），下面也有引用。该判决的真正意义在于A和D之间经营活动的不同，B和D是啤酒制造商，而A是被动投资者。

② 英国税务海关总署公告700/9。

7.5.3 相同经营活动

法规要求资产“被受让人用于从事与转让人从事的相同的经营活动”。这主要是指转让时受让方的意图——对实际发生了什么以及受让方能够做什么没有严格要求[①]。另外，还需要注意以下几点：

(1) 经营活动无需完全相同。房地产开发和投资[②]；印度饭店和意大利饭店[③]；租用的工厂有无司机[④]，这些都被视为相同的经营活动。但是，事实上就出让（letting）酒吧而言，投资者和啤酒制造商[⑤]被视为是在从事不同的经营活动。

(2) 对受让方打算继续从事相同经营活动的时间长短尚存争议。英国税务海关总署多次拒绝对此评论，但有可能视活动的强度而定。对于夜总会[⑥]一个周末是足够的；出租房地产通常认为需要三个月租期，但是收到部分租金也可能就被视为从事了相同的经营活动。

(3) 立即出售相关业务[⑦]或终止相关业务[⑧]的意图将阻止继续经营条件下的转让规则的适用。但是暂时性停业不会，见7.5.2。

(4) 在房地产转售中，A将房地产出售给B，B同意将其再出售给C。随后相关方达成一致，房地产实质

---

① 思蒂莫德有限责任公司（欧洲法院案例C-497/01）；哈特利工程有限公司（VTD 12385）。枯木（[1986] STC 327，QB）现在似乎在这点上是不正确的。

② Hallborough地产有限公司（VTD 10849）。

③ Tahmassebi（t/a Sale Pepe）（VTD 13177）。

④ HCL设备有限公司（VTD 19222）。

⑤ 莫兰有限公司（VTD 8869）。

⑥ 琼斯（VTD 6141）。

⑦ 奎克萨薇集团有限公司（VTD 12749），也可见莫顿酒店有限公司（VTD 20039）。

⑧ 思蒂莫德有限责任公司（欧洲法院案例C-497/01）。

上是从 A 直接转让给 C。在苏格兰，该供应链被视为从 A—C，且构成继续经营条件下的转让。英国其他地方，由于存在不同的土地法，供应链仍被视为 A—B—C，不能适用继续经营条件下的转让规则。

（5）继续经营条件下的转让规则一般要求双方向第三方提供增值税应税行为。外包①或纵向合并②不构成继续经营条件下的转让。英国税务海关总署认为向承租人出售房地产不属于继续经营条件下的转让，除非存在承租人愿意接管和继续经营的其他出让（other letting）。

（6）英国税务海关总署把增值税纳税集团视为一个单一实体，因此，比如将房地产出让（letting）给增值税纳税集团的另一成员不不能适用继续经营条件下的转让规则。

7.5.4 纳税人

如 7.5.1，如果出让方是纳税人（已经进行增值税登记或被要求进行登记的），受让方必须是纳税人，或在转让后立即成为纳税人。通常，继续经营的购买方必须考虑（take account of）出售方所转让业务或部分业务的营业额，以此确定它应在何时以及是否应注册成增值税纳税人③。

法规不允许购买方成为另一管辖权的增值税注册人，英国和曼岛之间的管辖区除外④。如果出售方不是

① 快速消费品的家庭服务有限公司（VTD 18377）。杰特有限公司（VTD 10513）在这种情况下也被引用，但有其他消费者。

② 英国银行业独立委员会 ICB Ltd（VTD 1796）。

③ 《增值税法案》Sch. 1 para. 1（2）。

④ 瑞士温特图尔保险公司（VTD 19411）。

纳税人，则购买方的身份不影响适用继续经营前提下的业务转让的相关规则。

7.5.5 纳税选择权

继续经营前提下的业务转让规则针对纳税选择权有进一步的限制条件。如果没有继续经营前提下的业务转让，由于出售方已经选择纳税（见7.4），或者出售的是新的不动产（见7.3.2），而要适用标准税率的情况下，这种继续经营前提下的业务转让可以进行纳税选择。如果是由于其他原因而只能适用标准税率，或者由于出售方的纳税选择权不予适用而只能适用免税的，那么这种继续经营前提下的业务转让就不能进行纳税选择。

上述限制条件的运用要求购买方在销售的纳税义务发生时要完成两件事（见7.8.1）。这通常是指在完成交易之前，如果还未向利益相关者支付押金，则需要在此之前完成下列两件事。购买方必须：

（1）告知英国税务海关总署存在纳税选择权。

（2）告知出售方1995年增值税（特别条款）规则的第5条（2B）段不适用于此。这些通常要在销售合同中提及，实质上是确认根据反避税法规纳税选择权不会被取消（见11.4.6）。如果购买价格低于250000英镑，且房地产在出售方手中不属于资本货物项目（Captial Goods Scheme）（见7.12）中所列的资本货物，则不适用。

如果购买方不符合这些条件，房地产的转让将不构成继续经营条件下的业务转让且适用标准税率。反避税法规的问题已在7.4.7中讲解，这儿也有相似的问题。一个常见的例子是购买方从银行获得收购房地产的资金，恰巧该银行是承租人，或者该银行的公司集团的成员之一是承租人。由于涉及银行出租时购买方不适用纳税选择权，因此购买者就不需要进行必要的告知，而且该购买不构成继续经营前提下的业务转让。购买方必须缴纳增值税和印花税（见 7.4.5），而且增值税的一部分不能抵扣。

在实践中，这些问题常常不能被识别出来。尤其是，购买者有时会在没有理解其含义的情况下，在购买合同中告知 1995 年增值税（特别条款）规则的第 5 条（2B）段的声明。如果声明不正确，继续经营前提下的业务转让规定是不生效的，但是购买方有可能受到刑事处罚。

7.5.6 结论

继续经营前提下的业务转让不是增值税应税行为，不需要缴纳增值税。如 7.4.5 所述，这在筹资和印花税方面是有帮助的。另外，需要注意以下几点：

（1）英国税务海关总署认为，根据转让活动是否应纳税或免税[①]来判断出让方的进项税，比如费用产生的进项税是否可以抵扣。他们拒绝接受在购买方将要发生增值税应税行为时，出让方的进项税额可以得到抵扣的观点，也许这是不正确的[②]。

（2）购买方需要对出售方发生的增值税进行调整（见 7.11 和 7.12）。比如，如果购买方在后来使用房地产进行增值税免税供应，这会造成额外的成本。这也意味着购买方需要了解出售方增值税情况的相关信息。

---

① 阿比国民银行（欧洲法院案例 C－408/98）。

② Faxworld（欧洲法院案例 C－137/02）；Hordern（VTD 8941）。

（3）如果购买方还没有进行增值税登记，那么该购买方一般需要进行增值税登记。如7.5.4所释，这通常是适用继续经营前提下业务转让规则的一项条件，但是在确定受让方是否且何时应登记时，出售方的营业额应被视为购买方的营业额①。

（4）如果转让全部业务，出售方一般需要注销登记。购买方可以选择继续使用出售方的增值税编码并承担其纳税义务。但是通常不建议这样做。

（5）如果受让方是享受部分免税的增值税纳税集团的成员，它需要就属于继续经营前提下业务转让的资产进行增值税纳税申报②。如果该资产属于资本货物项目（CGS，capital goods scheme）中所列的资本货物，或者出售方早在三年前就购买了这些资产，或者出售方的部分减免抵扣率（见7.11）不高于购买方，将不适用上述规定。此条款被设计为一项反避税法规，但在实践中它被广泛忽视，它的基本原理也不再适用。

7.6 房地产交易：零税率

如果一项供应适用零税率，则不缴纳增值税，但它仍被视为一项应税行为，所以可以抵扣相关进项税。指令不接受零税率，但是英国被准许在特定情形下保留零税率，至少现在是这样，尽管未被准许扩展零税率的适

① 《增值税法案》Sch. 1 para. 1（2）。

② 《增值税法案》S. 44。

用范围①。

7.6.1 概述

在房地产行业，零税率主要和房屋建造商相关，房屋建造商就房地产主要权益（major interest）的初次转让适用零税率。主要权益指不动产完全保有权或超过21年的租赁权（在苏格兰，是至少20年的租赁权）。类似地，零税率还适用下列纳税人：

（1）建造用于居住或慈善目的的建筑物（PRP/RCP）；

（2）将非居住用建筑物改造成住宅或用于居住目的的建筑物；

（3）重建受保护的住宅（比如：历史性的）或用于居住或慈善目的的建筑。

在很多情况下，还有针对建筑业的减税（见7.10）。

关于此类建筑的其他法规详见7.3.2、7.3.4和7.4.2。

零税率也可适用于以下情况：

（1）可居住的旅行拖车和房船的出售或出租（见7.3.5）。

（2）放牧权和收获谷物及水果的权利——这些都被视为适用零税率的食物或动物饲料的供应行为（但是捕鱼和游戏比赛的相关规定见7.3.9）。

（3）理论上，1998年6月21日之前签订的交易。

① 欧洲委员会诉英国（欧洲法院案例C-416/85）。

7.6.2 个人建造住宅建造人

增值税法案[1]规定下列行为适用零税率：

> 个人就建筑物、住宅或其场地的主要权益或部分建筑物、住宅或其场地的主要权益的初次转让—
>
> (a) 建造建设计成住宅或住宅区……等建筑物的人就——
>
> (i) 设计成住宅或住宅区……建筑物、住宅或其场地的主要权益或部分建筑物、住宅或其场地的主要权益所进行的初次转让。

所以零税率的适用取决于以下因素：

(1) 设计成“住宅或住宅区”的建筑；

(2) 转让者是建造建筑物的个建造人；

(3) 主要权益的转让；

(4) 初次转让。

这些要点以及场所范围的问题，有限占有权的例外情况和开发商抵扣进项税的能力在下面有详细研究。该供应不必是对最终使用者的供应。

7.6.2.1 “设计成住宅”

建筑物必须是“被设计为住宅或住宅区”。法律[2]明确规定如下：

> 建筑物被设计为住宅和住宅区，每栋住宅都要满足以下条件：
>
> (a) 住宅由独门独户的居所组成

① 《增值税法案》Sch. 8 Group 5 item 1。

② 《增值税法案》Sch. 8 Group 5 n. 2。

(b) 从一栋住宅到任何其他住宅及其部分没有直接的内部通道

(c) 住宅的独立使用或处置没有被契约条款、法定规划许可（statutory planning consent）或类似条款所禁止；

(d) 关于住宅的法定规划许可已经被授予，而且该住宅是按照许可进行建造或改建。

相关内容参见下面的“注释2”。上述住宅一般不包括附属的居住设施（供年老亲戚居住的附属房间），有公用设施的单元（尽管可能符合居住性目的的条件——见11.6.3（a）部分），但是大量的案例法[1]处理得不一致。

如果建筑一部分设计为住宅，一部分设计为其他，比如商店，只有住宅是适用零税率的，销售价格等需要相应分开计算。零税率扩展至公共部分，比如入口区和公寓楼内的走廊，如果建筑不仅仅是住宅，价值也需要按比例分摊。关于这方面，还有其他各种问题。

7.6.2.2 个人建造人

转让者必须是建造建筑物的个建造人。建筑工程必须由转让者承担或委托[2]，而且必须实际成为“建筑物”。多数情况下，如果建筑工程不是完全新建的，不是独立的且包含以前建筑的任何部分，则该建筑工程不具有适用零税率的资格。

---

① Oldrings Development Kingsclere（VTD 17769）；Agudas 以色列住房协会（VTD 18798）；哈里斯（VTD 18822）；尼克尔森（VTD 19412）；Cottam（VTD 20036）；Cussins（VTD 20541）；Sharples（VTD 20775）；Bracegirdle（VTD 20889）；Lunn（［2009］UKUT 244（TCC））和其他。

② 蒙赛尔·尤埃尔发展有限公司（VTD 538）；休姆教育基金会（VTD 625）。

在这种情况下，为此目的，法律[①]表明：

建筑物的建造不包括——

(a) 对现有建筑物的改建、重建或改变；或者

(b) 对现有建筑物的增建或者扩建，不包括创建另外的住宅或住宅区的增建或者扩建；或者

(c) 对现有建筑物的附属建筑进行的建造。

而且：

建筑物不再属于现有建筑的条件如下：

(a) 被完全拆毁至地平面；或者

(b) 仅仅由单独的立面、街角、双立面组成的保留在地平面上的部分，保留这些部分是法定规划许可或类似许可的条件或要求。

如下所示：

(1) 如果新建筑物代替了现有建筑，一定有段时间是没有建筑物在地平面上的[②]。

(2) 立面的保留必须是规划局要求的条件，而不仅仅是开发商自己的想法[③]。

(3) 如果所保留的排屋等共享的隔墙继续作为单独住宅的外墙使用，则它可以忽略，不被视为保留的立面。

(4) 现有建筑的内部链接并非自然地不能适用零税率，但在注释2中有一些不符合适用零税率的规定

---

① 《增值税法案》Sch. 8 Group 5 nn. 16和18。

② Bugg (VTD 15123); Tinker (VTD 18033); Gilder (VTD 18143)。

③ Evans (VTD 17264); Pollock and Heath (VTD 20380); Hall (TC 00037), but see also Almond (TC 00132)。

（见上）。另外，增建或扩建不适用零税率，除非是创建了另外的住宅和住宅区。英国税务海关总署采取这一规定意味着新住宅或住宅区必须全部被包含在扩建或增建之中，而案例法不完全支持这点[①]。

其他要点如下：

（1）在法定所有权和受益所有权是分离的情况下，通常受益的所有者需要从事或委托该工程（见7.9.4）。

（2）如果建筑物在建造期间被出售，且由购买者完成建造，那么，双方都可能是“建造人”。如果第一个所有者承担了超过地基水平面的工程[②]，第二个购买者在建筑物被占用之前购买了建筑物，而且至少承担了建筑物的装备工作，那么，所有者和购买者都是建造人。

（3）对“建造人”身份没有时间限制[③]，尽管零税率将仅仅适用于之前没有主要权益转让的情况。

（4）建造人身份属于增值税纳税集团的单独成员（见7.9.1），而不属于集团整体，尽管英国税务海关总署在考虑什么是主要权益的“初次转让”时忽略了集团内部交易[④]。

7.6.2.3 主要权益的初次转让

主要权益是指不动产永久所有权、超过21年的租赁权（在苏格兰，至少20年），也包括共同持有的权益以及在北爱尔兰，通过使受让人获得房地产所有权的

① Smith（VTD 17035）。

② Stapenhill发展有限公司（VTD 1593）；Permacross有限公司（VTD 13251）；卡梅伦新屋有限公司（VTD 17309）。

③ Link房屋协会（CS［1992］STC 718）。

④ 英国税务海关总署商务简报11/03。

转让（under a fee farm grant）持有土地的人的房地产。英国税务海关总署同意将支付对价的租赁协议视为这种租赁，有中断条款的租赁可被视为整个期间的租赁。

转让必须是“主要权益的初次转让”。此处的“转让”包括转让或放弃（见 7.2.4）。任何次要权益的转让，主要权益的二次转让都可以得到免税。但是，适用零税率的转让如果仅涉及建筑物的一部分，则另一部分的后续转让也适用零税率。

对于租赁而言，零税率只适用于加付款（premium）（比如，租赁的一次性给付），如果没有加付款，则适用于第一次分期付款的租金，此后租赁是免税的。同样，在产权共有住房政策下住宅权益的分期出售，只有第一期适用零税率。

增值税法案[①]还认为以下住宅不适用零税率：

权益转让的受让方全年无权居住于建筑物或建筑物的一部分。或者，契约、法定规划许可或类似许可不允许全年居住在建筑物内，或者把建筑物或其部分作为受让人主要私人住所。这实际上就是想要把度假住宅包括在不适用零税率的范围之内，7.3.4 部分的法规规定有关该类住宅的供应适用标准税率。

7.6.2.4 零税率的范围

零税率适用范围扩展至建筑物的场地，比如一栋房屋的地面和花园，公寓楼周围的公用区域。案例法[②]说明以下：

在供应的情况下，建筑物的场地是指环绕建筑物的

① 《增值税法案》Sch. 8 Group 5 n. 13。
② Stapenhill 发展有限公司（VTD 1593）。

一块合理的土地。“合理”取决于建筑物的大小、性质和位置以及周围土地的性质。

法律[1]也明确将零税率的适用扩展至车库，只要车库是和住宅同时建造（改建），而且打算和住宅或住宅群之一同时被占用。

7.6.2.5 进项税抵扣

适用零税率允许开发商抵扣相关进项税额，但是有如下一些例外情况：

（1）明确规定[2]开发商不能抵扣诸如地毯、炊具和冰箱等项目的增值税进项税额（见7.10.2）。但是，目前尚不明确该规定是否完全有效，反对此项规定的诉讼是可能发生的。

（2）就租赁而言，只有第一次付款适用零税率，后期的租金和服务费是免税的。此规定的意图在于，允许开发商抵扣与建造相关的成本、专业费用等与适用零税率的转让相关的进项税额，但是不能抵扣诸如维护费用等后续成本的进项税额。

（3）开发商能够抵扣预期转让主要权益的进项税额。如果他们实质上转让了一项适用免税的短期租赁，就必须向英国税务海关总署归还已经抵扣的进项税额，但是，如果他们仍计划在未来某日转让主要权益，他们只需要归还部分已经抵扣的增值税额[3]。

（4）如果开发商在支出超过250000英镑（包括250000英镑）时发生了增值税，则该建筑物可能就属

① 《增值税法案》Sch. 8 Group 5. n. 3。

② 《增值税（进项税）法令》1992 第6条。

③ Briararch Ltd and Curtis Henderson (both [1992] STC732, QB); HMRC 信息表07/08。

于资本货物项目中的建筑物。如果，比如，在适用零税率的租赁转让（the zero - related grant of a lease）后的十年内，对不动产所有权进行免税出售或重新租赁（overriding lease），就可能要求开发商向英国税务海关总署归还所抵扣的进项税额。更多详解见7.12。

7.6.3 居住或慈善目的的建筑物的建造人

法律也规定以下项目适用零税率①：

仅用于与居住或慈善相关的目建筑物的建造人建造人就建筑物及其部分、场地主要权益所进行的初次转让——

(a) 建造建筑物——

(ii) 仅用于与居住或慈善相关的目的。

这类似于7.6.2有关住宅的规定，而且，“初次转让”，“建造人”以及“主要权益”在这都有相同的含义。关于场所和进项税额抵扣也有相同的观点。但是：

（1）购买者或承租人必须证明建筑物是“只”用于与居住相关的目的或与慈善相关的目的。此规定替代了“设计为住宅”的检验标准。

（2）如果建筑物在十年内不再是唯一用于居住或慈善目的的建筑物，使用规定就会发生改变。

（3）用于慈善目的的附属建筑物适用零税率，但是不等同于有关建造额外住宅的扩建和增建的规定。

7.6.3.1 预期用途

这里的预期是指购买者及承租人的预期，通常认为“使用”是指占有者的使用。采用任何其他解释则法规

① 《增值税法案》Sch. 8 Group 5. item 1。

不能有效执行，但是英国税务海关总署和案例法[①]不完全一致。

法律[②]解释如下：

> 与居住目的相关的使用是指作为下列各项来使用：
>
> (a) 为孩子提供居所的住宅或其他慈善、社会福利机构 (institution)；
>
> (b) 为需要个人护理的老年人，残疾人，过去或现在依赖酒精或毒品的人，或者过去或现在有精神障碍的人提供个人护理居所的住宅或其他慈善、社会福利机构；
>
> (c) 收容所；
>
> (d) 为学生或小学生提供的居所；
>
> (e) 为军队成员提供的居所；
>
> (f) 修道院、女修道院或类似机构；
>
> (g) 是其至少 90% 居住者唯一或主要居所的慈善、社会福利机构；但是，不包括医院、监狱或类似机构，或者旅馆、旅店或类似机构。

并且[③]：

> 有关慈善目的的使用是指慈善机构以下列一种或两种方式使用，即：
>
> (a) 不是用于经营活动的开展或促进。
>
> (b) 为当地社区提供公共、娱乐设施的村务大厅或类似机构。

---

① 圣邓斯坦教育基金会（［1999］STC 381）；亚伯勒儿童信托（［2002］STC 207）（在这方面，一个不令人满意的案例）；Ardenglen 发展有限公司（VCD 19906）。

② 《增值税法案》Sch. 8 Group 5 n. 4。

③ 《增值税法案》Sch. 8 Group 5. n. 6。

这些法规较复杂，有大量关于这些的案例法。有关一些更重要的内容注释如下：

（1）唯一性。立法要求建筑物及其部分是以居住或慈善为唯一使用目的。在实践中，很多这样的建筑物有其他的、附带的用途，这些用途导致该建筑物不能适用零税率。用于慈善目的的“非经营性”分类是一个特殊的问题，英国税务海关总署一直对此给予优惠，即如果属于经营性的使用不超过总使用的10%，那么可以对该经营性使用忽略不计。该规定不适用于其他居住或慈善目的的建筑物，而且在实践中，该规定并不总是被证明很有用。

无论如何，英国税务海关总署已经宣布上述优惠将从2010年7月1日起被取消。同时，英国税务海关总署表示，在某些情况下，“唯一性”可被解释为，如果建筑物至少95%是用于居住或慈善目的，则该建筑物是唯一用于居住或慈善目的的建筑物。

（2）证明。为了适用零税率，购买者或者承租人需要在提供供应之前发布一个证明书，确认预期用途。立法①不要求他们是最终使用者，但是英国税务海关总署在认同这点上有一些困难。

（3）学生住宿。这是（d）项所说的用于居住目的。包括诸如为短期或利用业余时间进修课程者提供的短期住宿②，就像为实习护士提供的住宿等一样。“惟一性”的要求不允许被非学生大量使用③，但是英国税务海关总署常常对在学生假期期间用于会议，参观者的

① 《增值税法案》Sch. 8 Group 5. n. 12。

② Urdd Gobaith Cymru（VTD 14881）；登曼大学（VTD 15513）。

③ 巴斯大学（VTD 14235）；圣安德鲁斯大学（VTD 15243）；格林威治地产有限公司（VTD 16746）。

住宿等忽略不计[1]。

零税率适用范围扩展至建筑物的附属地方，比如餐厅、厨房、公用房间和洗衣间，但是如果非居住者也使用的话，英国税务海关总署反对其适用零税率，而且，英国税务海关总署不接受商店、酒吧、教师住宿等适用零税率[2]。零税率有时可能适用于不同建筑的附属地方[3]。

某些学生住宿也符合住宅法规的规定。

（4）住宅和机构。无论是根据（a）、（b）或（g）的相关规定，护理中心等一般都是用于居住目的。同时也提供非居家护理的机构可能与“唯一性”的要求相冲突。结论是，上述机构必须是具有慈善机构性质的，而且要拥有慈善机构性质的居住设施和基础设施。护理中心的“独立居住”单元可能有一些问题，因为它们不总是像住宅一样也符合适用零税率的要求[4]。

建筑物不应被用作“旅馆、旅店或类似设施”，如果居住者没有其他地方可选，这也许就成为一个问题。建筑物也不能是“医院、监狱或类似机构”。案例法[5]表明，医院和类似机构主要与治疗有关，而非住宿或护理，如果一个建筑物是刑事司法制度的组成部分，那么，该建筑物只能是作为监狱或类似机构来使用。

对用于居住目的的建筑物的增值税处理办法适用于建筑物整体，包括非居住区域，尽管英国税务海关总署有时错误地试图否认办公空间等适用零税率。但是，法

① 格林威治地产有限公司（［2001］STC 618）。
② 圣安德鲁斯大学的大学法院（VTD 19054）。
③ 《增值税法案》Sch. 8 Group 5 n. 5。
④ 英国税务海关总署简报66/07。
⑤ Fenwood发展有限公司（［2005］EWHC 2954（Ch））和其他案例。

律对于被包含在多个建筑物中机构没有详细的规定，比如对附加住宿区的后期建设没有严格的限定[①]。

(5) 非经营性的用于慈善目的的建筑物。如上所述，建筑物及其部分应唯一用于慈善机构非经营性用途这一要求存在特定的问题。在实践中，大部分慈善机构至少都有一些经营性活动，而且有大量关于此问题的案例法[②]。被认为适用零税率的情况包括做礼拜的地方，免费的独立学校和巨资补助的福利供给。慈善机构的办公地点可能不适用零税率。

(6) 村务大厅等用于慈善目的的建筑物。适用零税率要求大厅“为当地社区提供公共、娱乐设施”。为大面积或更多人口服务、实现更具体目的的大厅可能不满足要求[③]。

尽管零税率取决于预期用途而不是实际用途，但是，如果建筑完工之后，实际用途在十年之内不是唯一用于居住目的或慈善目的，有时要对其征收增值税[④]。具体应用如下：

(1) 如果接受适用零税率供应的人将建筑用于其他方面，就会按照自我供应行为对其征收增值税——他们必须申报销项税额，而且只能把用于应纳税经营目的

① 滨江学校（Whassett）有限公司（VTD 13170）；Derby 基督教青年会（VTD 16914）。

② 莫里森学院公寓协会（CS 1977，[1978] STC 1）；圣邓斯坦教育基金会（[1999] STC 381）；亚伯勒儿童信托（[2002] STC 207）；圣保罗社区工程有限公司（[2005] STC 95）；爱丁堡尔福德学院（[2006] CSIH 13）；南安普敦大学（[2006] EWHC 528（Ch））；河滨房屋协会有限公司（[2006] EWHC 2383（Ch））；财政大臣，剑桥大学的大师和学者（（Ch D [2009] EWHC 434））以及很多法庭案件。关于“商业”的总论，也见费雪（[1981] STC 238，QB）。

③ 禧堂娱乐中心有限公司和圣邓斯坦教育基金会（both [1999] STC 381）；亚伯勒儿童信托（[2002] STC 207）以及很多法庭案件。

④ 《增值税法案》Sch. 10 para. 35 至 39。

的建筑产生的那部分销项税额作为进项税进行抵扣。销项税额通过假设已经发生了增值税应税行为，提供给他们的供应不适用零税率，以及每年符合条件的使用少于10%来计算。英国税务海关总署目前不期望慈善机构应用上述规定，因为如上所述，如果用于经营性目的的使用低于10%，就可以适用零税率。

（2）如果接受适用零税率供应的人把建筑物出售或出租给其他人，购买方或受让方并未打算将其唯一用于居住或慈善目的，那么，这类销售和出租行为是应纳税行为。正如拟订的方案，这一法规推翻了其他可能的处理办法，包括对非经营以及继续经营前提下的业务转让的处理办法。

上述规定在7.10.2，偶尔在7.6.4或11.10.4部分的法规规定的零税率情况下也适用，但是在其他情况下不适用。他们的法律效力带有随意性，目前还在评判中。

7.6.3.2 扩建和附属建筑物

如7.6.2所述，与有关住宅的规定相同的规定适用于这里。但是，建造附加住宅的扩建和增建与这里的含义不同，同时，“建造”不包括如下附属建筑物的建造：

> 附属建筑物的整体或部分打算仅仅用于慈善目的，而且——
>
> （a）附属建筑物可以独立于现有建筑物运行
>
> （b）如果有唯一信道或有不止一个信道，但是主要信道：
>
> （i）通往附属建筑物的不经过现有建

筑物；

(ii) 通往现有建筑物的不经过附属建筑物[①]。

这项规定不适用居住目的的附属建筑物。

扩建建筑物、增建建筑物和附属建筑之间的差异很难区分，但是，案例法[②]表明附属建筑物是从属于现有建筑物的，与现有建筑物连接不明显，且看起来和现有建筑物不同。用于慈善的附属建筑物适用零税率的附加条件——有关通道和独立运行的条件——在实践中很难达到[③]。

7.6.4 用于为居住使用的个人改建人

法律[④]规定以下适用零税率：

个人建筑物、住宅和场所及其部分主要权益的初次转让——

(b) 将非居住性建筑物或非居住性的建筑物的部分改建成按住宅或住宅区设计的建筑物或者改建成唯一用于居住目的的建筑物。的人，就该建筑物、住宅和场所及其部分主要权益进行的初次转让。

这与11.6.2和11.6.3有关新建建筑的规定相似，这里的用词与那里的用词有相同的含义和要求。“非居住性”和“个人改建”见下文。

---

① 《增值税法案》Sch. 8 Group 5 n. 17。

② 坎特雷尔（［2000］STC 100）and（［2003］STC 486）。

③ 麦克纳马拉（VTD 16039）；科尔切斯特第六大学（VTD 16252）；Knowsley联合有限公司（VTD 18180）；城堡Carereinion娱乐协会（VTD 18303）；Torfaen志愿者联盟（VTD 18797）；以琳教会，塔姆沃思的受托人（VTD 19190）；Longparish英格兰小学的Longparish教会（VTD 20464）以及其他案例。

④ 《增值税法案》Sch. 8 Group 5 item 1。

7.6.4.1 之前的使用

建筑物及其部分在之前必须是非居住性的。法律[①]明确规定为此目的房地产应该如下：

> 如果满足以下条件，则是非居住的：
>
> (a) 没有为了如下使用而设计或修改为
>
> (i) 住宅或住宅区；或者
>
> (ii) 居住相关的目的；或者
>
> (b) 为了上述使用进行了设计或修改，但是——
>
> (a) 在主要权益被转让之前建造的时间超过10年；并且
>
> (b) 没有任何部分在转让前10年间作为住宅使用或用于与居住相关的目的。

法律随后补充[②]道：与住宅一起被占用的车库不是“非居住性的”。

通常很明显是的——在改建之前仅作为办公室、仓库等的建筑物是符合要求的，正如原来作为住宅建造的、但是在过去10年时间内一直用于其他或者空置的建筑物也是符合要求的。

但是这里的“住宅”比注释2（见7.6.2（a））“按住宅设计”更宽泛，而且根据案例法[③]这里的“住宅”包括某人居住且视为住宅的任何地方，它不必是，比如独门独户的。英国税务海关总署认为“作为住宅

---

① 《增值税法案》Sch. 8 Group 5 n. 7。

② 《增值税法案》Sch. 8 Group 5 n. 8。

③ Uratemp Ventures Ltd v. Collins（［2002］1 All ER 46）；法庭之友集团有限公司（VTD 17693）；Kingscastle有限公司（VTD 17777）；贝尔维德雷房产（切尔滕纳姆）有限公司（VTD 18851）。早期的案例法现在不可靠。

使用”包括临时使用，可能是第二个家，但是忽略了擅自占用他人住房者的非法占有。

这里所说的“与居住相关的目的”与7.6.3（a）的含义相同，但是7.6.3（a）中对过去的使用没有“唯一性”的要求。

7.6.4.2　改建人

某人是否是改建人取决于其在工程中的作用（如7.6.2（b））以及工程是否属于改建。法律没有对“改建”进行定义，但是英国税务海关总署认为它包括通过改造工程把一栋非居住性的建筑物转化为新用途的任何活动。

如果房地产在改建工程期间转手，接替的所有者可能符合适用零税率的条件，但是比7.6.2（b）中的“建造人”更难适用零税率。而且，改建人和建造人一样，适用零税率没有时间限制。但是，根据有关之前用途的规定，如果房地产从工程进行以来一直被占有用于新的目的，转让将不适用零税率。

有关建筑物的部分更为复杂，尤其是建筑物已经有居住的部分时。如果新住宅由以前用于居住的地区改建而成，则不符合适用零税率的条件，建造了另外的住宅除外；如果新住宅是由部分用于居住的地区改建而成，也不符合适用零税率的要求[①]。因此，由商店或单元房改造的房屋（a house）不符合适用零税率的条件，由商店和单元房改造的公寓（apartments）有些可能适用零税率，而其他的则不能适用零税率。

---

① 《增值税法案》Sch. 8 Group 5 n. 9；Blom – Cooper（CA［2003］STC 669）；Blacklock（VTD 20171）。

7.6.5 大幅重建保护建筑物的建造人

《增值税法案》[①] 规定以下适用零税率：

大幅度重建受保护建筑物的人就建筑物及其部分和场所的主要权益的初次转让。

“初次转让”、“主要权益” 和 “场所” 与7.6.2部分中相应的词有相同的含义。有关“受保护建筑物”和“大幅度重建” 的含义的解释如下。

7.6.5.1 受保护建筑物

建筑物必须是“受保护的建筑物”。对此有如下两个要点：

该建筑物必须是“被设计为继续作为或变成住宅或住宅区”（实质同7.6.2（a）的解释2）或“仅仅用于与居住相关或慈善相关的目的”（见7.6.3（a））。

该建筑物还必须是列名建筑物或已列入计划的古迹。列名建筑物是指在规划法中列名为具有特殊建筑设计或历史意义的建筑物。仅英格兰和威尔士就有500000项列名建筑物，包括1840年以前建造的大部分建筑物。在实践中，列入计划的古迹通常不是可居住的建筑物。

附属建筑物，比如，和列名住宅连在一起使用的谷仓通常不能适用零税率，即使他们包含于列名建筑物之中[②]，尽管车库有时可以适用零税率[③]。

---

① 《增值税法案》Sch. 8 Group 6 item 1。

② Zielinski Baker（HL［2004］STC 456）；Smith （VTD 19064）；King （VTD 19208）；Collins and Beckett Ltd（VTD 19212）；Tinsley（［2005］EWHC 1508（Ch））。

③ 《增值税法案》Sch. 8 Group 5 n. 2，山庄建筑（Quainton）（VTD 18905）。

7.6.5.2 大幅度重建人

就“建造人”而言，其定位取决于工程的性质以及个人在其中的作用（见 7.6.2（b））。另外，对适用零税率的供应没有时间限制，而且至少理论上，接替的所有者也可以成为“大幅度重建人”。

“大幅度重建”（substantially reconstructing）应连起来读，同“大改”（largely reconstructing），但是，英国税务海关总署更倾向于认为工程具备重建和大幅度两个特点——狭义的解释——案例法[①]有不同的观点。

法律[②]要求，属于“大幅度重建”的工程需要满足以下两个条件之一：

（1）至少 60% 的工程可以作为 7.10.3 中法规“批准的改造”适用零税率；或者

（2）除了外墙以及其他具有建筑设计和历史意义的外部特征之外，对之前的建筑物没有保留任何部分。

在实践中，只有很少的工程真正符合适用零税率的条件。总之，上述规定因歧视历史建筑物以其存在形态保存而饱受诟病。

7.7 房地产交易：供应问题

不是所有的房地产交易都是增值税应税供应。非增

① Barraclough（VTD 2529）；Vivodean Ltd（VTD 6538）；Lordsregal Ltd（VTD 18535）；Southlong 东米德兰有限公司（VTD 18943）；切尔滕纳姆大学企业有限公司（TC 00429）。

② 《增值税法案》Sch. 8 Group 6 n. 4。

值税应税供应包括非经营性的交易，比如某人出售自己的房子；一项继续经营前提下的业务转让（见 7.5 部分）；或者增值税纳税集团成员之间的出售或出租（见 7.9.1），以及 7.2.6 中提到的支付款项是赔偿而不是供应的对价的某些情况。更多的具体问题阐述如下。

7.7.1 无对价交易

如果房地产被赠送或者无对价、或完全是以名义对价出租，这通常不是增值税应税供应，除非属于以下类型[①]：

（1）房地产是所有者的一项经营性资产。

（2）所有者（或在继续经营前提下业务转让之前的以前的所有者）因收购或已经形成房地产的一部分（如建筑工程中使用的原材料）产生了增值税，而且可以抵扣所产生的增值税。

该供应要承担通常的纳税义务。如果产生了应缴纳的增值税，则是以彻底处置的市价[②]或出租的成本[③]等为税基。增值税被认为是所有者的成本——因增值税而产生的任何支付可视为对价，这样这些法规都不再适用。但是，所有者可以开具“纳税证明”，允许接收者抵扣增值税。

如果交易在商业上为负值，也许是处置了适用高租金的租赁，从严格意义[④]上讲，如果上述条件满足，这仍是所有者的一项应税供应，但是应缴纳增值税的价值为零。如果所有者为处置权益而支付，可能也有一个相

① 《增值税法案》Sch. 4 para. 5。

② 《指令》第 74 条；《增值税法案》Sch. 6 para. 6。

③ 《指令》第 75 条；《增值税法案》Sch. 6 para. 7。

④ 《增值税法案》Sch. 4 para. 9。

反方向的供应产生（见7.7.6）。

7.7.2　低估的交易

如果房地产以低于市价的价格提供，增值税通常只对所支付的价格征收。但是：

（1）如果有其他对价，如其他的土地或建造工程，增值税对对价的总价值征收①。

（2）如果双方是关联方，英国税务海关总署可以直接认定②按市价征收增值税。这并非在所有情况下都适用，且很少使用。或者，在有限的情况下，租金的低估可能加快7.8.2中年度纳税义务发生时间法规规定的纳税义务的发生时间（tax points）。

（3）价值低估可能表明交易是非经营性的，尽管案例法对此更看重情景而不是价格③。

7.7.3　私人用途

如果作为经营性资产持有的房地产用于私人用途——也许度假住宅的所有者自己占有一间住宅——这可能是一项增值税应税供应。对此的处理办法与把房地产无对价出租给第三方的处理办法相同（见7.7.1），以下情况除外：

（1）供应必须适用标准税率，即使第三方出租是免税的④。

（2）应缴纳以资产折旧为税基的销项税额，关于

① 《指令》第73条。

② 《指令》第80条；《增值税法案》Sch. 6 para. 1。

③ van Tiem（ECJ Case C－186/89）；亚伯勒儿童信托（［2002］STC 207）。

④ 泽林（欧洲法院案例C－269/00）。

如何计算已有明确规定①。

案例法②也表明，这一机制的运用使所有者在试图将其房地产用于不同经营活动和私人用途时，可以全额抵扣房地产收购或开发所缴纳的增值税。这常常被称为Lennartz会计，Lennartz会计起源于一个案例。在英国，Lennartz也被慈善机构以及将房地产部分用于自己非经营目的的其他机构所广泛使用，但是，目前还不清楚其正确与否③。

7.7.4　租赁变更

现有的租赁可能被变更，也许是改变租金、租期长短或所包括的精确范围。按照土地法的相关规定，严格意义上讲，租赁变更包括放弃现有租赁和授予新的租赁，因此，两个方向的供应都要被识别。在实践中④，英国税务海关总署一般会忽视这些，而只看到有实际对价，比如付款的供应。

7.7.5　租金的分配

如果在租期内房东或承租人的身份发生改变，双方将在两者之间准确地分配相应租期的租金，并进行支付。谁向谁支付将取决于目前时期的租金是否已被支付。这种支付可以不缴纳增值税——不被视为双方之间的提供，或者不被视为房东和承租人地位的调整⑤。

---

① 增值税规定，第15A部分。

② Lennartz（欧洲法院案例C－97/90）；泽林（欧洲法院案例C－269/00）；Charles and Charles－Tijmens（欧洲法院案例C－434/03）。

③ Vereniging Noordelijke Land－ en Tuinbouw Organisatie（欧洲法院案例C－515/07）；HMRC简讯02/10。

④ 英国税务海关总署内部指导V1－8.27.1。

⑤ 英国税务海关总署内部指导V1－8.22.16。

7.7.6 处置的反向对价（Reverse Consideration on Disposals）

如果承租人可能因为租金过高等原因对租赁进行处置并支付款项，至少是承租人不再承担租契规定的义务，那么，承租人所支付的款项被视为给承租人提供的供应的对价。该行为适用标准税率或免税，详见 7.2.4 部分。

可能因为要对土地进行净化，不动产所有权的处置有时也有类似的款项支付。该款项通常是购买价的折扣金额。在存在实际支付的情况下，案例法[①]建议，如果购买者明确同意承担出售方的义务，而不是仅仅取得土地的义务，那么，该行为才是增值税应税供应。如果是这样，购买者将会产生适用标准税率的应税供应。

7.7.7 对承租人的激励

商业性房产的房东经常使用各种激励方法来诱惑即将进行承租的人。这些激励方法可能包括诸如现金支付；免租金时期；或者提供相关工程的费用、提供搬运费或弥补承租人以前房产直到处置为止的成本。在大多数情况下，这都不不属于承租人的应税行为，但也有例外情况[②]。

尤其是，如果激励是与所承担的义务超过通常获得租赁所需要承担的义务的承租人有关，这对于承租人而言就可能是增值税应税行为。最常见的例子是有关建造

① Battersea Leisure（[1992] STC 213, QB）；Navydock Ltd（VTD 18281）；南利物浦房地产有限公司（VTD 18750）。

② 米勒集团有限公司（欧洲法院案例 C－409/98）。

工程和与占有相关的付款：

（1）工程。在某些情况下，激励实际上是因承租人承担本应由房东完成的建造工程而对承租人进行的支付——承租人实际上充当的是房东的建筑承包商。根据7.10的规定，这是承租人提供的一项应税供应，通常适用标准税率。如果建筑物需要修理，且承租人同意承担修理工程[①]，或者，承租人同意承担房东装修建筑物的责任，这也可能是增值税应税行为。但是，房东就属于承租方义务的工程支付费用则不用征税。

（2）占有。欧洲法院认为[②]，承租人对房东提供的如下供应属于增值税应税供应：

如果房东认为在包含租赁房产的建筑物中有一个主要租户出现会吸引其他承租人，房东就会支付相关款项让未来承租人将其业务转移至相关建筑物中。

这种情况是罕见的，而且主要涉及以大型著名商店为吸引力的零售开发。英国税务海关总署认为，如果承租人明确同意房东可以以其名义营销或获得工程融资，那么，承租人就发生了应税行为。如果承租人同意将业务转移至该房产，并且在房东设定的条件下处置先前房产[③]，同样属于增值税应税行为。

无论激励采取什么方式，以上规定都适用，但是，需要注意下面的其他要点：

（1）如果免租金期是承租人提供的供应的对价，那么，该供应也是房东提供的供应的对价。如果是应纳税的租赁，房东必须对放弃的租金申报缴纳增值税。

---

① 格尔斯旅馆有限公司（VTD 2152）；Neville Russell（VTD 2484）；Ridgeons Bulk Ltd（[1994] STC 427，QB）；Port Erin Hotels（VTD 5045）。

② 米勒集团有限公司（欧洲法院案例 C－409/98）。

③ 英国税务海关总署内部指导 V1－3.9.6。

（2）某些激励采取改进房地产的形式——可能是使用更好的原材料或者提供附加的停车场。这不属于承租人提供的应税供应，因为承租人只是在租用中获得了更多的东西。

（3）某些房东为承租人的租金收入或融资成本提供担保。根据案例法①，英国税务海关总署将这种担保下的支付，如果有文件证明，则视为一种折扣，如果以承租人接受租赁对价的形式呈现，则视为现金激励，其他情况则视为补偿。

7.7.8 地方当局的制度安排

规划局要求开发商提供设施或承担公共工程作为允许开发的条件。如果这些开发商提供设施或承担公共工程无对价或仅仅有名义对价，那么，英国税务海关总署认为这些“规划受益”协议中规定的开发商的上述行为不是增值税应税行为。该规定同样适用于为地方当局修建马路或为城市排水承办者处理下水道。

7.8 房地产交易：供应时间

在一个会计期间内，增值税销项税额应在“供应时间（time of supply）”或“纳税义务发生时点（tax point）”向英国税务海关总署申报缴纳。

---

① Iliffe & Holloway（VTD 10922）。

7.8.1 处置

对于彻底的处置，“基本的”纳税义务发生时点是当交易完成的时候[①]，但是在某些情况下不是这样：

（1）提前收到支付款或开具税收发票，收到支付款或开具发票的时间为纳税义务发生时点[②]。如果购买者支付了押金，只要这些押金成为出售方的钱，支付押金的时间就是押金纳税义务发生的时点。如果押金是向“利益相关者”支付的，那么支付之时不是纳税义务发生的时点。

（2）在其他情况下，在完工后的 14 天内开具税务发票，那么，开具发票之时就是纳税义务发生的时点，除非与英国税务海关总署有其他约定[③]。

（3）如果房地产是强制性被购买，比如被地方当局购买，当时不知道补偿金数额是多少，则以实际收到支付款的时间为纳税义务发生时点[④]。

（4）如果在房地产完成交易之时，可能由于有其他“超额”支付（overage payments）等原因，而不知道全价，一般的法规适用，即不发生纳税义务[⑤]。其他支付发生之时或税收发票开具之时是纳税义务发生的时点。严格来说，该规则只适用于不动产所有权的出售，但是在其他情况下可能是唯一的可行的方法。在某些情形下有反避税规定。

另外：

---

① 《增值税法案》S. 6（2），Cumbernauld 发展公司（［2002］STC 226，CS）。

② 《增值税法案》S. 6（4）。

③ 《增值税法案》S. 6（5）。

④ 《增值税条例》第 84 条。

⑤ 《增值税条例》第 84 条。

（1）适用于小企业的特殊会计制度允许只有在收到支付款项时才缴纳增值税。

（2）“坏账冲抵”允许出售方在购买者6个月后仍未付款时抵免增值税[1]。购买者也必须作进项税额转出。

7.8.2 租赁

就租赁或许可权的授予而言，每次支付租金或服务费等的纳税义务发生时点是提前收到支付款或开具税收发票时[2]。这要受制于以下几个要点：

（1）有一个有利的规定[3]，允许房东提前一年以上开具单独的税收发票，且不产生纳税义务发生时点——纳税义务发生时点需要在房租到期或被提前支付时才被确认。

（2）反避税规则[4]规定，不管是否支付了款项或者开具了发票，在某些情况下，有一个年度纳税义务发生的时点。上述规定仅适用于涉及关联人产生7.3中规定的增值税应税行为的某些情况。

（3）房东以租金押金或筹集未来修理费的方式提前收取金额。纳税义务的发生时点是上述提前收取的金额成为房东的钱的时候，或者是开具税收发票的时候。

（4）在承租人违反支付义务的情况下，延期支付的利息，属于赔偿而不属于增值税征收范围。

---

① 《增值税条例》第XIX条。
② 《增值税条例》第85和90条。
③ 《增值税条例》第85条和90条。
④ 《增值税条例》第94B条。

7.9
纳　　税　　人

房地产可能被各种各样的实体所持有，而且谁应该被视为参与交易和提供增值税应税供应的纳税人一般不太容易辨别。这一部分将主要讨论一些特定的情况。

7.9.1　增值税纳税集团

处于同一控制下的公司和其他法人团体，可以选择集团注册。这一规定具有灵活性，可以包括某些集团公司，而不包括其他机构。在增值税纳税集团中，“具有代表性的成员”被视为提供和接受供应，但是集团内部成员之间的交易不被视为供应。就此而言，该集团实际上是一个单一的实体。但是，集团中单个成员的地位仍然与确定对供应的处理办法紧密相关（例如根据7.6.2的规定，是否属于“建造者”）。

2009年11月，欧盟委员会要求英国以及其他成员国家修改他们的立法，使诸如已停业公司和一些纯控股公司等不从事自己经济活动的公司不能包含在一个增值税纳税集团之中①。英国拒绝这样做，在撰稿之时，进一步的发展还需等待。

① 网站：http://europa.eu/rapid/pressReleasesAction.do?reference=IP/091768&format=HTML&aged=0&language=en&guiLanguage=en。

7.9.2 合伙企业

针对合伙企业有特殊的规定①。这些规定不适用于有限责任合伙公司，通常也不适用于有限合伙企业，对有限责任合伙公司的处理办法与对公司的处理办法相同。具体规定如下：

（1）合伙企业本身就是增值税纳税人。合伙企业不能成为增值税纳税集团的成员。合伙企业的注册情况，增值税状况以及任何纳税选择都不受该合伙企业构成的变化的影响。

（2）不同于苏格兰，合伙人在相同的组合方式下不可能形成两个相互独立的合伙企业。

（3）如果某一个合伙人有自己独立的企业，则合伙企业和该合伙人属于相互独立的纳税人，而且，合伙企业和该合伙人之间的交易可能是通常情况下的供应②。

（4）产生或者增加在合伙企业中的份额，或者通过合伙企业捐赠、分配等方式进行的任何支付，不属于应税供应③。根据关于金融服务或者其他的非商业性活动的相关规定，对合伙企业现有权益的出售免税。

（5）非现金的资产或服务的捐赠或分配，常常被认为是应缴纳增值税的供应。在英国税务海关总署看来④，上述规定是根据7.7.1中相关条款制定的。

（6）专业人员合伙企业可能通过少数合伙人或者

① 《增值税法案》，S.45。

② 赫尔曼（欧洲法院案例C-23/98）。

③ KapHag（欧洲法院案例C-442/01）。

④ 英国税务海关总署商务简报第04卷21页。

受托代管公司持有房地产。案例法[①]指出合伙企业自身可以购抵扣进项税，英国税务海关总署一般也接受这一观点。

实践中，上述规定也适用于房地产被两个或更多人作为共同拥有者持有情况。

7.9.3 有限合伙企业

在有限合伙企业中，至少有一个具有无限责任的“一般合伙人”，并且有具有有限责任的其他有限合伙人。就英国有限合伙企业而言[②]，一般情况下，“一般合伙人”通常被视为提供和接受了供应，而有限合伙人则不是增值税注册纳税人的一部分。在其所在国家或地区被确认为法人团体的其他有限合伙企业可以被视为法人团体，否则他们一般应注册为合伙企业。

7.9.4 信托

《增值税法案》[③] 有如下规定：

（1）如果转让土地权益、权利或占有土地的许可权的对价利益归属于个人（受益人），而不归属于转让人，那么适用该条款。

（2）基于本法案的目的，受益人被视为转让人。

（3）实际提供转让者的任何进项税额可归属于由于转让而产生的进项税额，基于本法案之目的，这些进项税额可以被视为受益人的进项税额。

本法案主要为了处理信托问题，在信托中法定所有

---

① 森普尔·伯德和赫伦·克劳福德（VTD 2171）；奥尔德里奇·莱斯特（VTD 18864）。

② 基于1907年有限责任合伙企业法令建立的合伙公司。

③ 《增值税法案》，Sch. 10 para. 40。

者和受益所有人是独立的，在这种情况下，受益所有人被视为纳税人。但是：

①这一法案不适用于英国房地产投资信托公司，因为它是法人团体。

②英国税务海关总署认为，只有当来源于房地产的所得等可以被明显地看出直接归属于少部分可确定的受益人时，该法案才适用，而诸如受托人等其他人应该被视为纳税人。实践中，英国税务海关总署已经接受了很多个案中务实的安排。

③这一条款仅仅适用于为了销售或出租而持有房地产，而不适用于受益者占用房地产等情况。

④关于条款的适用范围存在一些疑问，例如，该条款是否适用于下述有关租金流的分配[①]。

7.9.5　合资企业

对于合资企业同样没有特殊规定。采用公司或者合伙企业等形式的合资企业，分别按照其采用的形式实施不同的处理办法。除此之外，合资企业各方通常被视为独立的纳税人，所以，任何利润分配等都是一个合资者提供给其他合资者的供应的对价[②]，但是，这并不总是惟一可能的分析，尤其是合资双方拥有同一块土地的权益时[③]。

① 阿比国民银行（［2005］EWHC 831（Ch））。

② Strathearn Gordion 联合有限责任公司（VTD 1884）和其他案例。

③ Latchearn 房产有限公司（［2005］EWHC 133（Ch））。

7.10 建筑工程

建筑工程通常适用标准税率，但是有各种减免。

7.10.1 概述

下列各项适用零税率：

（1）住宅、或者与居住目的/慈善目的相关的建筑物的建造（具体解释见7.6.2）（见7.10.2.1）。

（2）对保护建筑物进行获得批准的改造（具体解释见7.6.5）（见7.10.2.2）。

（3）为房屋协会（译者注：以低价出租或出售房屋的协会）提供的把非居民住宅转换为符合条件的居民住宅（见7.10.2.3）。

（4）为残疾人的利益而进行的建造工程（见7.10.2.4）。

（5）居住性拖车停车场的建造[①]。

（6）与医疗护理、培训和研究等相关，由慈善等基金支付的某些建造工程[②]。

（7）为救生艇慈善机构的利益而进行的某些建造工程[③]。

（8）理论上，1998年6月21日之前签订合同的某

① 《增值税法案》，Sch. 8 Group 5 item 2（b）。

② 《增值税法案》，Sch. 8 Group 15 item 4至7；科研中心（VTD 19095）。

③ 《增值税法案》，Sch. 8 Group 8 item 3；皇家救生艇学会（TC 00017）。

些建造工程。

(9) 特许的某些公共设施接头 (utility connections) 的建造。

下列各项适用低税率:

(1) 把非居民住宅转换为符合条件的居民住宅(见7.10.3.1)。

(2) 空置居住性房地产的翻新 (见7.10.3.2)。

(3) 把能源节约型材料用于住宅等符合条件的建筑物的建造 (见7.10.3.3)。

(4) 获得拨款资金建设的供暖和安保系统的建造(见7.10.3.4)。

(5) 助行设施的建造 (见7.10.3.5)。

(6) 曼岛的家居装饰 (详见7.10.3.6)。

在同时适用零税率和低税率时, 优先适用零税率。在某些情况下, 对建造工程会采用混合处理方式, 而且一般会根据相关规定拆分价格。

在某些情况下, 存在增值税退税计划 (见7.10.10)。

7.10.2 零税率

7.10.2.1 建造法律规定以下各项适用零税率[①]:

在建造下列建筑物期间的供应:

(a) 设计为住宅或住宅群, 或者打算只用于与居住或慈善相关目的的建筑物。

供应是指提供与建造相关的任何服务, 但不包括建筑师、鉴定人、或作为顾问或有监管能力的任何其他人所提供的服务。

① 《增值税法案》, Sch. 8 Group 5 item 2。

适用零税率的建筑物涵盖了与7.6.2和7.6.3所述建筑物相同类型的建筑物。就居住目的和慈善目的的建筑物而言，都存在与7.6.3中所述、有关“仅仅”这一要求的相同的问题。“建造”也和7.6.2和7.6.3所述的建造有相同的含义，而且与7.6.3的规定相同，用于慈善目的的建筑物的附属建筑物也包括在内。

更深一层的问题是关于“在其期间”和“与之相关的”的要求，对于这两个问题，有以下规定：

(1) 零税率的适用可以延伸至场地上的其他建造物，包括车库，但是，一般不包括附属于住宅、游泳池、装饰性花园等工程的建筑物。

(2) 准备工程适用零税率，但是建造要紧跟着开始①。

(3) 建筑物完工并且准备开始使用之后建造的建筑物不适用零税率②。

对于住宅而言，零税率的适用可以延伸至分包商，但是，对于居住或慈善目的建筑物而言，零税率的适用则不能延伸至分包商——对于居住或慈善目的的建筑物，只有最终使用者可以委托适用零税率的工程，而且他们必须按照规定格式开具有关建筑物使用意图的证明。因此，尽管住宅开发商不仅能够委托建造适用零税率的工程，而且主要权益的转让也适用零税率（详见7.6.2部分），但是，就居住/慈善目的建筑物而言，工程适用零税率替代了主要权益转让适用零税率。

① Virtue（t/d Lammermuir Game Services）（VTD 20259）。

② 赫尔大学（VTD 180）；麦克尔罗伊公司（VTD 490）；西米斯特（VTD 12715）；库马利斯世界心灵大学（VTD 12946）；Sir Robert Geffrey's School Charity（VTD 17667）；StMary's Roman Catholic High School（[1996] STC 1091, QB）；Morris（VTD 17860）；J M Associates（VTD 18624）；James（VTD 20426）。

和建造服务相同，零税率的适用范围也涵盖了由承包人提供的，在适用零税率的工程的建造期间，并入（incorporated）建筑物或其场所中的“建筑物材料”。

法律规定[①]：

“建筑物材料”，一般与各种类型建筑物相关，指的是：通常被建造者并入适合使用该类型货物的建筑物（或其场所）中的一类货物，但是，建筑物材料不包括：

（a）成品家具或者预制装配家具，为厨房设计装配的家具除外；

（b）组合式家具建造中所需的材料厨房家具除外；

（c）电力或者天然气装置，除非电力或者天然气装置属于以下情况：

（ⅰ）被设计用作加热空间或水（或两者），或者用作提供通风设备、冷气、空气净化或者除尘等的装置；或者

（ⅱ）在被设计用作住宅群的建筑物中使用的，将要使用的门禁系统、垃圾清理装置或者压缩垃圾的机器；或者

（ⅲ）防窃报警器、火警警报器，或者火灾安全设备，或仅仅在紧急情况下用于呼救的装置；或者

（ⅳ）电梯或者起重机；

（d）地毯或者铺设地毯的材料。

本部分所说的“并入”（incorporation）包括安装

① 《增值税法案》，Sch. 8 Group 5 n. 22。

配件[1]。

因此，（a）—（d）所列举的项目适用标准税率，正如上述提及的不是通常被建筑者并入该类型建筑物的任何其他货物适用标准税率一样。另外，相关详细条款规定[2]，开发商委托建造的建筑物所含的这类材料的增值税不能抵扣，所以增值税变成了一项成本。但是，有关这一条款的正确范围和运用还存在疑惑，因此，有关这一问题的诉讼可能会出现。

案例法通常建议：

（1）“通常的”（ordinary）的含义应该随着时间逐步发展变化[3]。

（2）“一个类型的货物”指的是广义类货物，而不是指其质量或者具体的规格[4]。

（3）“那个类型的建筑物”指的是，例如，一般性的房屋[5]，尽管可能存在一些不一致性[6]。

7.10.2.2 保护性建筑物

法律[7]规定以下各项适用零税率：

在获得批准改造一栋受保护建筑物的过程中提供的任何服务，但不包括建筑师、鉴定人、或者作为顾问或有监管能力的任何其他人提供的服务。

---

① 《增值税法案》，Sch. 8 Group 5 n. 23。

② 《增值税（进项税）法令》：1992，第6条。

③ Riolto Homes plc（VTD 16340）。

④ F Booker Builders（VTD 446），Smitmit 设计中心有限责任公司（QB［1982］STC 525）。

⑤ 伦敦彩虹足球赛赌博有限责任公司（VTD 20800）。

⑥ F Booker Builders（VTD 446），克赖顿·葛里费兹（投资）有限责任公司（VD 1442）。

⑦ 《增值税法案》，Sch. 8 Group 6 item 2。

就此而论，需要注意下列各项：

（1）“受保护建筑物”与 7.6.5 中的定义相同。

（2）尽管在一些情况下使用不同的规定，但是，获得批准的改造一般是指，已经从规划当局获得和正在申请获得的列名建筑物许可。

（3）一般而言，改造应该是关于建筑物的构造，而且要影响其外观。改造不包括修理和维护，或者由于修理和维护而产生的改造①。关于这一问题有很多案例法②，很多项目包含了以上两种情况，而且还部分地适用了零税率。

（4）地面工程不太可能符合条件，正如附属于住宅的建筑物不符合条件一样，车库除外③。

（5）在获得批准的改造中使用的建筑材料也可以适用零税率，相关规定与住宅建造中使用的建筑材料适用的规定相同④。

（6）与建造的情况相同，零税率的适用可以延伸至住宅的分包商，但是不能延伸至居住/慈善目的的建筑物——对于居住/慈善目的的建筑物，必须是提供给最终使用者的供应，而且最终使用者必须提供 7.10.2 中规定的相关证明。

---

① 《增值税法案》，Sch. 8 Group 6 Note 6。

② ACT 建筑有限责任公司（[1982] STC 25）；维瓦天然气联合有限责任公司（[1983] stc 819）；银莲花住房互助协会（[1995] STC 860 QB）；埃文斯（VTD 4415）；Vivodean 有限责任公司（VTD 6538）；罗兹岛（VTD 14533）威尔斯（VTD 15169）；大都市酒店（福克斯通）有限责任公司（VTD 19917）和其他情况。

③ Zielinki Bake（[2004] STC 456；史密斯（VTD 19064）；金（VTD 19208）；柯林斯和贝克特有限责任公司（VTD 19212）；廷斯利（[2005] EWHC 1508（Ch））。

④ 《增值税法案》，Sch. 8 Group 6 item 3。

7.10.2.3 为住房协会进行的改建

法律规定下列情况适用零税率[①]：

> 在把非居住性建筑物或者建筑物中非居住性的部分改建成以下各项的过程中，为住房协会提供的、与改建相关的任何服务，不包括建筑师、鉴定人或者作为顾问或有监管能力的任何人提供的服务：
>
> (a) 设计为住宅或者住宅群的一栋建筑物或者一栋建筑物的一部分；或者
>
> (b) 打算只用于与居住相关目的的一栋建筑物或者一栋建筑物的一部分。

在这一条款中，(a) 和 (b) 中提到的建筑物与7.6.2和7.6.3中提到的建筑物的含义基本相同，非居住性建筑物的含义与7.6.4中非居住性建筑物的含义基本相同。“相关住房协会”是指注册的公益性住房的提供者，但是，在英国的不同地方[②]，有不同的定义和术语。对“改建”没有进行定义。

建筑物材料适用零税率的相关规定与7.10.2的相关规定相同。零税率的适用可以延伸至场所上的其他建造物，但是，通常不能延伸至除了车库之外的附属建筑物。

7.10.2.4 残疾人

一些使残疾人受益的建筑工程适用零税率[③]。这些

① 《增值税法案》，Sch. 8 Group 5 item 3。
② 《增值税法案》，Sch. 8 Group 5 item 3。
③ 《增值税法案》，Sch. 8 Group 5 n. 21。

规定完全独立于关于建筑工程的其他规定。这些规定已经逐渐被采用，而且比较复杂。

这些建造工程一般是提供给个人的，或者在一些情况下，是提供给慈善团体的，所以，分包商并不适用这些条款。如果相关材料、设备与适用零税率的建筑物的建造服务有关，那么这些材料、设备也适用零税率。

以下情况也可以适用零税率：

（1）坡道、门廊以及有利于进入的通道①。

（2）浴室等②。

（3）电梯。③

（4）在获得特许的情况下，对建筑物其他部分进行的相应的工程。

（5）警报系统④。

（6）设备的安装，例如可调床和楼梯升降机，或者其他“仅仅为残疾人设计使用的设备”的安装⑤。

7.10.3 低税率

7.10.3.1 与居住相关的改建

把非居住性房地产改建为单一的家庭住宅（single household dwellings）适用5%的税率，这种改建包括一栋建筑物内类似住宅数目的变化——例如，把房屋改建成公寓，或者把公寓改建为独栋屋⑥。但是，低税率不

① 《增值税法案》，Sch. 8 Group 12 item 8 和 9。

② 《增值税法案》，Sch. 8 Group 12 item 10 至 12。

③ 《增值税法案》，Sch. 8 Group 12 item 16、17。

④ 《增值税法案》，Sch. 8 Group 12 item 19。

⑤ 《增值税法案》，Sch. 8 Group 12 item 2；大卫·刘易斯中心（[1995] STC 485，QB）；男生和女生的福利社会（VTD 19174）；丹尼森（VTD 18619）。

⑥ 《增值税法案》，Sch. 7A Group 6；法国专售廉价商品的“不二价”商店（VTD 17806）。

适用于住宅数目未发生变化的建筑物的任意部分[1]。“单一的家庭住宅”的定义与7.6.2中关于“设计为住宅”的定义基本相同。

相似的条款适用于把非居住性房地产改建为“多重使用性住宅”[2]，或者改建为“仅仅用于与居住相关目的”的建筑物（与居住相关目的——见7.6.3的具体解释）。就与居住相关目的的建筑物而言，其工程必须是提供给最终使用者，而且，需要满足与7.10.2部分规定的相同的提供相关证明的要求。

低税率只能适用于与建筑物的结构相关的工程，以及与车库、公共设施、通道等相关的某些工程。所包含的建筑材料适用零税率的相关规定与7.10.2的相关规定相同[3]。对于住宅而言，这些条款的适用可以延伸至分包商，但是，对于与居住相关目的的建筑物，这些条款的适用不能延延伸至分包商。

7.10.3.2　空置的居住性房地产

对2年或2年以上没有居住的住宅进行翻修或改造属于增值税应税行为，适用5%的税率[4]。这涵盖了与7.10.6中有关住宅改建条款规定一样的工程和材料。但是，通常分包商不能适用低税率。

类似的条款也适用于空置至少2年的与居住目的相关的建筑物。同样的，要求这类房地产未来的使用意向仅仅为居住使用，而且只能提供给最终使用者，且最终使用者必须提交一份证明给承包商。

① 《增值税法案》，Sch. 7A Group 6 n. 2（3）；惠康基金（VTD 18417）。
② 《增值税法案》，Sch. 7A Group 6 nn.2 和 5。
③ 《增值税法案》，Sch. 7A Group 6 item 2。
④ 《增值税法案》，Sch. 7A Group 7。

7.10.3.3 节约能源型材料

在住宅中安装某种能源节约型材料适用低税率，住宅包括公寓和与居住目的相关的建筑物（见 7.6.3），或者仅仅打算用于慈善相关目的的建筑物（见 7.6.3）[①]。如果提供的材料和适用低税率的服务相关联，则材料本身也适用低税率。这一条款可以适用于分包商。

这一规定包含以下条款：

（1）墙、地板、天花板、屋顶、阁楼的隔离层，或者水箱、水管的隔离层等。

（2）窗户和门的通风条（draught stripping）。

（3）集中供暖系统和热水控制系统。

（4）太阳能电池板。

（5）风力涡轮机和水力涡轮机。

（6）地源热泵和空气源热泵。

（7）微型热电联供装置。

（8）仅仅以木材、稻草等作为燃料的锅炉。

7.10.3.4 由拨款资金支持安装的供暖、安保设备

在某些情况下，诸如加热器、锅炉房、散热片、气接头、集中供暖系统等项目的安装，以及某些安保系统的安装，符合适用低税率的条件[②]。工程必须是拨款支持的，而且必须是在 60 岁以上者家中的工程，或者是已经获得某些国家补助的工程。分包商不适用这一条款。

---

① 《增值税法案》，Sch. 7A Group 2。

② 《增值税法案》，Sch. 7A Group 3。

7.10.3.5 助行设施

在住宅中安装60岁或60岁以上的人使用的助行设施，适用低税率[①]。这一条款包含的物品诸如扶手杆、坡道、楼梯升降梯等。如果提供的材料与安装服务相关联，则该材料本身也适用低税率。这一条款也适用于分包商。

7.10.3.6 曼岛的家居改建

在曼岛，为所有者或者使用者提供的大多数住宅的改建或维修、扩建以及建造车库，属于增值税应税行为，适用5%的税率[②]。建筑材料也适用低税率，与7.10.2的规定类似。该条款不适用于分包商。

7.10.4 退税方案

针对个人、慈善机构等有下列三种增值税退税方案：

建造自住房的个人不能享受零税率的好处，而且要就相关材料缴纳增值税。“自己动手修建”退税方案[③]的目的就是要补偿他们就相关材料缴纳的增值税，但是，上述退税方案也适用于实行零税率的其他情况——仅用于居住性用房或慈善性用房建造的材料（具体解释见7.6.3），或者为可以获得适用零税率的房屋协会提供的把非居住性房屋转变为居住性住房的建造材料和

① 《增值税法案》，Sch. 7A Group 10。

② 网站：www.gov.im/customs。

③ 《增值税法案》，S. 35。

服务（在7.10.4具体解释）[①]。上述相关人（person）必须表现为从事非商业性活动[②]。该要求已经提交英国税务海关总署，并受制于严格的规定。

（1）“列名宗教场所”（listed places of worship）方案对教堂等列名建筑物（见7.6.5部分）的修缮和维修缴纳的增值税给予退还。这一方案由文化、传媒和体育部门执行[③]，而不是由英国税务海关总署执行。

（2）慈善机构或其他一些团体可以就对某些纪念馆的建造和施工，向文化、传媒和体育部门[④]申请增值税退税。

7.10.5 供应的时间

增值税纳税义务发生的时间根据提供货物或劳务的时间而定。对于建筑工程而言，增值税纳税义务发生的时间取决于建造合同是一次性支付还是分期支付：

（1）如果是一次性支付，则完成建造的时间为纳税义务发生的时间[⑤]。但是，如果提前支付或开具增值税发票[⑥]、或者在完工后14天内开具增值税发票则不实行这一规定[⑦]。通常，为防止完工后发现工程有错误，支付者会在一定时期内保留部分支付款作为

---

① 布伦·库伯（［2003］STC 669，CA）；雅各布斯（［2005］STC 518，CA）；布莱克洛克（VTD 2017）。

② 查尔顿（VTD 18268）；沃森（VTD 18675）；柯里（VTD 20077）；特里（TC 00155）；萨西（VTD 00224）。

③ 网站 www. lpwschme . org. uk。

④ 网站 www. memoriagrant. org. uk。

⑤ 《增值税法案》，S. 6（3）。

⑥ 《增值税法案》，S. 6（4）。

⑦ 《增值税法案》，S. 6（5）。

“扣留款”。这种情况适用本规则，并且扣留款的纳税时间为支付扣留款或者开具增值税发票之时①。

（2）如果是分期支付，纳税义务发生的时间是每次收到付款的时间或为其开具发票时间②。但是，反避税条款规定本规定不适用于某些情况——其限制条件与 7.4.6 部分介绍的第二个、第三个限制条件相似。

提前支付有时候被用来防御法律上诸如提高增值税税率等变化，尽管现在制定了明确的法律③来避免这种情况。与此问题无关的案例法④也表明，必须就明确规定的货物或劳务进行提前支付。

7.10.6　自我供应（self－supply）

使用内部劳动力进行建造工程的企业可以获得增值税方面的利益，因此，英国制定了“自我供应”规定来处理这一问题⑤。上述企业必须就建造劳务申报缴纳销项税，并且当这些建造劳务是用于应税经营之目的时，就可以将此销项税作为进项税进行抵扣。上述规定只适应于那些提供的劳务价值为 10 万英镑或超过 10 万英镑的工程，但是，实际上这个要求一般被忽略。

---

① 《增值税条例》，第 89 条。

② 《增值税条例》，第 93 条。

③ 例如《金融法令》：2009，附件 3。

④ 英国节俭联合医院有限责任公司（欧洲法院案例 C－419/02）。

⑤ 《增值税（提供自建服务）法令》：1989。

7.11 部分免税

原则上，与应税供应相关进项税额可以得到抵扣，与免税供应相关的进项税额不能得到抵扣[①]。既进行应税供应又进行免税供应的企业通常只能抵扣他们缴纳的部分增值税额[②]，这种情况被称为“部分免税”。仅仅进行应税供应并可以全额抵扣所缴纳的增值税额的情况被称为“全部应税”（fully taxable）。

商用房地产的占有者，例如银行、保险公司，通常可能属于部分免税的情况。房地产企业以及出租（letting）或出售盈余财产的占有者如果拥有居住性房地产或没有选择纳税，也必须要处理部分免税的问题。主要问题在于：如何在应税供应和免税供应之间划分进项税额；在不能进行上述划分时，如何划分“剩余”（residual）的进项税额；如何对进项税额的划分进行调整，尤其是当房地产的使用目的改变时。进项税额也可能还需要根据资本货物安排进行调整（见7.12部分）。与非经营活动相关的增值税额也是不能抵扣的，但是，这种增值税额不属于进项税额，通常应当在进行部分免税计算之前给予单独的确认。有选择纳税权的部分免税问题在7.4.3介绍。

关于部分免税的主要规定如下：

---

① 《指令》，第168条；《增值税法案》，S. 26。
② 《指令》，第173条；《增值税法案》，S. 26。

（1）适用部分免税计算的期间一般为一年，结束的时间是 3 月 31 日、4 月 30 日或 5 月 31 日[①]。同时，企业必须根据每一个增值税纳税申报期的数据，或者以前年度的最终数据[②]，进行临时计算。

（2）第一阶段为“直接划分”阶段。在该阶段，任何完全归属于应税供应的增值税额或者任何完全归属于免税供应的增值税额，相应的就是完全可以抵扣进项税额和完全不能抵扣的进项税额[③]，这一划分受到“最低限度”（de minimis limits）原则的限制（说明如下）。一般认为，增值税归属于哪一部分主要与货物和劳务如何被实际使用相关，与大背景无关[④]。然而，英国税务海关总署在推行另一个可供选择的“经济的使用”原则上取得了一定的成功，“经济的使用”主要关注于企业为什么选择产生这项支出[⑤]。“经济的使用”表明人们的行为方式是有多重选择的，而且一般更关注收入最大化，而非一致性。

（3）其余的增值税是“剩余的”，也可能获得部分抵扣。默认的计算方式是根据“标准方法”进行的“按比例分配”的计算方式，即通过比较应税供应和免税供应的价值来计算[⑥]。如果按价值计算，20% 的供应是应税的，那么剩余的进项税额的 20% 就可以抵扣。

---

① 《增值税条例》，第 107 条。

② 《增值税条例》，第 101 条。

③ 《增值税条例》，第 101 条。

④ BLP Group plc（欧洲法院案例 C－4/94）；米兰银行（欧洲法院案例 C－98/98）；Fini（欧洲法院案例 C－32/03）；设菲尔德合作团体（VTD 2549）；南方基础房产有限责任公司（［2004］STC 209）；弗雷德（VTD 19188）。

⑤ 圣海伦诺斯伍德学院有限责任公司（［2006］EWHC 3306（Ch），［2007］Stc 633）；布里奇诺斯高尔夫俱乐部（TC 00094）。

⑥ 《指令》，第 174 条；《增值税法案》，第 101（2）条。

但是，诸如资本等交易应当被排除在该计算之外[①]。另外，新企业可以选择基于支出的使用或者预期使用的计算方式[②]。

（4）如果使用标准方法计算的结果，与对超过25000 英镑的劳务基于“用途”计算出来的结果不相同，那么就必须用另一种计算方法来取代基于用途的计算方法[③]。“用途”的具体含义常常是不清楚的[④]。

（5）英国税务海关总署可以批准或指定（direct）一种“特殊的计算方式”[⑤]。这一方法计算的结果必须“公平而且合理的”，但是，这一方法可以基于职工人数、交易次数、利润或者其他混合性要素等。基于占地面积的计算方法一般适用于房地产企业（businesses），但是，英国税务海关总署通常不认可房地产占用者用此方法计算[⑥]。上述方法常常要涉及“区域化”，在把增值税划分到每一区域之前，要把进项税额分配到不同的区域。

（6）如果计算的结果是每月不可抵扣的进项税额不超过 625 英镑，则根据“最低限度”原则，所有的进项税额都可以得到抵扣。这一规定只有在下列情况下才适用：上述进项税额不超过所有进项税额的 50%[⑦]，

---

① 《增值税条例》，第 101（3）条。

② 《增值税条例》，第 101（2）条。

③ 《增值税条例》，第 107B 条。

④ 圣海伦诺斯伍德学院有限责任公司（[2006] EWHC 3306（Ch），[2007] Stc 633）；阿比威尔保龄球俱乐部（VTD 20661）；卡姆登汽车（控股）有限责任公司（VTD 20674）。

⑤ 《增值税条例》，第 102 条。

⑥ 康帕斯显微镜有限责任公司（VTD 18627）；Banbury Visionplus 有限责任公司（[2006] EWHC 1024（Ch））；奥赫特拉德高尔夫俱乐部（VTD 19907）；萨利理疗和体育诊所（VTD 20004）。

⑦ 《增值税条例》，第 106 条。

或者（在某些情况下）免税供应的价值不超过所有供应的价值的50%[①]。更加宽松的限制适用于地方政府和某些其他团体[②]。

（7）如果进项税额归属于预期的未来供应，如果在6年之内，在供应实现之前供应的目的发生了变化，就需要根据108号条例[③]（向英国税务海关总署支付缴纳税款）或者109号条例[④]（英国税务海关总署退税）对进项税额进行调整。英国税务海关总署认为上述规定也可以适用于后续的继续经营前提下的业务转让（详见7.5部分），所以因此受让人可以调整转让人的进项税额，但是这一做法缺少明确的法律基础依据。上述规定被认为与7.4.3部分介绍的选择纳税相关。关于这些条款的规定，在案例法中有进一步的解释[⑤]。

7.12 资本货物安排

资本货物安排[⑥]指某一资产在其使用年限内，进项税额的抵扣机制。在大多数欧盟成员国中，这一规定范

① 《增值税条例》，第106A条。

② 《增值税法案》，S. 33。

③ 《增值税条例》，第108条。

④ 《增值税条例》，第109条。

⑤ Briararch有限责任公司（[1992] STC 732 QB）；威尔士大学卡地夫学院（[1995] STC 611，QB）；彭布里奇房产有限责任公司（VTD 9606）；库珀和查普曼（建筑方）有限责任公司（[1993] STC 1，QB）；哈利法克斯银行；（VTD 16697）；皇家太阳联合保险集团（[2003] STC 832）。

⑥ 《指令》，第187条；《增值税条例》，第XV部分。

围较为广泛，但是，在英国，该规定仅仅适用于与特定房地产相关的支出和计算机设备。

就房地产而言，资本货物安排主要与下列情况相关：

（1）房东，出租的纳税义务发生变化——但是见（but see）7.4.3选择纳税的结果。

（2）出售房地产，尤其是房产占用者出售房地产。

（3）占用者，其获得部分减免的资格发生改变。

（4）在决定反避税条款是否适用的（见7.4.6）。

必须理解和房地产相关的下列各项：

（1）资本货物安排适用于各种类型的资产支出，且产生增值税的资产支出超过250000英镑（含250000英镑），仅以出售为目的的交易除外①。这里所说的资产支出类型包括房地产权益的获取②、资本性建筑物建造工程的大多数类型③以及7.6.3.1规定的自建行为④。

（2）在大多数情况下，增值税调整的时间长达9—10年，而且每年都会对起初的进项税额的10%进行重新调整。基本上，每年都要重新计算增值税额，好像该增值税额仅仅发生在今年一样，计算出来的差额要向英国税务海关总署补缴或者申请退税。

（3）在变卖或者注销登记时，要对所有剩余年限进行一次性的最终调整。此外，还有进一步的规定防止从变卖或者注销中获益⑤，或者要求公司向英国税务海关总署

① 《增值税条例》，第112（2）条。英国Shurgard存储中心有限责任公司（VTD 20797）。

② 《增值税条例》，第113（b）条。

③ 《增值税条例》，第113（e）至（h）条。

④ 《增值税条例》，第113（c）条。

⑤ 《增值税条例》，第115（3）条。

缴纳额外的税款[①]。公司进行部分变卖不能按上述规定进行处理，但是案例法认为这一做法有时并不正确[②]。

（4）根据继续经营前提下的业务转让的相关规定（见7.5），不必对转让人进行最终调整，受让人必须承担转让人的年度调整。

（5）根据允许租赁适用零税率的相关规定（见7.6），仅仅第一次支付的租金适用零税率，之后支付的租金适用免税。资本货物安排的相关规定允许忽略该规定[③]。但是，资本货物安排的相关规定没有考虑房地产任何新的免税供应，在这种情况下，纳税人有时会被要求就资本货物安排补缴税款[④]。这一做法削弱了设置零税率的作用，零税率的作用在于允许资本支出产生的进项税全部得到抵扣。

（6）当建筑物被拆毁，彻底翻新或者租赁期满都不需要进行进一步的纳税调整。

英国计划在2011年修改资本货物安排，可能包括把适用资本货物安排的起点由250000英镑提高至500000英镑。该起点自1990年以来一直未发生变化。

7.13
避税和“滥用”

20世纪90年代，增值税筹划在英国迅速发展。通

---

① 《增值税条例》，第115（3B）条；英国税务海关总署商务简讯第97卷30页。

② Centralan房产有限责任公司（欧洲法院案例－63/04）。

③ 《增值税条例》，第116（3）条。

④ 英国税务海关总署商务简报23/06。

过很多筹划方式，房地产和建筑支出的增值税税负被减少了，一般都认为，税收的机械性质（mechanistic nature）以及英国税务海关总署对法律解释的方法，意味着英国税务海关总署并不打算置增值税筹划于不顾。

上述情况已经发生了变化。近年来，英国税务海关总署开始制定了广泛的反避税法（其中一些并没有在这一部分提及），而且已经使用了一系列其他技术来阻止增值税筹划。更重要的是，欧洲法院在哈里法克斯[①]——一个关于英国建造支出的增值税筹划的案例——中陈述如下：

> 第六号指令必须被解释为，如果纳税人在交易中获得抵扣增值税进项税额的权力构成滥用，那么必须取消纳税人的这种权力。

“滥用”是指，通过“本质目的”是为了获得税收利益的交易，获得了违背指令或国内法律目的的税收利益。上述规定不适用于“正常的商业运作”。有一种滥用，“涉及的交易行为必须被重新界定，从而重新建立起在缺少构成滥用的交易的情况下可以获得税收利益的情形。”

后来的案例法对此进行了补充规定[②]，尽管对于“滥用”原则的延伸范围和如何应用的问题仍然存在。在笔者撰写本书时，有各种各样移送至欧洲法院的英国

---

① 哈利法克斯银行（欧洲法院案例 C－255/02）；也可以参考哈德斯菲尔德大学（欧洲法院案例 C－223/03）；也可以参考：罗伯特·F. 范布莱德罗德：“欧盟增值税欺诈中，第三方存在的风险和负债”，《国际税收期刊》，2008 年，第 1 期。

② WHA 有限责任公司［2007］All ER（D）239（Jul）；Part Service Srl（欧洲法院案例 C－425/06）；Lower Mill Estate 有限责任公司（TC 00016）。

案件以及向国内法院提起的诉讼有待处理[1]。

英国也考虑过引入一般反避税法，但是，最后选择了要求披露相关安排的规定来代替实施一般反避税法。这些规定如下：

（1）某些特定情况，无论业务是否是为了寻求税收利益，必须自动向英国税务海关总署报告[2]。其中两种情况涉及特定类型的房地产交易行为。

（2）如果某项安排至少部分目的是为了获得某种税收利益，而且具有设定的“避税特征”之一，那么，这些安排也必须向英国税务海关总署报告。这些条款规定的范围十分广泛，包括不需要有实际利益表现的小额现金流动收益，上述“避税特征”包括关联方之间的大多数房地产交易，除非双方都是完全应征税的（见7.11）。在这种情况下，“安排”的披露一般由税务顾问进行，不需要说明客户的身份。

小企业可以免于执行上述规定。如不按规定披露相关信息将受到经济处罚，并允许英国税务海关总署在20年之内追缴税款，而不是通常的4年期限。有显示，企业和税务顾问经常无视这些规定，笔者撰写本书时得到的最新数据[3]显示，在过去的12个月里只有9个纳税人按规定披露了相关信息。

---

① Weald Leasing有限责任公司（［2008］EWHC 30（ch），［2008］STC 1601，欧洲法院案例 C－103/09）；RBS Deutschland Holdings GmbH（VTD 20267，欧洲法院案例 C－277/09），中庭俱乐部有限责任公司（VTD 20933），Moorbury有限责任公司（TC 00135），彭德拉根银行（TC 00147）。

② 《增值税法案》1994，Sch. 11A；增值税（公布的避税法案）条例：2004，增值税（公布的避税法案）条例（指示）法令：2004。

③ 网站：www. hmrc. gov. uk/avoidance/avoidance－discllosure－statistics. htm。

术　语

Anchor tenant　主要租住者

Ancillary or related service　辅助性的服务或相关服务

Asset – backed Loan　资产担保的贷款

Assignment/assignment　划分

Assignation　分配

Beneficial owner/ beneficiary　受益所有人/受益人

Bundersfinanzhof（BFH）　德国最高财政法院

Business（for VAT purpose）　增值税中的经营

Business – related fixtures　经营相关的附着物

Capital Goods Scheme/CGS　资本项目计划

Commonhold　共同持有

Considerations　对价

Construction works　建筑工程

CRA　加拿大联邦税务局

Cross – border supply　跨境供货

Deductible VAT　可扣除增值税

De minimis　最低额

Destination principle　消费地原则，目的地原则

Dilapidations　复制

Direct attribution　直接归属

Distance 距离

Sales 出售

Domestic sales 国内销售

Easement 地役权

Encumbrance or incumbrace 留置权

Equitable interest 公平利益

Exempt supply 免税供货

Facility management and maintenance services 设施管理和维护服务

Fair market value 公允市场价格

Fee farm grant 北爱尔兰的一种不动产所有形式

Fee simple 不动产所有权

Fixures 构筑物，附着物

Freehold 用途不确定的持有

Golden brick 金砖

Grant 对财产权益的处置

GST 货物和劳务税

GST – free supply 豁免商品和服务税的供货

GST/HST 商品和服务税/统一销售税

Hereditament 世袭财产，可继承的财产

Hereditary building right 建筑权

HMRC 英国税务和海关总署

HST 统一销售税

Input tax 进项税

Input tax credit 进项税抵免

input tax refund 进项税退还

Input taxed supply 进项已征税的供货

Interest (in land) 土地利益

ITR 进项税退还

Intra - community supply　欧盟内部供应

Invoice　发票

Land transfer taxes　土地转让税

Legal owner　法定所有者

License to occupy land　占用土地许可证

Life interest　生命利益

Listed building　列明的建筑物

Major interest　重大利益

MASH　自治市、学术机构、学校和医院等部门

Messuage　家宅（包括附属建筑物、庭院和相关宅基地的家宅）

Mixed - use　混合用途

MUSH　自治市、大学、学校和医院等部门

Nominee　以信托的方式为受益所有人持有财产的人

Non - deductible VAT　不可扣除的增值税

Option to tax　选择征税，选择纳税

Origin principle　原产地原则

Output tax　销项税

Overage　财产交易中的超额支付

Personal right（scotland）　苏格兰的人权

Place of supply　供货地

Planning gain　筹划收益

Principle of proportionality　比例原则

Profità prendre　在他人土地上的取利权

Proportional deduction　按比例扣除

Protected building　受保护建筑

Public sector entity　公共部门实体

QST　魁北克销售税

Real estate election　不动产选择

Real property　房地产

Receivership　破产管理

Reduced rate　低税率

Relevant charitable purpose（RCP）　与慈善相关的目的

Relevant residential purpose（RPP）　与居住相关的目的

Remainder　由其他财产决定的土地财产部分

Residual（input tax）　剩余进项税

Restrictive covenant　由两块土地构成，一块土地的开发受限于另一块土地所有者的同意

Retention　保留，留存

RETT　不动产转让税

Reverse charge　反向征税

Reverse premium　逆向支付

Reverse surrender　当土地的租户同意放弃租约时，地主才能供应的土地

Reversion　部分土地的利息保留在授与者给予其他授权时产生

Rights in rem　物权

Right of entry　进入权

Right of pre - emption

Right over land　土地权

RQ　魁北克税务局

Sale and lease back transactions　售后回租交易

Scheduled monument　既定的安排

Service　服务

Shared ownership　共有所有权

Special method　特殊方法

Stakeholder　股东

Standard method　标准方法

Standard rate　标准税率

Surrender/renunciation　取消/放弃

Taxable supply　应税供货

Taxable turnover　应税营业额

Tax point　征税点

Tenancy in common　共同租住

Tenement　租住

Transfer of a going concern (TOGC)　持续经营的转让

Usufruct　用益物权

VAT payable　应纳增值税

Wayleave　通行权

Zero - rating　零税率

参考书目

1. Alarie, Benjamin and David Duff, "The Legacy of UK Tax Concepts in Canadian Income Tax Law", *British Tax Review* (2008): 228.

2. Amand, Christan, Gottfried Schellmann and Rob Vermeulen, "Immovable Property and VAT: Lessons from Past Experience", *International VAT Monitor* 16 (5) (2005): 325 - 334.

3. Annacondia, Fabiola and Walter van der Corput, *EU VAT Compass 2009/2010* (Amsterdam: IBFD, 2010).

4. Arnold, Mike (ed.), *Tolley's Property Taxation 2010 - 2011* (LexisNexis Butterworths, 2010).

5. Beyer, Vicky and Koji Ishimura, "The Progress of the Japanese National Consumption Tax", *Revenue Law Journal* 3 (2) (1993): 115 - 124.

6. Beyer, Vicky, "Japan's Consumption Tax: Settled in to Stay", *Revenue Law Journal* 10 (1) (2000): 98 - 106.

7. Bird, Richard M. and Pierre - Pascal Gendron, "Sales Taxes in Canada: The GST - HST - QST - RST 'System'", Revision of paper presented at American Tax

Policy Institute Conference on Structuring a Federal VAT: Design and Coordination Issues, Washington, D. C., February 18 – 19, 2009. SSRN Working Paper Series, <http://ssrn.com/abstract = 1413333>, accessed 7 July 2009.

8. Bird, Richard M. and Pierre – Pascal Gendron, *The VAT in Developing and Transitional Countries* (New York: Cambridge University Press, 2007).

9. Brederode, Robert F. van, *Systems of General Sales Taxation: Theory, Policy and Practice* (Wolters Kluwer, Series on International Taxation 33, 2009).

10. Brederode, Robert F. van, "A Normative Evaluation of Consumption Tax Design: The Treatment of the Sales of Goods under VAT in the EU and Sales Tax in the US", *The Tax Lawyer* 62 (4) (2009): 1055 – 1085.

11. Brederode, Robert F. van, "Judicial Cooperation and Legal Interpretation in EU Tax Law", *Faulkner Law Review* 1 (1) (2009): 53 – 88.

12. Brederode, Robert F. van. "Third Party Risks and Liabilities in Case of VAT Fraud in the EU", *International Tax Journal* 34 (1) (2008): 31 – 39.

13. British Columbia Ministry of Finance, "News Release 2009PREM0017 – 000141: Harmonized Sales Tax to Boost Investment, Job Creation" (23 July 2009), <www2.news.gov.bc.ca/news_releases_2009 – 2013/2009PREM0017 – 000141.htm>, accessed 27 July 2009.

14. Bunjes, Johann and Reinhold Geist, *UStG Kommentar*, 9th edn (München: C. H. Beck Verlag,

2009).

15. Bünning, Martin, "Keine Geschäftsveräußerung bei Bebauung eines Grundstücks zum Zweck der anschließenden Veräußerung – Erfordernis der Fortführung der wirtschaftlichcn Tätigkeit des Veräußerers durch den Erwerber – Steuerfreiheit der Einräumung einer Grunddienstbarkeit", *Betriebs – Berater* (BB) 2005, 1609.

16. Canada Finance Committee, *Special Report, Replacing the GST: Options for Canada* (CCH Canadian Limited, 1994).

17. Canada Mortgage and Housing Corporation, "Government – Imposed Charges on New Housing", Research Highlight, Socio – Economic Series No. 09 – 009 (Ottawa: CMHC, 2009).

18. Canada Revenue Agency, 19 Special Sectors: Real Property, GST/HST Memoranda Series (Ottawa: Government of Canada): < www. cra – arc. gc. ca/menu/GTMS_19 – e. html >, accessed 17 July 2009.

19. Canada Revenue Agency, Chapter 19 – 1 Real Property and the GST/HST, GST/HST Memoranda Series, s. 19 – 1, (Ottawa: Government of Canada, 1997) <www. cra – arc. gc. ca/E/pub/gm/19 – 1/19 – 1 – e. pdf>, accessed 17 July 2009.

20. Canada Revenue Agency, General Information for GST/HST Registrants (Ottawa: Government of Canada, 2008), < www. cra – arc. gc. ca/E/pub/gp/rc4022/rc4022 – 08e. pdf >, accessed 17 July 2009.

21. Canada Revenue Agency, GST/HST Information for the Home Construction Industry (Ottawa: Government

of Canada, 2009), < www. cra – arc. gc. ca/E/pub/gp/rc4052/rc4052 – 09e. pdf >, accessed 17 July 2009.

22. Canada Revenue Agency, GST/HST New Housing Rebate (Ottawa: Government of Canada, 2009), < www. cra – arc. gc. ca/E/pub/gp/rc4028/rc4028 – 09e. pdf >, accessed 17 July 2009.

23. Canada Revenue Agency, GST/HST New Residential Rental Property Rebate Application (Ottawa: Government of Canada, 2009), < www. cra – arc. gc. ca/E/pbg/gf/gst524/gst524 – 09e. pdf >, accessed 17 July 2009.

24. Canada Revenue Agency, Sales of Vacant Land by Individuals, GST/HST Info Sheet (Ottawa: Government of Canada, 2004) < www. cra – arc. gc. ca/E/pub/gi/gi – 003/gi – 003 – e. pdf >, accessed 17 July 2009.

25. Canada Revenue Agency, "Technical Information – GST/HST" < www. cra – arc. gc. ca/tx/tchncl/gsthst – eng. html >, accessed 11 July 2009.

26. Cnossen, Sybren, "VAT Treatment of Immovable Property", In *Tax Law Design and Drafting*, Vol. 1, edited by Victor Thuronyi. Washington, DC: IMF, 1996, 231 – 245.

27. Cnossen, Sijbren and Gerhard Badenhorst, "VAT, Transfer Duty, and Stamp Duty on Fixed Property", Report Prepared for the Tax Policy Unit, National Treasury of South Africa and the South African Revenue Service, June 2008.

28. Cnossen, Sybren, "A VAT Primer for Lawyers, Economists, and Accountants" *Tax Notes International*

(2009)：319，332.

29. Comprehensive Integrated Tax Coordination Agreement between the Government of Canada and the Government of British Columbia (30 November 2009)， < www. gov. bc. ca/hst/Documents/bc_citca_nov09. pdf > (accessed 11 December 2009).

30. Conrad，Robert F.，*Value Added Taxation and Real Estate*，Discussion Paper，DRD - 224，Worldbank，Washington DC，February 1987.

31. Conrad，Robert and Anca Grozav，"Real Property and VAT"，In *VAT in Africa*，edited by Richard Krever. Pretoria University Law Press，2008，81 - 112.

32. Dale，Stephen and Wilbert Nieuwenhuizen，*VAT Yearbook 2009*，Alphen aan den Rijn (NL).

33. Davies Rhianon and David Rudling，*Tolley's Value Added Tax 2010* (LexisNexis Butterworths，2010).

34. Diamant，Audrey，"Harmonization Dominoes"，*Canadian Tax Highlights* 17 (2009)：1 - 9.

35. Dolton，Alan，*Tolley's VAT Cases* (LexisNexis Butterworths，2010).

36. Ebrill，Liam，Michael Keen，Jean - Paul Bodin and Victoria Summers，*The Modern VAT.* (Washington，DC：International Monetary Fund，2001).

37. Editorial，"Deve causar IVA el arrendamiento de un inmueble que se proporciona con sistema de televisión satelital?"，*Revista Práctica Fiscal* 581 (2010)：A54 - A55.

38. Editorial，"Está exento del pago del IVA un inmueble que no estaba destinado a casa - habitación y que al

enajenarse tendrá ese uso?", *Revista Práctica Fiscal* 572 (2010): A72 - A73.

39. Editorial, "Debe causarse IVA por la renta de una casa - habitación que se utilizará para hospedar a los empleos de una persona moral?", *Revista Práctica Fiscal* 563 (2009): A53 - A53.

40. Editorial, "Debe gravarse con el IVA la enajenación de un inmueble que no estaba destinado a casa - habitación pero que después de su venta tendrá dicho uso?", *Revista Práctica Fiscal* 559 (2009): A49 - A50.

41. Editorial, "Qué tratamiento debe darse al IVA acreditado por un contrato de arrendamiento de inmuebles que se canceló, así como al IVA retenido quese enteró al fisco por esa operación", *Revista Práctica Fiscal* 545 (2009): A54 - A54.

42. Editorial, "La guía Inmobiliaria de México", *Revista Mensuel* (2007): N7D. *Excise Tax Act*, RSC 1985, Ch. E - 15.

43. Fehily, Ken, "Real Property Issues inthe GST", in Richard Krever and David White (eds), *GST in Retrospect and Prospect* (Wellington: Brookers, 2007).

44. Gendron, Pierre - Pascal, "How Should the US. Treat Government Entities, Nonprofit Organizations, and Other Tax - Exempt Bodies under a VAT?", Revision of paper presented at American Tax Policy Institute Conference on Structuring a Federal VAT: Design and Coordination Issues, Washington, D. C., 18 - 19 February 2009, <www. americantaxpolicyinstitute. org/pdf/VAT/Gendron. pdf>, accessed 22 December 2009.

45. Gómez Ruiz, Marvin Alfredo, "Devolución de IVA a constructoras", *Revista PAF* 492 (2010): 103-106.

46. Hasselberg, Martin, "Umsatzsteuerliche Behandlung der im Rahmen des sog. Bauträgermodells erbrachten Bauleistungen", *Umsatzsteuerrundschau* (UR) 1996, 41.

47. Heffernan, Joanne, *GST/HST and Real Property in Canada*, 3rd edn (Toronto: CCH Canadian Limited, 2008).

48. Herbert, Ulrich, "Geschäftsveräußerung und Immobilien", *Umsatzsteuer-Rundschau* (UR) 2004, 506.

49. Ishi, Hiromitsu, *The Japanese Tax System*, 2nd edn Clarendon Press, 1993.

50. Jakob, Wolfgang, *Umsatzsteuer*, München, 4. Auflage 2009.

51. Klein, Oliver, "Umsatzsteuerliche Risiken beim Immobilienerwerb", *Deutsches Steuerrecht* (DStR) 2005, 1961.

52. Kraeusel, Jörg, "Die umsatzsteuerliche Behandlung von Immobilien", in Seer (ed.), *Umsatzsteuer im Europäischen Binnenmarkt*, 2009, 409.

53. Krever, Richard and David White (eds), *GST in Retrospect and Prospect* (Wellington: Brookers, 2007).

54. Ley del Impuesto al Valor Agregado (Ley del IVA) y Reglamento del IVA, *Diario Oficial* 2007.

55. Loutzenheiser, Glen, "Holding Revenue Canada to its Word: Estoppel in Tax Law", *University of Toronto Faculty of Law Review* 57 (2) (1999): 127.

56. McMahon, Peter, *Consumption Taxation and Fi-*

nancial Services, Volume LXXXVIIIB, International Fiscal Association, 2003 Sydney Congress, Australian Branch Report.

57. Monfort, Bertrand, "Abschaffung des Abzugsverfahrens bzw. der Null – Regelung und Umkehrung der Steuerschuldnerschaft durch das Steueränderungsgesetz 2001", *Umsatzsteuer – Rundschau* (2002): 245.

58. Organization of Economic Coordination and Development (OECD), *Consumption Tax Trends 2008: VAT/GST and Excise Rates, Trends and Administration Issues*, OECD.

59. Ontario Ministry of Finance, 2009 Ontario Budget: Confronting the Challenge (Toronto: Queen's Printer for Ontario, 2009), < www. fin. gov. on. ca/english/budget/ontariobudgets/2009/papers_all. pdf >, 17 July 2009.

60. Ontario Ministry of Revenue, Additional Information for Homebuyers and the Housing Industry under Ontario HST (19 November 2009), < www. rev. gov. on. ca/en/notices/hst/pdf/04. pdf >, accessed 11 December 2009.

61. Ontario Ministry of Revenue, "Single Sales Tax" (Toronto: Government of Ontario, 2009), < www. rev. gov. on. ca/english/notices/str/pdf/01. pdf >, accessed 17 July 2009.

62. Ontario Ministry of Revenue, "Helping Homebuyers and the Housing Industry with an Enhanced New Housing Rebate" (Toronto: Government of Ontario, 2009), < www. rev. gov. on. ca/english/notices/str/pdf/02. pdf >, accessed 17 July 2009.

63. Ornelas, Sergio L., "It's a Deal! Mexico's In-

dustrial Real Estate – New and exciting Dynamics", *Revista Mexico Now* 26 (2007): 14 – 30.

64. Poddar, Satya, "Treatment of Housing under VAT for the US", Revision of paper presented at American Tax Policy Institute Conference on Structuring a Federal VAT: Design and Coordination Issues, Washington, D. C., 18 – 19 February 2009, <www.americantaxpolicyinstitute.org/pdf/VAT/Poddar.pdf>, accessed 22 December 2009.

65. Pricewaterhouse Coopers, *A Guide to VAT, GST, SUT in the Americas*, 2010.

66. Ramb, Jörg, "Lieferung und Werklieferung von Grundstücken – Umsatz – und Grunderwerbssteuerliche Beurteilung", *Neue Wirtschaftsbriefe* (NWB) (2009): 1284.

67. Rau, Günter and Erich Dürrwächter, *UStG Kommentar* (Köln: looseleaf, updated 2009).

68. Reiß, Wolfram, Jörg Kraeusel and Michael Langer, *UStG Kommentar* (Bonn: looseleaf, updated 2009).

69. Revenu Québec, "Exempt Sales", <www.revenu.gouv.qc.ca/eng/entreprise/taxes/tvq_tps/perception/exonerees.asp>, accessed 13 July 2009.

70. Revenu Québec, GST and QST: How They Apply to Residential Complexes (Québec: Gouvernement du Québec, 2008), <www.revenu.gouv.qc.ca/documents/eng/publications/in/IN – 261 – V (2007 – 07).pdf>, accessed 17 July 2009.

71. Revenu Québec, QST and GST/HST Rebates (Québec: Gouvernement du Québec, 2008), 8,

< www. revenu. gouv. qc. ca/documents/eng/publications/in/in - 205 - V (2008 - 08). pdf >, accessed 17 July 2009.

72. Revenu Québec, Renseignements généraux sur la TVQ et la TPS/TVH (Québec: Gouvernement du Québec, 2008), < www. revenu. gouv. qc. ca/documents/fr/publications/in/in - 203 (2009 - 01). pdf >, accessed 17 July 2009.

73. Revenu Québec, "Tax on Lodging" (Gouvernement du Québec, 2008), < www. revenu. gouv. qc. ca/documents/eng/publications/in/in -260 - v (2008 -07). pdf >, accessed 17 July 2009.

74. Ruiz Uscanga, Jesús A., "Causación del IVA por los actos o actividades realizados en moneda extranjera", *Revista PAF* 499 (2010): 93 -95.

75. Sato, Akihiro, "Limitation of Input Tax Credit of Consumption Tax", *Zeidai* (*National Tax College*) *Journal* 8 (2008) (in Japanese).

76. Scammell, Martin, *VAT on Construction, Land and Property* (Tottel Publishing, 2010) (paperback).

77. Schenk, Alan and Oliver Oldman, *Value Added Tax: A Comparative Approach* (New York: Cambridge University Press, 2007).

78. Slapio, Ursula and Karin Bosche, "Keine umsatzsteuerliche Lieferung bei sale - and - lease - back - Verträgen?", *Betriebs - Berater* (BB) (2006): 2165.

79. Slater, Adrian F., "Mexico's Industrial Real Estate Market - Growing and oppor - tunistic market participants", *Revista Mexico Now* 20 (2006): 34 -38.

80. Joel Slemrod, "Does It Matter Who Writes the Check to the Government? The Economics of Tax Remittance", *National Tax Journal* 61 (2008): 251.

81. Sölch, Otto and Karl Ringleb, *UStG Kommentar* (München: looseleaf, updated 2009).

82. Stadie, Holger, *Umsatzsteuerrecht* (Köln, 2009).

83. Terra, Ben and Peter J. Wattel, *European Tax Law*, 5th edn (Alphen aan den Rijn (NL), 2008).

84. Terra, Ben and Julie Kajus, *A Guideline to the European VAT Directives 2009*, Vol. 1, (Amsterdam: IBFD).

85. Tipke, Klaus and Joachim Lang, *Steuerrecht*, Köln, 20. Auflage 2010, § 14: Umsatzsteuer.

86. Torres - Barron, Benjamin, "Mexico - Well - Kept Real Estate Secret", *Revista Mexico Now* 33 (2008): 34 - 37.

87. Treff, Karin and Deborah Ort, *Finances of the Nation 2008* (Toronto: Canadian Tax Foundation, 2009).

88. U. S. Bureau of Labor Statistics, Expenditure Survey 2004 - 2006.

89. Vosseler, Martin, "Umsatzsteuerliche Behandlung von Sale - and - Lease - back - Geschäften, Zur Reichweite eines BFH - Urteils vom 9. 2. 2006", *Deutsches Steuerrecht* (DSrR) (2007): 188.

90. Watanabe, Satoshi, "VAT in Japan with a Focus on International Transactions", *Bulletin for International Taxation* 61 (9/10) (2007): 379 - 386.

91. Yamazaki, Fukuju and Yoshihisa Asada,

"Effects of the Consumption Tax on Housing Starts", *Residential and Land Economy Quarterly*, Winter 2003 (in Japanese).

后　　记

《增值税中对不动产的处理方法：全球比较分析》原书为英文，由威科出版社（Wolters Kluwer）2011年在英国出版。该书主要介绍了澳大利亚、加拿大、日本、墨西哥、德国、英国等6个国家的不动产增值税制度，由所在国家的学者、会计师事务所和律师事务所的专家撰写，并在第一章对各个国家的不动产增值税制度进行了概括性总结。上述6个国家的不动产增值税制度各有特色，基本代表了世界上不同国家的不动产增值税制度，对中国建筑业和房地产业“营改增”及今后制度的完善，有一定的参考价值。

本书由国家税务总局税收科学研究所组织翻译，李万甫、靳东升、付树林同志审阅了全书，李本贵、陈琍、周咏雪同志参与了译校组织工作。具体分工如下：第一章，陈琍、李本贵译校；第二章，龚辉文译，李平校；第三章，李平译，龚辉文校；第四章，李本贵译，周咏雪校；第五章，黄立新译，陈琍校；第六章，周咏雪译，李本贵校；第七章，陈琍译，黄立新校。中国人民大学财政金融学院财政系张文春副教授及李宝珠、梅煜坤、陈晨、周明慧、张慧、张宸朝、刘文佳、刘清玲和余彦龙等参与了本书各章初步翻译工作。

由于译校者水平有限，文中错误在所难免，敬请读者指正。

国家税务总局税收科学研究所

2015 年 4 月